빈곤의 사회과학

초판인쇄   2013년 6월 25일
초판발행   2013년 6월 30일

지은이   연세대학교 빈곤문제국제개발연구원
펴낸이   김진수
펴낸곳   사문난적

출판등록   2008년 2월 29일 제313-2008-00041호
주소   서울시 강서구 염창동 268번지
전화   02-324-5342
팩스   02-324-5388

ISBN   978-89-94122-26-7 93300

이 총서는 2010년도 정부재원(교육과학기술부 인문사회연구역량강화사업비)으로
한국연구재단의 지원을 받아 연구되었습니다(NRF - 2010 - 413 - B00024).

THE SOCIAL SCIENCE OF POVERTY

빈곤의 사회과학

연세대학교 빈곤문제연구원 편
지역발전연구센터, 국제개발연구센터, 사회기업연구센터

사문난적

HUMAN DIGNITY AND JUSTICE FOR ALL

차례

연세대학교 빈곤문제국제개발연구원
Institute for Poverty Alleviation and International Development : IPAID

김판석, 김장생, 이태정

1장
빈곤의 현상적 이해와 철학적 이해

1. 인간 현상 그리고 사회 현상으로서의 빈곤

빈곤poverty은 단순히 가난하고 배고픈 상태만을 의미하는 것이 아니라 일반적으로 필요한 물질과 돈의 부족상태 혹은 선택과 기회의 부족상태를 이르기도 한다. 빈곤은 의식주 및 식수와 같은 기본적 인간수요의 부족은 물론 사회에 효과적으로 참여하기가 어려운 역량부족, 교육과 훈련 부족, 보건의료서비스와 위생시설 부족, 식량을 확보하는데 필요한 농지나 직장의 부족, 생산 활동에 필요한 신용을 얻기가 어려운 상태 등 여러 가지 상태가 부족함을 의미한다.

특히 저개발국가의 빈곤 문제는 극심한 것이어서 이를 절대 빈곤 absolute poverty 혹은 극심빈곤extreme poverty or destitution이라 부른다. 이러한 상태는 생존을 위협할 뿐만 아니라 인간존엄성을 훼손할 정도로 심각한 것이다. 얼마나 많은 사람들이 절대 빈곤에 노출되어 있는지를 파악하기 위해 국제사회는 빈곤선poverty line, poverty threshold을 설정하여 절대 빈곤의 심각성을 측정하고 있다. 예를 들어 세계은행 등은 절대 빈곤선을 구매력평가(PPP)기준으로 하루에 1달러25센트(혹은 월별 기준 38달러) 이하의 자원으로 살아가는 상태로 정의하고 있다(Ravallion et al., 2009). 세계은행의 연구에 따르면, 2008년 현재 1달러25센트 이하의 절대 빈곤 상태에 놓여있는 인구는 약 12억9천만 명(1981년에는 약 19억) 정도, 2달러 이하는 약 27억 명으로 평가되고 있다(World Bank, 2012).

그림 1 전 세계의 지역별 절대빈곤 인구, 1981-2008

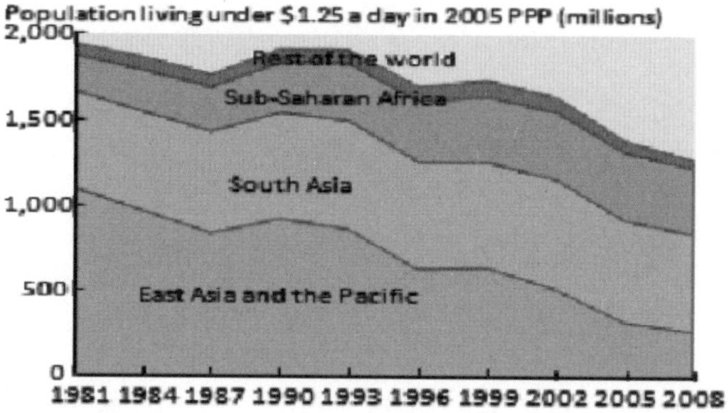

Population living under $1.25 a day in 2005 PPP (millions)

출처: 세계은행 빈곤연구네트 (http://iresearch.worldbank.org/PovcalNet).

표 1 전 세계의 지역별 절대빈곤 상태와 절대빈곤 변화 추이, 1990-2004

지역	1990년	2002년	2004년
동아시아 및 태평양	15.40%	12.33%	9.07%
유럽과 중앙아시아	3.60%	1.28%	0.95%
라틴아메리카와 캐리비언	9.62%	9.08%	8.64%
중동과 북아프리카	2.08%	1.69%	1.47%
남아시아	35.04%	33.44%	30.84%
사하라 이남 아프리카	46.07%	42.63%	41.09%

출처: 세계은행 빈곤연구네트 (http://iresearch.worldbank.org/PovcalNet).

세계의 빈곤상태를 대륙별로 살펴보면 〈표 1〉과 같으며, 전체적으로 조금씩 개선되고 있다고 할 수 있으나, 남아시아와 아프리카(사하라 사막 이남 지역)의 절대 빈곤 상태는 여전히 전체인구의 30-40% 트 이상이어서 매우 심각하다고 할 수 있다. 남아시아와 사하라 사막 이남의 아프리카의 일부 지역은 음식은 차치하고, 가장 기본적인 식수마저 절대적으로 부족한 곳도 많아 커다란 고통을 겪고 있다.

아시아에서는 네팔, 방글라데시, 우즈베키스탄, 라오스, 인도, 동티모르, 인도네시아, 부탄, 캄보디아 등이 특히 어려운 것으로 나타나고 있고, 아프리카(사하라 이남)에서는 탄자니아, 라이베리아, 모잠비크, 부룬디, 르완다, 말라위, 마다가스카르, 기니, 니제르, 잠비아, 중앙아프리카공화국, 차드 등이 특히 어렵다. 예를 들면 인도는 국민의 3분의 1 이상이 절대 빈곤에 놓여 있고, 아프리카 중부지역의 일부 국가는 국민의 3분의2 이상이 절대 빈곤 상태에서 고통을 받고 있다.

빈곤 현상의 한 부분인 기아hunger현상이 특히 많은 주목을 받고 있는데, 기아는 먹고자 하는 음식을 섭취하지 못한 심한 배고픔 상태를 말하는 것으로 이는 영양실조를 일으켜 사람을 죽게 하며, 기아로 인한 치사율이 매우 높으며 질병보다 더 높은 치사율을 기록하고 있기 때문이다. 국제음식정책연구소Intentional Food Policy Research Institute: IFPRI는 지구직 기아지수Global Hunger Index: GHI를 개발하여 나차원적인 통계분석 수단으로 활용하고 있다. 최근에 발표한 자료에 의하면, 남아시아와 사하라 이남의 아프리카 국민들이 기아로 인해서 고통 받고 있는데, 그 중에서도 가장 기아가 심한 나라는 콩고 공화국, 부룬디, 에리트레아, 차드, 에티오피아, 아이티, 동티모르, 중앙아프리카 공화국 등으로 파악되고 있다.

그러나 빈곤의 문제는 저개발 국가만의 문제일 수 없다. 사실 사람이 사는 곳에는 다양한 형태의 불균형 혹은 불평등 상태가 발생하기 때문에 잘 사는 사람과 못 사는 사람이 있고 그들 간의 소득격차가 벌어지고 사회양극화 현상이 커다란 사회문제 중의 하나가 되고 있다. 따라서 빈곤 문제는 저개발국가에만 존재하는 것이 아니라, 선진국에도 존재한다. 그러나 선진국의 빈곤과 저개발국가의 빈곤 간에는 현격한 차이가 있는 것 또한 사실이다. 예를 들어 중진국과 선진국의 경계에 위치한 한국경제의 경우, 최저생계비 등을 기준으로 저소득층을 구분하고 있다. 최저생계비는 '국민기초생활보장법'에서 규정하고 있는 법 개념으로 생계곤란의 관념적 기준(생활이 어려운 계층으로서 빈곤층 내지 저소득층 등을 구체적으로 표현하는 기준선)을 제공하고 있다. 한국정부는 최저생계비를 매년 발표하고 있으며, 2012년의 1인가구 기준 최저생계비는 월 기준 55만여 원이다. 최저생계비를 기준으로 소득인정액(개별가구의 소득평가액과 재산의 소득환산액을 합산한 금액)이 최저생계비 100% 이하인 경우는 기초생활수급대상자, 소득인정액이 최저생계비 120% 이하인 계층은 차상위계층, 그리고 소득인정액이 최저생계비 150% 이하인 계층을 차차상위계층으로 구분하고 있다. 한국에서는 일반적으로 상대 빈곤층을 전국가구 중위소득을 기준으로 50퍼센트 미만을 지칭하고 있으며, 절대 빈곤층은 최저생계비 100이하인 기초생활수급대상자를 주로 의미하며, 이는 현재 150여 만명으로 파악되고 있다.

이와 같이 지구촌 곳곳에 만연해 있는 빈곤은 인간 현상이자 사회 현상이다. 첫째, 인간·사회 현상으로서의 빈곤은 무엇보다도 인간 공동체 평화의 가장 주요한 걸림돌이 되는 폭력의 근원이 되어 자유의 이념을 쇠퇴시킨다. 콜리어와 훼플러의 연구에 따르면 빈곤이라는 인간 현상은 오늘날 폭력의 가장 주요한 원인이 되고 있다(지난 150년 간 전쟁으로 죽어간 이들보다도 지난 5년 간 빈곤으로 죽어간 사람이 더 많다. Anke). 정치적 억압과 소득불균등 혹은 민족 분쟁이 내전이라는 폭력의 원인이라고 볼 수 있는 직접적인 증거를 찾아내기는 어렵지만, 빈곤국의 73%가 내전을 겪었고(Paul Collier, *Breaking the Conflict Trap: Civil War and Development Policy*, World Bank, 2003. p 54) 세계 모든 내전의 80%가 빈곤국에서 일어났다는 사실은 내전과 빈곤 사이의 논리적 연관성을 강력하게 시사하고 있다고 이들은 주장한다(Paul Collier, *The Bottom Billion: Why the Poorest Countries are Failing and What Can Be Done About It*, Oxford University Press, 2007. p. 49). 이들의 연구에 따르면, 저소득, 성장둔화 그리고 빈곤국들의 전형적인 특징인 일차 상품 수출 의존도는 내전이 일어날 확률을 높이는 요인이다(빈곤국들에 5년 이내에 내전이 일어날 확률은 14% 정도이다). 구체적으로 소득 수준은 내전의 장기화와 재발 가능성에 영향을 미치며, 경제성장률이 1% 상승할 때마다 내전의 위험은 1%씩 줄어든다. 그 이유는, 빈곤국에서의 저소득은 생존의 절박함을 의미하고 성장둔화는 절망을 의미하기 때문에 폭력은 일순간에 퍼져나갈 수 있기 때문이다. 또한 경제적으로 취약한 국가들에서는 거버넌스가 정상적으로 이루어 질 수 없기 때문에 빈곤과 성장둔화로 인해 발생하는 폭력에 대해 적절히 대응할 수 없다. 여기에 더해 다국적 원유회사, 다이아몬드 회사들이 빈곤국의 사람들을 폭력의 함정으로 유혹하고 있다(실제로 우간다, 콩고, 르완다, 수단에서 20년간 지속된 잔혹한 반란군 Lord's Army는 잔혹하게 살인하라는 신의 계시를 받은 코니Coney가 할 일 없던 젊은이들을 조직하여 만든 반군이었다).

둘째, 빈곤은 개인의 사회적 욕구의 결여를 가져온다. 그 양상은 다음과 같다. 첫째, 빈곤은 영양실조를 가져오고 영양실조는 효율적이고 생산적인 노동을 할 수 없도록 한다. 낮은 생산성은 낮은 임금으로 이어져 빈곤을 심화시키는 악순환의 고리가 형성된다(Partha Dasgupta and

Debraj Ray, "*Inequality as a Determinant of Malnutrition and Unemployment: Theory*", Economic Journal 97, 1987. pp. 177-88). 또한 빈곤과 질병도 유사한 악순환의 고리로 맞물려 있다. 빈곤한 이들의 열악한 주거환경은 질병을 유발하고 이는 다시 노동의 생산성을 낮추고 임금수준을 낮춤으로써 빈곤을 심화시킨다. 또한 질병과 내전지역과의 상관관계도 실증적으로 분명하게 드러난다. 내전에 의해 촉발된 난민 행렬을 따라 해당 지역 거주민들의 질병 발병률이 증가하는 것을 쉽게 관찰할 수 있다 (Marta Reynol Querol et al, "*Fighting against Malaria: Prevent wars while waiting for the 'miraculous' vaccine*". Review of Economic and Statistics. Vol. 89, no. 1, 2007. P. 165-177). 이러한 영양실조와 질병은 생존 이외의 활동에 제약을 가져올 수밖에 없고 문화 경제적 사회활동을 어렵게 한다(Stephen C. Smith, "*Organizational Comparative Advantages of NGOs in Eradicating Extreme Poverty and Hunger: Strategy for Escape from Poverty Traps*" in NGOs and The Millennium Development Goals, ed. M. Brinkerhoff Jennifer, C. Smith, and Hildy Teegen, Palgrave Macmillan, 2007. p. 128). 이러한 사회적 욕구 충족의 결핍은 개인 생활 패턴의 변화로 이어진다.

셋째, 빈곤은 공동체 내에서 공동체가 지니고 있는 전통적 가치관과 관습 그리고 문화뿐만 아니라 사회적 자본의 해체를 가져오고 생존의 경쟁으로 뛰어들게 만든다. 랄슨과 프롬브리 그리고 토다로와 스미스의 연구는 빈곤이 가져오는 이러한 공동체 자산의 해체 메커니즘을 보여준다(Bruce Larson and David Bromley, "*Property Rights, Externalities, and Resource Depravation: Locating the Tragedy,*" in Journal of Development Economics 33, no. 2, 1990. pp. 235 – 62; Michael Todaro and Stephen C. Smith, *Economic Development*, Addison Wesley, 2003. Ch. 11). 토지와 같은 자연 자산을 관리하는 공동체 규율, 공동체의 공동노동과 같은 문화들은 생존이 최우선

시 되는 극단적 빈곤 앞에서는 설 자리가 없다. 빈곤 지역에서는 빈곤에 대한 공포와 두려움이 공동체에 만연하게 되는데, 빈곤한 지역일수록 사회적, 정치적 권력의 해체가 일어나서 공동체의 균형적 발전과 빈곤에 대한 효과적인 대응이 불가능해지며(Deepa Narayan et al, *Voices of the Poor: Crying out for Change,* Published for the World Bank, Oxford University Press, 2000. p. 121; Vikram Patel, et al., *"Depression in Developing Countries: Lessons from Zimbabwe,"* British Medical Journal 322, 2001. pp. 482-4) 결국 공동체의 해체로 귀결된다.

빈곤으로 인해 공동체의 전통적 가치와 관습을 해체됨으로써 나타나는 대표적인 현상들 중의 하나가 미성년 노동이다. 갈로와 제이라의 소득분배의 동태적 과정에 대한 연구는 부모가 빈곤으로 인한 질병에 걸리거나 교육수준이 낮아 노동 생산성이 떨어지게 되면, 어린이들이 학교에 가는 대신 노동을 하게 되는 메커니즘을 확연히 보여준다(Oded Galor and Joseph Zeira, *"Income Distribution and Macroeconomics"*, Review of Economics Studies 60, January 1993. p. 35-52). 미성년 노동은 성인들을 노동시장에서 밀어낼 뿐 아니라 저임금을 확산시키고, 결국은 공동체 내에서 미성년자간의 일자리 경쟁을 심화시킨다. 현재 1억 8천만 명의 미성년 노동자 중 약 1억 천만 명이 10세~15세이고 약 7천만 명의 어린이들은 10세 이하이다(Http://www.ilo.org/public/english/bureau/inf/childlabor/factssheet.htm).

넷째, 빈곤은 공동체를 붕괴시킬 뿐 아니라 한걸음 더 나아가 빈곤한 이들의 자기 정체성을 파괴하고 행동양식을 변화시킨다. 배너지와 뒤플로의 연구는 빈곤과 인간의 행동양식 간의 상관관계를 잘 보여주고 있다(A. Banerjee and E. Duflo, *"The economic lives of the poor,"* in Journal of Economic Perspectives 21 (1), pp. 141-168). 예들 들어 빈곤한 이들은 그들의 소득 중 놀라울 정도로 많은 부분을 알코올과 마약 그리고 유흥에 사용한다. 인도의 우다이 푸르지역에 대한 조사에서는 성인의 55%의 체형이 빈형이고 남성의 65%, 여성의 40%가 저체중이지만 이들은 소득의 30%를 담배와 술 그리고 축제에 소비한다는 것이 밝혀졌다. 남아프리카 공화국, 파키스탄, 인도네시아, 꼬트디부아르에 대한 실증 연구들도 이러한 경향을 뒷받침하고 있다. 에프로이슨과 아하메드, 루트메어, 디너의 연구 결과들도 빈곤과 행동패턴 간에 일정 정도 상관관계를 찾아 볼 수 있다는 근거를 제시한다(A. Banerjee and E. Duflo, *A Snapshot of micro enterprises in Hydrabad*, MIT: 2006; Luttmer EFP, "*Neighbors as Negative: relative earnings and well-being,*" The Quarterly Journal of Economics 120 (3), pp. 963-1002; E. Diener et al, "*Subjective well-being: three decades of progress,*" in Psychology Bulletin 125 (2), pp. 276-302).

이상에서 살펴본 바와 같이 빈곤은 인간에 대한 심각한 억압이며 동시에 '나'와 세계의 관계에 대한 가장 적극적인 의미에서의 부정이다. 칸트에 의하면 우리의 사유는 스스로에 대하여 정신적 규범성을 갖고 그 규범성을 통하여 세계를 재구성한다(I. Kant, *De mundi*, 8. AA. Bd. II, p. 395). 하지만 빈곤은 우리의 몸과 정신의 활동을 억압함으로써 나와 세계와의 관계를 가로막아 세계에 대한 인식과 정신적 규범의 정립을 불가능하게 한다. 그렇다면 철학자들은 인간적 사회적 병리현상인 빈곤을 발생시키는 근본적인 원인이 무엇이라고 생각하였을까?

2. 빈곤의 본질에 대한 철학적 이해의 변천: 아우구스티누스, 스미스, 마르크스, 그리고 하이에크

사회철학의 영역에서는 빈곤에 대한 이해가 세계관을 형성함에 있어 매우 중요한 역할을 한다. 아우구스티누스로부터 스미스, 마르크스와 하이에크에 이르기까지 빈곤의 문제에 대한 사유를 꿰뚫고 있는 핵심은 아우구스티누스가 인간의 선천적 결함이라 부른 '자기애(욕망)'에 대한 해석이다. 본 절에서는 '자기애'의 의미와 해석에 따라 빈곤에 대한 이해가 어떻게 변천해 왔는지를 철학사적 관점에서 개관한다.

(1) 아우구스티누스의 빈곤: 선한 세계에서의 인간의 선천적 결함

아우구스티누스에 의하면 이 세계는 그 자체로 선하고 아름답다. 신플라톤주의의 영향 하에서 그는 이 세계를 존재론적 등급으로 나누었지만 각각의 등급들은 그것 자체로 선하고 아름답다. 그 이유는 지고의 진선미 그 자체인 신이 세계의 그 모든 구성원들을 창조하기 때문이다. 지고의 존재인 신에 의한 창조는 어떠한 경우에도 그 진선미의 존재를 결여할 수 없기에 모든 존재하는 것들은 자신에게 주어진 만큼의 아름다움과 선함과 진리를 가지고 있고 따라서 존재하는 만큼 그 존재자는 선하고 아름다우며 진리를 지니고 있다고 볼 수 있다. 신은 모든 존재를 가능한 한 최고의 존재로 창조하였고 각각의 존재들은 창조된 만큼의 최고의 덕목들을 지니고 있다.

그런데 세계는 진선미로 가득하고 모든 존재자들은 최고의 덕목들을 지니고 있는가? 그렇지 않다. 오히려 이 세계는 불완전함으로 가득차 있다. 이러한 모순은 아우구스티누스에게 대단히 심각한 문제가 되었다. 신의 완전함과 이 세계의 불완전함은 그가 신을 통하여 이 세계를 설명하는 데 가장 큰 걸림돌이 되었던 것이다. 인간을 창조할 때 신은 가능한 최고의 존재로 창조하기 원했고 인간에게는 특별한 능력을 부여하였다. 그 특별한 능력은 자유의지이다. 신이 그 어떤 존재자보다도 더 위대한 존재자로 인간을 창조하였기 때문에 인간은 주어진 것들을 수동적으로 수용하는 것이 아니라 자유의지에 따라 스스로 인식하고 사유할 수 있다는 것이 아우구스티누스의 설명이다. 자유의지에 따라 선택을 한다는 것은 오직 인간 자신만이 의지의 주체가 될 수 있다는 것을 의미한다. 자유의지에 따른 선택에는 신을 포함한 타자의 개입이 일절 배제된다. 만일 인간이 자신의 자유의지로 인하여 잘못된 선택을 하게 되면 그것이 도덕적 악이 된다. 즉, 아우구스티누스의 관점에서 보면 완전한 신의 선한 세계에 악이 존재할 수 있는 이유는 인간의 자유의지 때문이다.

아우구스티누스에 따르면 빈곤은 기본적으로 재화의 물리적 희소성의 문제가 아니라 재화를 사용하는 인간의 욕망과 관련된 문제이다. 즉, 빈곤의 문제는 희소한 재화가 제대로 분배되지 못하고 누군가에 의해 독점되어 그 누군가의 욕망을 위해 필요 이상으로 쓰이고 있기 때문에 발생하는 현상이라는 것이다. 여기서 아우구스티누스는 사용uti과 향유frui를 구분한다. 모든 존재하는 것들이 그 존재하는 목적에 따라 작용하고 작동하게 되는 것을 인간에 의한 사용이라고 한다면, 향유는 존재하는 것들을 그 존재 목적에 반하여 도구화하는 것이라고 그는 규정한다.

빈곤이 발생하는 이유도 바로 여기에 있다. 아우구스티누스에 의하면 인간이 부를 사용하는 것이 아니라 부를 향유하게 될 때 빈곤이라는 악이 나타나게 된다는 것이다. 여기서 부란 삶에 기본적으로 필요한 음식과 의복 등 필수적인 생계유지를 위하여 요구되는 것 이상의 것들을 의미한다. 이 모든 부를 아우구스티누스는 가난한 사람들의 것이라 말한다. 여기서 그는 대단히 엄격한 종교적이고 윤리적 규범을 제시하여 부와 그에 따르는 의무에 대하여 말하고 있는 것이다. 필요 이상의 부를 소유하고 있는 것은 남의 것을 훔친 것과 다름이 없고 따라서 빈곤의 원인은 바로 부를 소유하고 있는 이들 때문이라는 것이 아우구스티누스의 생각이다. 인간이 부를 소유하고자 하는 것은 바로 부를 사용하는 것이 아니라 향유하고 싶어 하는 욕망 때문이다.

그는 결코 부 자체에 대한 가치 판단을 하지 않는다. 부는 그것 자체로 선한 것이고 그것 자체로 아름다운 것이기 때문이다. 그러나 인간이 자유의지에 따라 부를 사용하는 것과 부를 누리는 것 중에서 선택을 하게 되면, 그 선택에 의해 부는 선 또는 악으로서의 윤리적 가치를 갖게 된다. 재화가 인간에 의해 사용되는 경우 재화는 인간이 당연히 누릴 수 있는 권리를 충족시키는 선한 도구이지만, 재화가 인간의 탐욕을 성취하기 위해 독점적으로 축적된다면 재화는 빈곤을 가져오는 악한 도구가 되는 것이다. 아우구스티누스는 다음과 같이 말한다.

> 부 그 자체가 악한 것이 아니라 악의 원천은 부를 축적하고자 하는 탐욕에 있다. 탐욕이란 금이 가지고 있는 본래적인 속성이 아니다. 탐욕은 금보다 훨씬 더 소중한 정의가 훼손될 정도로 금을 사랑하는 인간의 선천적인 결함이다(Augustinus, De civitate Dei, 12.8).

빈곤의 문제는 부의 척도인 금이 가지고 있는 존재론적 문제가 아니라 금을 사용하는 인간의 자유의지의 결함 때문에 발생하는데, 인간의 자유의지는 그 본래 형태인 '자유로운 의식'으로 발현하지 못하고 물질을 향한 일종의 정향성을 지니게 되었고 이 정향성이 지나치게 강하게 나타나 존재론적 정향성으로 변하게 되었다는 것이다. 이러한 의미에서 아우구스티누스는 이것을 선천적인 결함으로 보고 있는 것이다(Augustinus, *Confessiones* 4, 10, 15). 인간이 사용해야 할 부를 사용하지 않고 향유함으로써 빈곤의 문제를 낳게 되는 것은 우연이 아니라 인간이 선천적이라고 봐야 할 정도로 근본적인 물질에 대한 정향성을 갖고 있기 때문이라고 아우구스티누스는 주장한다. 물질을 사용하는 것은 우주 속에서 인간의 영혼의 운동을 존재의 본향인 신에게로 상향하게 하는 것인 반면, 물질을 향유하게 될 때 영혼은 물질로 하강하게 되고 사용 되어야 할 부에 습착되어 빈곤의 문제를 야기하게 된다(Augustinus, *Confessiones* 2, 3, 6. creaturam tuam pro te amavit, de vino invisibili perversae atque inclinatae in ima voluntatis suae).

한편 아우구스티누스는 지진, 해일, 홍수, 가뭄 등 자연재해에 의해 생겨나는 빈곤이라는 악의 문제를 다음과 같이 해석하였다. 자연은 진선미의 화신인 신의 창조물이기에 자연은 인간에게 호의적임이 마땅하다. 그러나 인간의 선천적 결함 때문에 신과 인간의 관계가 어그러졌듯이, 신의 피조물인 자연과 인간의 관계 또한 인간의 선천적 결함 때문에 서로 적대적으로 변하였고 자연은 인간에게 가뭄과 홍수 등을 통하여 빈곤과 같은 불행을 가져오게 된다는 것이다.

아우구스티누스의 관점에서 보면 사회적 빈곤 그리고 자연재해에 의한 빈곤의 근본적 원인은 모두 인간이 갖고 있는 자유의지의 선천적 결함으로 환원된다고 볼 수 있다. 인간이 갖고 있는 선천적 결함이 빈곤의 원인이라는 이와 같은 관점은 1000여 년 후 아담 스미스에 의하여 시장의 문제로 재해석된다.

(2) 아담 스미스의 빈곤: 자유로운 경쟁과 거래에 대한 규제와 제약

아담 스미스는 아우구스티누스가 지적한 인간의 선천적 결함을 다음과 같이 재해석하였다.

> 의심할 나위 없이 모든 인간은 원래 자기 자신을 최우선적으로 돌보도록 되어 있다. 인간은 다른 사람보다 자신을 먼저 돌보는 것에 더 적합하도록 되어 있으며 또한 그렇게 하는 것이 타당하며 올바르다(Adam Smith,《도덕감정론》, 박세일 역, p 82).

여기서 스미스는 윤리나 도덕은 인간의 표면적 행위 양상으로만 볼 수 없고 존재의 내적 속성이 밖으로 드러나는 양식의 하나라는 아우구스티누스의 중세적 전통을 충실히 따르고 있다. 인간이 가지고 있는 자신을 향한 사랑은 우발적인 것이 아니라 본성적이라는 것이다. 인간의 자기사랑이 국부론에서 스미스가 제시하고 있는 동정론과 모순된다는 이른바 아담 스미스 문제Das Adam Smith Problem는 그가 중세적 전통을 따르는 존재론적 윤리학의 전통 위에 서 있다는 사실을 간과했기 때문에 생겨난 오해이다(부르노 바우어Bruno Bauer가 《과거와 현재의 국민경제》에서 아담 스미스는 《국부론》에서 동정심을 인간의 사회적 행위를 유발하는 본성이라고 주장하였으나 《노력 삼성론》에서는 이기심을 인간 본성으로 보아 스미스의 대치되는 두 사상에 대한 문제제기를 한후 학자들은 스미스의 이론에 대한 문제제기를 하였고 이를 이른바 아담 스미스 문제라 부른다). 그는 인간에게 본원적으로 주어진 존재의 양식으로서 자기사랑과 동정심이 있다고 보는 것이지, 인간의 의지를 통해 이 두 윤리적 양태가 생겨나거나 작용한다고 생각하는 것이 아니다.

따라서 아담 스미스에게 있어서 인간의 자기사랑의 원리는 마치 물리적 현상과 같은 보편적인 것이다. 그는 "식물이나 동물의 기관의 모든 것들이 개체의 유지와 종족의 번성이라는 자연의 위대한 두 목적에 적합하도록 얼마나 잘 만들어져 있는가를 보고 감탄한다"(Adam Smith, 《도덕감정론》, 박세일, 민경국 역, 비봉 출판사, 2009. p. 87). 그는 여기서 더 나아가 인간의 자기사랑의 원리가 우주론적 큰 원리라고 보았다. "모든 개별 사건도 우주의 계획의 한 부분으로서, 전체의 일반적인 질서와 행복을 증진시키기 위한 것으로 간주되어야 한다. 따라서 인간의 악행과 선행과 지혜가 모두 이 계획에 필요한 것이다"(Ibid., p. 36).

이렇게 스미스는 아우구스티누스의 전통을 계승하고 있었지만, 그의 관심의 초점은 아우구스티누스와는 다른 곳을 향하고 있었다. 아우구스티누스의 관심의 초점이 인간의 선천적 결함과 인간의 주체적 사유간의 형이상학적 관계에 맞추어져 있었다면, 아담 스미스는 관심의 초점을 인간의 선천적 결함이 타인의 선천적 결함과 상호작용하여 만들어내는 메커니즘에 맞추었다. 그는 인간 삶의 방식이 가감 없이 드러나는 가장 광범위한 메커니즘이 시장이라고 보았다. 그는 부와 빈곤이 동시에 만들어지는 시장에 대한 이해를 통해 인간의 선천적 결함들이 어떻게 상호작용하면서 부와 빈곤을 만들어내는지를 설명하려고 노력하였다.

아우구스티누스와는 달리 인간의 주체적 사유와 자연의 형이상학적 상호관계는 그의 관심 밖의 일이었다. 따라서 아우구스티누스가 주체적 사유와 자연의 원천이라고 믿었던 신을 아담 스미스는 더 이상 거론할 필요가 없었다. 아담 스미스는 인간의 본성적 성향을 신과의 형이상학적 관계로 연결 짓지 않고 마치 자연에 있어서 물리적 법칙과도 같은 자연적 성향으로 받아들이고 있다. 그는 부의 탄생의 근원을 인간의 선천적 결함에서 찾는다.

인류의 근면성을 촉발하고 계속해서 일을 하도록 한 것은 이러한 기만이다. 인류로 하여금 처음에 땅을 경작하고 집을 짓고 도시와 공동체를 세우고, 인류생활을 윤택하고 고상하게 만드는 모든 과학과 예술을 발명하고 개선하도록 한 것이 이것이다(Ibid., p.183).

인간이 부를 창출하고 그 부를 통하여 사회적 활동을 하는 것은 인간이 자신의 이익을 극대화하려는 본성을 가지고 있기 때문이라는 주장이다. 이러한 주장은 자본시장도 인간의 선천적 결함을 통해 작동하는 사회적 장이라는 주장으로 이어진다.

각 개인은 자신이 통제할 수 있는 자본을 가장 유리하게 사용하려고 힘쓴다. 그의 관심사는 자기 자신의 이익이지 사회의 이익은 아니다. 그러나 개인이 자기 자신의 이익을 추구함으로써 자연스럽게 오히려 필연적으로 그로 하여금 사회에 가장 유익한 투자를 선택하게 한나(Adam Smith, 《국부론》 상, 김수행 역, 비봉출판사, 2007. p.432).

아담 스미스의 관점에서 보면 시장은 바로 이러한 자연법칙과 같은 본성들을 연결하는 네트워크와 같아서 서로 다른 방식의 자기사랑을 충족시키려는 삶의 양식들이 상호작용하는 장이다.

우리가 밥을 먹을 수 있는 것은 정육점 주인, 양조장 주인, 빵집 주인의 자비심 때문이 아니라 자기 자신의 이익에 대한 그들의 관심 때문이다. 우리는 그들의 인간성에 호소하지 않고 그들의 자기사랑에 호소하며 그들에게 우리의 필요를 이야기하지 않고 그들의 이익을 이야기한다(Ibid., p.22).

아우구스티누스는 인간의 선천적 결함에 대하여 말할 때 종교적, 윤리적 의미에 바탕을 두고 있었으나, 아담 스미스가 국부론에서 말한 자기사랑Self-Love과 이기심selfishness은 인간 본성의 사회적 의미에 기초하고 있다. 스미스에 따르면 시장은 인간 본성의 경쟁과 연합이 이루어지는 물리적 장소이고 자기 조정이 가능하도록 최적화된 사회적 메커니즘이다.

특혜를 주거나 제한을 가하는 모든 제도가 완전히 철폐되면 분명하고 단순한 자연적 자유의 체계가 스스로 확립된다. 이 체계 하에서 모든 사람은 정의의 법을 위반하지 않는 한, 완전히 자유롭게 자신의 방식대로 자신의 이익을 추구할 수 있으며, 자신의 근면과 자본을 바탕으로 다른 누구와도, 다른 어느 종류의 사람과도 완전히 자유롭게 경쟁할 수 있다(Adam Smith,《국부론》하, 김수행 역, 비봉출판사, 2007. p. 184).

스미스의 주장에 따르면 완전히 자유롭게 경쟁할 수 있는 시장은 이른바 보이지 않는 손에 의하여 스스로 조절되고, 보편적 풍요가 가장 가난한 사람들에게까지 확대되며, "자유가 남용될 수 있다고 하더라도 - 특히 몇몇 경우에는 더욱 그러하다고 하더라도 - 자유는 노동자의 대부분에게 유리한 것"(Adam Smith,《국부론》상, p. 468)이다. 왜냐하면 모든 인간이 스스로의 이익을 위하여 시장에서 경쟁을 통해 생산해낸 재화는 경쟁적 시장의 보이지 않는 손에 의하여 가능한 많은 사람에게 분배될 수 있기 때문이다.

그렇다면 빈곤은 왜 발생하는 것인가? 스미스의 시장이 제대로 작동하려면 자유경쟁이 가능해야 한다. 그러나 만일 이 자유경쟁이 훼손되는 경우 자유경쟁을 통해 이루어지는 풍요의 분배라는 이익들도 함께 사라지게 된다. 그는 두 가지 예를 말한다.

기근은 부적절한 수단으로 부족의 불편을 치유하고자 시도한 정부의 강압에 의해 일어났다는 점을 발견할 수 있을 것이다(Adam Smith,《국부론》하, p.24).

위대한 나라들은 비록 공공부문의 낭비와 부실한 관리에 의해 가난을 겪기도 하지만, 결코 민간부문에 의해 빈곤해지지는 않는다. 대부분의 나라에서 공적인 재산의 거의 모두가 비생산적인 세력을 먹여 살리는 데 쓰인다. 그 세력은 화려한 궁전, 거대한 성직자 조직, 막강한 함대와 군대를 차지하고 있으면서도 전시에조차 자신들을 먹여 살리는 데 쓴 지출을 충당하는 일에 아예 눈감은 자들이다. 아무것도 생산하지 않는 그들은 전적으로 다른 사람들의 노동의 산출물 덕분에 먹고 산다(Adam Smith,《국부론》하, p.212).

두 예문에서 스미스는 빈곤은 자유로운 시장에서 자기사랑에 근거하지 않은 제 3자에 의하여 나타난다고 보고 있다. 곡물이 부족한 이유는 곡물 그 자체의 부족이라기보다는 곡물이 모든 이들에게 충분히 분배되었어야만 할 시스템이 왜곡되었기 때문이고 그 이유는 국가 혹은 귀족의 개입 때문이라는 것이 스미스의 분석이다. 자유로운 시장에서 자기사랑으로 동기부여가 된 개인들은 자기 이익의 확대를 위하여 효율적인 생산 활동을 할 수 있으며 부는 증가하고 따라서 곡물은 모두에게 분배될 수 있다는 것이다. 그러나 만일 국가가 곡물가의 안정을 위하여 곡물의 수출을 금하고 가격을 통제한다면 시장에서 자연히 일어날 수 있는 곡물의 무역과 가격변동에 따른 소비 조절에 의하여 식량부족이 해결될 수 있는 기회는 사라지게 되어 시장의 자유로운 자기 통제 질서는 교란될 수 밖에 없다는 것이고 또한 시장에서 효율성의 극대화를 위하여 사용되어져야 할 재화가 만일 귀족들을 위하여 사용된다면 그만큼의 피해는 시민들이 볼 수밖에 없고 그 결과는 빈곤으로 나타난다는 것이다. 따라서 스미스가 제안하는 빈곤의 해결책은 다음과 같다.

> 제한 없는 곡물거래의 자유는 기근이라는 불행을 막는 유일하게 효과적인 예방책이며 부족의 폐해를 줄이는 가장 좋은 방책이다(Adam Smith, 《국부론》 하, p 25).

(3) 마르크스의 빈곤: 인간의 소외와 시장의 착취

제한 없는 거래의 자유를 강조한 스미스와 달리 마르크스는 인간의 공동체적 자유라는 개념을 제시한다. 스미스가 생각한 '경쟁의 자유' 또는 '시장에서의 자유'는 "타인의 권리를 해치지 않는 범위 내에서 모든 것을 할 수 있도록 인간에게 주어진 힘"이라고 규정한 〈인간과 시민의 권리선언〉(1793)에 제시된 근대적 자유개념에 기초한 것이다. 그러나 마르크스에 의하면 이러한 자유는 "홀로 고립된 단자로서의 인간의 자유"(K. Mark, "Zur Judenfrage", MEW, bd. 1, p. 363), 또는 인간 공동체로부터 벗어난 해체된 '나'의 자유일 뿐이다. 마르크스가 보았을 때 이러한 자유는 인간을 인간으로부터 더욱 소외되게 만들 뿐이고 오히려 인간의 자유를 해치는 자유일 뿐이다. 그는 단자적 자유가 아니라 종(種, speices)적 자유(집단 또는 공동체 내의 관계 속에서 얻어지는 자유)를 통하여 인간의 자유는 구현될 수 있다고 보았다. 그는 "개인은 공동 관계에서 비로소 그의 자질을 다방면으로 발전시킬 수 있는 수단을 갖게 된다. 그리고 공동 관계 속에서 비로소 인격적[개인적] 자유persönliche Freiheit가 가능해진다"(Marx, K. / Engels, F., 《독일 이데올로기》I , 김대웅 역, 두레, p. 74)라고 주장한다. 또한 "현실적 공동체 속에서 개인들은 연합을 통해서 자신들의 자유를 획득한다"(Ibid.)고 그는 믿었다.

그가 자유를 개인이 아닌 공동체 속에서 실현해야 할 인간의 가치로 본 이유는 그가 인간에 내재된 종적 본성Gattungswesen, species-essence이 있다고 믿었기 때문이다. 종적 본성이란 인간의 본질이 홀로 존재하는 개체가 아닌 타자와의 만남과 관계를 통하여 실존한다는 특성이다. '나'라고 하는 의식 자체도 실은 타인과의 관계 속에서 '나'와 '세계'가 상호작용을 통해 후험적으로 만들어지는 것이다. 이를 그는 "의식은 처음부터 이미 하나의 사회적 산물이다"(Marx, K. / Engels, F., 《독일 이데올로기》I , 김대웅 역, 두레, p. 31)라고 표현한다.

그는 개인의 자유의 성취는 개인이 노동을 통하여 사회와 관계를 맺을 때 가능해진다고 보았다. 이 노동의 근간을 이루고 있는 근본적인 동인은 생계유지, 그리고 생계유지에서 한 발 더 나아간 새로운 욕구의 창출이다. 마르크스에 의하면 노동의 근본적 목적은 생산이고 이 생산이야말로 노동을 통해 사람들 간의 관계 형성을 가능하게 하는 활동이다. 그는 이렇게 말한다. "인간을 동물과 구별시켜주는 역사적 행위는 사고하는 행위가 아니라, 자신들의 생계 수단을 생산하는 행위이다"(Ibid., p. 58). 또한 "인간을 동물과 차별화시키는 또 다른 이유는 욕구Bedürfnis 충족을 위해 생산해 낸 결과물들이 새로운 욕구를 창출해 낸다는 것이다. 이러한 새로운 욕구의 창출 역시 역사적 행위이다" (Ibid., p. 68).

이와 같이 인간은 노동을 통하여 사회와 자연과의 관계를 맺고 생산을 하며 산출물을 통하여 생계를 유지하고 욕구를 충족시키면서 자유의 이념을 구현한다고 마르크스는 보았다. 노동은 물질적 가치의 생산을 본질로 하고 또한 인간의 욕구의 충족과 확장이라는 동인에 의하여 탄생하였다는 마르크스의 관점은 스미스와 동일하다. 그러나 마르크스는 시장에서의 자유로운 경쟁과 노동은 물리적 현상과도 같이 자연스럽게 개인적 이익과 사회적 이익을 동시에 실현할 수 있다는 아담 스미스의 견해에 반대한다. 마르크스는 경쟁적 시장에서의 노동은 인간을 오히려 더 부자유하게 만들고 따라서 노동의 본질적 목적인 인간의 자유는 시장에서의 노동으로 인해 오히려 더 위협받게 된다고 보았다. 이러한 의미에서 그는 다음과 같이 말한다.

> 우리가 생산 활동을 생산과정의 관점에서 고찰한다면, 생산수단은 자본이 아니라 노동자 자신의 생산 활동을 위한 합목적적인 수단과 재료일 뿐이다. … 그러나 우리가 생산 활동을 가치증식 과정의 관점에서 고찰하자마자 문제가 달라진다. 생산수단은 즉시 타인의 노동을 흡수하는 기제機制로 전화한다. 더 이상 노동자가 생산수단을 사용하는 것이 아니라 오히려 생산수단이 노동자를 사용하는 것이다(K. Marx, 《자본론》1, 김수행 역, 비봉출판사, 2005, p. 328).

노동을 가치증식을 위하여 사용하려는 순간 노동은 가장 근원적 목적인 자유를 상실하게 되고 자본에 의하여 인간이 노예화된다고 그는 보았다. 즉, 노동이 인간과 세계를 연결하는 통로로서 자유 이념을 구현할 수단으로 여겨지지 않고 노동의 결과인 상품 가치의 증식을 위하여 사용될 때 인간은 수동적 존재가 되어 노예화된다는 것이다

> 자본가는 오직 인격화된 자본에 지나지 않는다. 그의 혼은 자본의 혼이다.

그런데 자본에게는 단 하나의 충동이 있을 따름이다. 자기가 소유한 생산 수단을 이용하여 가능한 한 많은 양의 잉여노동을 흡수함으로써 잉여 가치를 창조하여 부를 증식시키려는 충동이 그것이다(Ibid., p. 307).

마르크스는 이 과정에서 인간이 자신의 노동으로부터 소외된다고 보았고 소외된 인간에게 노동은 더 이상 자신의 자유와는 아무런 관계도 없는 것이 되고 만다고 보았다. 그는 이렇게 말한다.

노동은 노동자에 대해 외면적인 것으로 존재한다. 다시 말하면 노동은 노동자의 본질에 속하지 않는다. … 노동자는 노동을 하지 않을 때 편안한 느낌을 갖고, 노동을 할 때는 편안한 느낌을 갖지 못한다. 따라서 그의 노동은 자발적인 것이 아니라 강제된 것, 즉 강제 노동이다. 따라서 노동은 욕구의 충족이 아니라, 노동 이외의 욕구를 충족시키는 하나의 수단에 불과하다(K. Marx, *Ökonomisch-Philosophische Manuskripte*, Marx Engels Werke, Dietz Verlag, Berlin, 1985. p. 514).

스미스와 달리 마르크스는 시장을 거래와 경쟁을 통하여 자유가 확장되어 가는 현장이 아니라 거꾸로 노동으로부터 인간이 소외되어 가는 현장으로 보았다. 시장의 목적은 위에서 본 바대로 잉여가치를 창출해 내는 것인데, 시장에서 잉여가치가 창출되는 방식을 마르크스는 두 가지로 요약한다. 그 중 하나는 생산의 효율성을 높이기 위해 노동자를 착취하는 것이다. 이에 대하여 그는 이렇게 말한다.

자본주의적 체제 내에서 노동 생산성의 증가는 개별 노동자의 희생을 통해 이루어진다. 생산성을 높이기 위한 모든 수단은 노동자를 지배하고 착취하기 위한 수단으로 전화하여 노동자를 불구처럼 불완전하게 만들며 기계의 부속물로 전락시킨다(K. Marx, 《자본론》 1, p. 713).

또 다른 하나는 마르크스가 "시장을 통한 생산양식의 고유한 인구법칙"(Ibid.)이라고 부른 과잉인구이다. 과잉인구는 시장에서 노동공급의 과잉을 가져오고 노동자들은 갈수록 더욱 더 낮은 가격에 자신의 노동력을 판매하게 된다. 결국 노동자들의 빈곤은 시장으로부터 비롯된다는 것이 마르크스의 진단이다.

상대적 과잉인구 또는 산업예비군이 축적된 자본의 규모와 균형을 유지하게 하는 힘은 헤파이토스의 쐐기가 프로메테우스를 바위에 못 박은 것보다도 더욱 단단히 노동자를 자본에 못 박고 있다(Ibid.).

결국 자본주의 시장의 본래의 목적인 "잉여가치를 생산하기 위한 모든 방법은 축적의 방법이고 또한 축적된 자본은 다시 축적의 방법을 발전시키기 위한 수단이 된다. 그리하여 자본이 축적되어감에 따라 노동자의 생활은 악화되지 않을 수 없다"(Ibid.).

그렇다면 이 빈곤의 문제는 어떻게 해결할 수 있는가? 빈곤의 출발이 시장이었기에 빈곤의 해결 또한 시장으로 다시 돌아갈 수밖에 없다. 스미스가 시장을 통하여 빈곤을 해결할 수 있다고 생각한 반면 마르크스는 빈곤의 해결은 시장의 해체를 통해 가능하다고 보았다.

마르크스는 빈곤해진 노동자들에게 적당한 임금을 지불하는 것만으로는 빈곤의 근본적인 문제를 해결할 수 없다고 생각하고 가장 근본적인 해결책을 모색하였다. 그가 생각해낸 해결책은 인간을 노동과 그 결과들로부터 소외시켜온 시장을 해체시키는 것이었다. 시장을 해체하는 것이 노동이 자본의 자기 확대재생산을 위한 수단으로 전락되고 자본에 종속되는 것을 막고 인간이 노동을 통해 종적 자유를 획득할 수 있게 하는 가장 근본적인 방법이라고 마르크스는 보았다. 마르크스는 여기서 더 나아가 자본주의적 시장에서 노동자 위에 군림하는 국가 역시 해체되어야 한다고 말한다.

> 자신을 인격으로서 주장하기 위해서는 그들 자신의 기존 생존 조건임과 동시에 지금까지 모든 사회의 생존 조건이기도 한 노동 양식을 지양해야만 한다. [⋯] 그러므로 자신의 인격을 관철하기 위해서는 국가를 타도해야만 한다(Marx, K. / Engels, F., 《독일 이데올로기》 I , 김대웅 역, 두레, pp. 132-133).

마르크스는 혁명을 통하여 시장과 국가를 타도할 수 있다고 보았다. "혁명이 필요한 것은 다른 어떤 방법으로도 지배 계급을 타도할 수 없을 뿐만 아니라, 오직 혁명을 통해서만 모든 낡은 오물을 말끔히 씻어버리고 새로운 사회의 기초를 세울 수 있는 역량을 갖출 수 있기 때문이다"(Ibid., pp. 122-123). 그 혁명의 중심에는 바로 사유재산의 폐지가 있다. 사유재산제를 폐지함으로써 자본은 자기 확장을 멈추게 되고 따라서 자본에 의하여 노예화되었던 노동은 다시 본래 목적인 인간을 자유롭게 하는 관계 형성을 위하여 사용될 수 있게 되기 때문이다.

(4) 하이예크의 빈곤: 자유로운 경쟁적 시장에서 나타나는 자연스러운 현상

하에에크는 프리드먼, 뷰캐넌 등과 함께 스미스가 제시한 시장에서의 '제한 없는 거래의 자유'를 가장 적극적으로 받아들인 이들 중

하나였다. 아우구스티누스에게 자유란 자유의지에 의한 선택의 자유
였고 스미스에게 자유는 공정한 시장에서의 경쟁을 할 수 있는 자유였
다면, 하이예크는 이를 더욱 광범위하고 적극적으로 받아들인다. 먼저
그는 아우구스티누스의 자유의 개념을 뛰어 넘어 "인간 정신은 사회
환경의 산물이다"(F. Hayek, *Law, Legislation, and Liberty: A New Statement of
the Liberal Principles of Justice and Political Economy*, University of Chicago Press,
1967. p. 17)라고 말한다. 하이예크에게 있어 자유는 아우구스티누스가 말
한 영혼의 선험적 속성이 아니라 환경의 산물이기 때문에 개인의 자유
가 잉태될 수 있는 사회적 질서가 만들어져야 비로소 자유가 생성될 수
있다고 본다. 이와 같은 자유의 개념은 진화론적 합리주의evolutionary
rationalism에 바탕을 두고 있다. 여기서 진화론적이라는 말은 목적론
적 발전을 의미하는데, 인간의 정신과 문화가 역사 속에서 다양한 구
성원들과 관계하고 충돌하고 경쟁하는 과정을 통해 발전해 나간다
는 것을 의미한다(프리드리히 하이예크, 《노예의 길》, 김이석 옮김, 나남출판,
2006. p. 253).

하이예크에게 자유의 속성은 "타인의 의지에 의해 강제로 예속되
어 있지 않은 상태"(F. Hayek, *Die Verfassung der Freiheit*, Tübingen, p. 14)를
의미한다. 따라서 하이예크의 자유는 아우구스티누스의 자유의 이념
과 마찬가지로 자기 자신 이외에는 그 누구도 강제력을 행사할 수 없
는 정신의 상태이다. 자유를 성취한 사람은 "자신의 결정과 계획에 따
라 행동할 수 있다"(Ibid., p. 15)고 볼 수 있다.

이러한 하이예크의 자유를 차이틀러는 다음과 같이 정리한다(Ch.
Zeitler, *Spontane Ordnung und Recht*, Berlin, 1995. p. 94; 민경국, 《하이예크 - 자유
의 길》, 한울 아카데미, 2007. p. 318에서 재인용).

1. 개인들은 누구나 사적 영역 속에서 법적으로 보호를 받는 위치

에 있다. 법의 보호를 받지 못하는 사람을 노예라 한다.

　2. 개인들은 누구나 자신의 직업을 선택할 수 있고 원하는 것들을 행동으로 옮길 수 있는 권리가 있다.

　3. 개인들은 누구나 자신의 사유재산을 가질 수 있다. 실제로 재산이 없다 하더라도 재산을 개인적으로 소유할 수 있는 권리가 있다는 것이 중요하다.

　4. 개인들은 신체적으로 구속받지 않도록 법의 보호를 받을 권리가 있다.

　그러나 개인의 자유는 무작위적이거나 무한한 것이 아니다. 개인의 자유는 언제나 질서 속에서 성취될 수 있는데 그 질서가 바로 법을 의미한다. 하이예크는 법을 두 가지로 나눈다. 하나는 자생적으로 생겨난 자유의 법law of liberty이고 또 하나는 제정된 법laws of legislation이다 (F. Hayek, *Law, Legislation, and Liberty: A New Statement of the Liberal Principles of Justice and Political Economy*, p. 94; p. 124). 자유의 법의 주체가 개인이라면 제정된 법의 주체는 국가와 법원이다. 문화가 발전함에 따라 개인의 자유를 스스로 보장할 메커니즘이 인간사회에 자생적으로 등장하게 되었는데, 이를 자유의 법이라 부른다. 반면 정부의 운영을 위한 필요성 때문에 인위적으로 만든 법을 제정된 법이라 부른다(이근식,《신자유주의 - 하이예크 프리드먼 뷰케넌》, 기파랑, 2008. p. 119). 히이예크는 이 두 가지 질서 중 자유의 법만이 개인의 자유를 성취시킬 수 있는 토대가 된다는 극단적인 입장을 취한다. "자유의 법이 지배적인 사회에서는 개인의 자유라는 이상이 활짝 꽃필 수 있었다. … 자유의 법은 개인을 자유롭게 한다"(F. Hayek, *Law, Legislation, and Liberty: A New Statement of the Liberal Principles of Justice and Political Economy*, pp. 94-95). 그러나 제도적 물리적 개입은 비록 그것이 선의의 국가라 할지라도 개인의 자유를 억압하게 된다는 것이 그의 생각한다. 따라서 하이예크는 다음과 같이 주장한다. "어떠한 모습의 사회정의이든 이를 강제로 실현시키려는 시도는 필연적으로 모든 도덕의 기초가 되는 개인의 결정의 자유를 파괴하며"(Ibid., p. 99) "자유경쟁이 사회조직의 원칙으로 성공적으로 기능하기 위해서는 경제활동에 대한 국가의 정치적이고 강제적인 간섭을 배재해야 한다"(프리드리히 하이예크, 《노예의 길》, 김이석 옮김, 나남출판, 2006. p. 28).

하이예크에 의하면 이러한 자유의 이념이 가장 적극적으로 드러나야 하는 곳이 바로 시장이다. 시장에서의 개인의 자유란 시장의 질서에 따라 개인의 선택이 오직 스스로의 선택에 의하여 이루어질 수 있음을 의미하고 따라서 시장과 개인의 자유는 상호 보완적이다. 즉, 개인의 자유는 경쟁을 통하여 시장을 강화해 나가고 시장은 개인의 경쟁을 통하여 자유를 증대시켜 나간다는 것이다. 시장과 개인 그리고 경쟁의 메커니즘을 그는 다음과 같이 변증한다. "자유경쟁이 우월한 방법으로 간주되는 이유는 경쟁이 대개의 경우 가장 효율적인 인간의 행위를 창출해 낼 뿐 아니라 경쟁은 권력의 강제적이고도 자의적인 간섭 없이도 우리의 행위들을 상호 조정해 주는 유일한 방법이기 때문이다"(Ibid.).

개인의 자유는 시장에서도 예외 없이 발현되어야 하고 개인들의 자유의 발현은 경쟁이라는 시장 질서를 통해 가장 효율적으로 구현된다. 그런데 하이예크는 시장에서의 자유는 그 질서의 핵심인 이윤추구를 위한 경쟁을 통해 성취될 수 있다고 생각하며"이윤의 추구는 인간이 지금까지 발견해 낸 자유를 확대하는 수단 가운데 가장 효과적인 것 중의 하나이다"(Ibid., p. 148)라고 말한다. 여기서 우리는 하이예크가 부의 축적을 자유의 향유와 동일한 의미로 사용하고 있음을 볼 수 있다. 하이예크는 시장에서의 부의 축적이 궁극적으로는 개인의 자유를 확대한다고 믿었고, 역으로 국가와 같은 기관이 개인의 경쟁을 통한 부의 축적을 통제하게 된다면 큰 해악을 가져오게 된다고 믿었다. 그는 이렇게 말한다. "부의 축적을 통제하는 것은 인간생활 그 자체를 통제하는 일"(Ibid., p. 137)이다. 결국 하이예크는 아우구스티누스의 형이상학적 자유의지의 개념을 넘어서, 시장에서의 경쟁을 통한 부의 축적이 인간의 자유를 확장시킨다고 주장한다.

하이예크는 빈곤 또한 부의 축적과 마찬가지로 경쟁의 자연스러운 결과라고 생각했다. 하이예크에 의하면 빈곤은 가장 효율적으로 자유가 발현되는 시장에서의 경쟁에서 낙오한 결과로서 마치 물리적 현상과도 같이 너무나 당연한 현상이다. '사회적 정의'라는 이름으로 빈곤의 문제에 대한 책임을 시장을 포함한 사회 전체가 져야 한다는 주장을 그는 다음과 같은 이유를 들어 반대한다.

첫째, 시장은 어떤 특정 주체가 인위적으로 만들어낸 제도가 아니라 자율적 질서로 구성된 것이기 때문에 시장의 파생 결과인 빈곤 또한 책임질 주체가 별도로 존재하지 않는다. 만약 시장이 인위적으로 만들어졌다면 그것을 만든 주체가 시장의 결과로 나타나는 빈곤이라는 현상에 대해서도 해결해야할 책임을 져야 하지만 시장은 그렇게 누군가에 의해 인위적으로 형성된 것이 아니다. 따라서 시장의 결과인 빈곤 역시 누군가가 인위적으로 만들어 낸 것이 아닌 가치중립적인 현상일 뿐이다.

둘째, 빈곤의 문제를 사회가 책임지고 해결하는 것은 다원화된 세계에서는 현실적으로 불가능하다. 빈곤을 해결하기 위해서는 인간의 삶에 대한 비교규범이 설정되어야 하는데 인간 삶의 다차원적 영역들을 통괄하는 비교규범을 설정하는 것이 불가능하기 때문이다(Ibid., p.

121). 다원화된 세계에서 분배의 규범과 관련된 평가의 기준이 명확히 설정될 수 없다면 사회적으로 공평한 분배의 실현은 불가능할 따름이다.

셋째, 빈곤을 사회가 책임져야 한다는 주장은 많은 경우 사회적인 '연대감'에 근거한다. 그런데 '연대감'은 감정적이고 본능적인 것이어서 소규모 사회에서만 가능한 것이지, 거대한 사회에서 상호간의 욕망을 인식하는 것은 실질적으로 불가능하다. 따라서 이러한 연대감에 기초한 사회적 재화의 분배는 필연적으로 실패할 수 밖에 없다(민경국, 하이예크 자유의 길, 서울: 한울 아카데미, 2007. p. 456). "성서가 말하는 이웃이라는 개념은 문자 그대로 이해되어야 한다. 즉 우리가 가까이 보고 구체적으로 알 수 있는 사람들로 제한되어야 하는 것이다. 성서의 이웃에 대한 가르침은 소그룹 부족 사회를 위해 개발된 지침인 것이다. ······ [거대한 사회조직 속에 사는] 우리는 상업적 도덕률을 따라야 한다"(F. Hayek, *A Conversation with Friedrich A. von Hayek: Science and Socialism*, American Enterprise Institute, 1979. pp. 17-18).

넷째, 사회적 정의라는 이름으로 행해지는 분배는 시장과 시장을 구성하는 토대 질서인 자유의 법을 훼손하여 결국은 인간의 자유의 이념과 이를 통해 구현될 행복까지도 위협하게 된다. 재화의 불평등한 분배는 언뜻 일부에게만 그 소비의 자유를 주는 것으로 보이지만 길게 보면 실제로는 일부의 소비를 통하여 더 많은 사람들에게 소비의 기회가 주어지며 따라서 자유의 범위가 넓어 질 수 있다(F. Hayek, *Die Verfassung der Freiheit*, p. 55). 불평등은 오히려 인간의 생산적 활동을 더욱 촉진하여 시장 질서를 더욱 강화해 나가는 기제가 된다.

하이예크가 이해한 사회적 정의란 분배가 아닌 경제활동의 자유이다. 개인의 자유는 시장에서의 활동을 통하여 구현될 수 있기에 시장의 자유를 보장해야만 개인의 자유가 지켜질 수 있고 그렇게 되어야 비로소 사회적 정의가 실현될 수 있다는 것이다. 따라서 그는 이렇게 과감히 주장한다. "소유가 없는 곳에는 정의도 없다"(F. Hayek, *The Fatal Conceit: Errors of Socialism*, Oxford University, 1988. p. 43). 결국 가진 것이 없는 빈곤계층은 사회발전 단계에서 자연스럽게 생겨날 수 밖에 없기 때문에 누군가 시장의 질서를 외면한 채 빈곤의 문제에 개입하려고 시도한다면 이러한 시도 자체가 지탄받아 마땅하다는 것이다. 만일 누군가 국가로 하여금 사회경제적 보장을 요구할 경우 "경제적 보상이나 사회복지에 대한 일반적 노력은 자유의 기회를 높이기는커녕 자유에 대한 가장 심각한 위협이 되고 … 결국은 권력이 집중됨으로써 시민들은 정치적 경제적 종속 상태에 빠지게 될 것이다"(프리드리히 하이에크, 《노예의 길》, 김이석 옮김, 나남출판, 2006. p. 31). 하이에크의 관점에서 보면 빈곤에 대한 책임은 빈곤한 이가 스스로 져야 하고 빈곤한 이가 스스로 극복해 나가야 할 문제인 것이다.

3. 맺는 말: 빈곤의 근원에 대한 철학적 이해가 사회과학에 던지는 시사점

빈곤은 인간의 자유를 억압하는 실체이다. 노벨경제학상 수상자인 센 교수는 한 국가가 빈곤으로부터 벗어나는 과정인 발전을 자유의 확장이라고 해석하고 있다(Amartya Sen, *Development as Freedom*, Anchor Book, 1999). 이와 같이 빈곤의 문제는 철학적 사유에 있어서 자유의 문제만큼이나 중요한 주제이다. 앞 절에서 살펴 본 바와 같이 아우구스티누스는 빈곤의 본질적인 원인을 사용해야 할 부를 향유하는 인간의 선천적 결함(욕망)에서 찾았다. 그러나 아담 스미스는 인간의 이 선천적 결함(욕망)이 인간이 역사를 창조해 나가는 힘이라고 보았고 이 힘에 의해 추동되어 거래가 이루어지는 시장을 인간의 자유를 확장시키는 중요한 수단으로 인식하였다. 스미스는 인간은 시장에서 자유로운 거래를 통하여 재화를 창출해 내기 때문에 자유로운 시장이 풍요를 불러오며 빈곤의 문제를 경감시킨다고 생각하였다. 따라서 스미스의 관점에서 보면 시장의 자유를 억압하는 일체의 제도나 정책은 빈곤의 문제를 심화시키는 요인이 될 뿐이다. 하이예크는 스미스의 이러한 생각을 더욱 강하게 전개하여 빈곤은 경쟁이 자유롭게 이루어지는 시장에서 일어날 수 있는 '자연스러운' 현상이라고 해석하였다. 하이예크에 따르면 부의 축적은 인간을 자유롭게 하고, 부를 축적하는 가장 효율적인 방법은 경쟁이다. 따라서 자유로운 경쟁을 훼손하고 빈곤을 인위적으로 해결하려는 사회적 시도는 여러 부작용을 낳을 뿐 성공할 수 없다고 주장한다. 그러나 스미스나 하이예크와는 달리 마르크스는 자유경쟁 시장에서 부가 축적되는 과정은 소외와 착취를 근간으로 하고 있기 때문에 부가 축적되는 과정에서 필연적으로 빈곤의 문제가 발생한다고 보았다. 따라서 스미스나 하이예크와는 대척점에 서 있는 마르크스의 관점에서 보면 빈곤 문제의 근원적 원인은 경쟁이 자유롭게 이루어지는 시장이라는 제도적 공간에서 행해지는 착취와 인간소외의 결과이다.

이상에서 살펴 본 빈곤의 본질에 대한 철학적 사유의 흐름은 빈곤의 문제의 치유가 왜 간단한 문제가 아닌지를 적나라하게 보여준다. 빈곤의 원인에 대한 철학적 인식이 세계관의 문제라면 이는 옳고 그름의 문제를 넘어선 신념과 가치관의 문제이기 때문에 하나의 합의점을 찾는 것은 사실상 불가능하다. 그런데 이러한 빈곤의 본질에 대한 철학적 인식은 빈곤에 대한 치유와 해결의 방안을 제시해야 하는 과제를 안고 있는 사회과학 분야에서의 연구와 접근방식을 근본적으로 결정 짓는다. 따라서 빈곤이라는 현상의 본질에 대해 어떤 인식을 갖고 있는가에 따라 사회과학에서 빈곤 문제를 해결하기 위한 처방 또한 매우 다를 수 밖에 없으며, 우리는 상이한 관점에서 제시된 상충적인 정책들이 첨예하게 대립하는 현상을 빈번하게 관찰하게 된다. 바로 여기에 빈곤 문제를 둘러 싼 사화과학 분야의 대립과 갈등의 단초가 잉태되어 있다고 볼 수 있다.

아우구스티누스가 주장한 바와 같이 부를 향유하려는 인간의 탐욕이 빈곤의 근본적인 원인이라면 빈곤은 금욕의 생활화를 통해 인간의 내면적 결함을 치유함으로써 해결할 수 있을 것이다. 사실 이 문제에 있어서 대부분의 종교의 가르침이 같은 방향을 제시하고 있다는 점에 주목할 필요가 있다. 이와 같은 종교적인 관점과 궤를 같이 하는 일부 문명비판가들은 서구 유럽의 근세 문명이 지나치게 물질적 풍요에 집착하고 인류의 삶의 터전인 지구의 자원과 환경을 수단으로만 인식한다고 지적해 왔다. 문명비판가들이 제시한 문제를 해결하는 근본적인 방법은 금욕적이고 환경 친화적인 삶의 방식을 보편화시키는 것이다. 예를 들어 슈마허E. F. Schumacher는《작은 것이 아름답다: 인간 중심의 경제학》이라는 저서에서 대량생산 / 대량소비는 자원고갈과 공해유발 때문에 지속가능할 수 없다는 점을 지적하고 인간 간의 관계가 중요하게 인식되는 분권화된 소집단 중심의 생산기술과 조직을 확산시키고 이를 통해 인간의 물질적 욕구를 끝없이 증폭시키는 대신 기본적인 욕구를 충족시키는 데에 집중해야 한다고 주장한다. 슈마허의 논의가 불교적 세계관에 기반하고 있지만, 그의 논의와 관점이 아우구스타누스의 인식과 맞닿아 있다는 것을 쉽게 알 수 있다. 이와 같은 슈마허의 논의는 오늘날 많은 환경주의 운동과 지속가능한 발전 그리고 지구 지키기 운동으로 분화되어 다양한 모습으로 나타나고 있다.

그러나 이와 같은 금욕적 삶의 모델은 성직자들이나 소수의 열성적 종교집단을 제외한다면, 현대사회에서 부와 물질적 쾌락을 추구하는 대다수 대중들의 세속적 삶과는 상당히 거리가 있다. 따라서 금욕적 삶의 모델을 얼마나 보편화할 수 있는지는 여전히 의문이다. 지구촌의 많은 사람들이, 심지어는 일부 성직자들까지도 물질적 풍요를 행복을 가져다주는 절대선絶對善으로 여기며 살아가고 있다. 이러한 현상은 산업화된 선진국으로 갈수록 더 두드러지게 나타나는 현상이다. 어찌 보면 물질에 대한 끝없는 갈망이 물질의 풍요를 가져온 힘의 원천이었을 수도 있다. 스미스와 하이예크는 인간의 욕망을 발전을 촉진하는 에너지라고 정당화하고 이기적인 삶이 사회적 조화에 배치되지 않는다고 주장함으로써 윤리적 면죄부까지 제공함으로써 근세의 세속적 물질만능주의가 보편화되는데 크게 기여하였다. 이들의 관점에 따르면 빈곤을 해소하는 가장 효과적인 방법은 더 많은 부를 효과적으로 창출해 내는 것이다.

그러나 신경제학재단New Economics Foundation: NEF의 지구행복지수 Happy Palnet Index에 따르면 행복지수 1위는 2006년에는 바누아투, 2009년과 2012년에는 코스타리카였다. 이 나라들은 모두 상대적으로 소득수준이 낮은 개발도상국들이다(Nic Marks, Saamah Abdallah, Andrew Simms, and Sam Thompson, "*The Happy Planet Index: An index of human well-being and environmental impact*," New Economics Foundation, 2006. Saamah Abdallah, Julliet Michaelson, Sagar Shah, Laura Stoll, and Nick Marks, "*The Happy Planet Index: 2012 Report, Global Index of Sustainable Well-being*," New Economics Foundation, 2012). 물론 NEF의 행복지수 측정 방식이 행복을 측정하는 유일한 방법인 것은 아니다. 몇몇 예를 들자면, UNDP의 인간개발지수

Human Development Index: HDI(UNDP, Human Development Report 2011: *"Sustainability and Equity-A Better Future for All"*, Palgrave MacMillan, 2011), 그리고 컬럼비아대학교 지구연구소의 국가별 행복지수(John Helliwell, Ricahrd Layard, and Jeffrey Sachs eds., *World Happiness Report*, Earth Institute, Columbia University, 2011) 등은 NEF와 다른 방법으로 행복의 정도를 측정한 지표인데, 측정방식에 따라 국가별 행복도의 순위가 크게 바뀌는 것을 알 수 있다. 그러나 행복지수 측정의 공통점은 행복을 측정함에 있어 물질적 풍요도를 나타내는 일인당 GDP만으로 순위를 정하는 일차원적 측정방식을 지양하고 다차원적, 경우에 따라서는 비선형적 측정방식을 사용한다는 점이다. NEF의 결과를 포함한 행복지수측정에 관한 연구들은 행복이라는 것이 물질적인 풍요도만으로 가늠할 수 있는 단순하고 일차원적이라는 것이 아님을 우리가 기억할 수 있게 해주고 있다. 역사적인 예를 들어 보면 유럽인들이 북아메리카 대륙으로 진출하기 전 원주민들의 자연친화석인 삶의 방식은 물질적으로는 풍요롭시 않았지만 나름대로 만족스럽고 자존감이 충만한 것이었던 반면, 현재 유럽계 이민자들이 지배하는 산업화되고 세계에서 가장 풍요로운 북아메리카 대륙에서의 살고 있는 원주민들의 주변화되고 소외된 삶은 좌절과 가치관의 혼란 내지 상실로 인해 피폐해졌다는 점에 대해 반론을 제기하는 사람은 별로 없을 것이다.

이러한 관찰은 우리가 국제개발이라는 명목으로 개도국에 원조를 제공함으로써 서구적 물질주의를 일방적으로 확산시키는 것은 아닌지, 그리고 이것이 진정한 의미에서 빈곤 문제를 해결하는 최선의 방법인지에 대해 깊이 있게 철학적으로 성찰할 필요가 있음을 일깨워 준다.

또한 물질적 부를 창출하는 것이 빈곤의 문제를 해결하는 가장 기본적인 전제조건임을 인정한다 하더라도 부를 창출하는 방식과 창출된 부를 나누는 방식에 대한 신중한 접근이 요구된다. 스미스는 시장에서 이루어지는 자유경쟁이 자신의 이익을 가장 먼저 생각하는 인간의 본성에 부합할 뿐 아니라 경쟁을 통해 개인들의 욕구가 사회적 이익과 일치되도록 조정되기 때문에 자유로운 경쟁이 이루어지는 시장이 부를 창출하는 가장 효과적인 제도적 장치라고 생각한다. 따라서 정부나 일부 집단이 시장에 개입하여 경쟁을 제약하면 부의 창출이 제한되고 방해를 받아 결국 빈곤의 문제가 심화된다는 것이다. 하이예크는 여기서 더 나아가 경쟁의 속성상 경쟁의 패자가 승자에 비해 덜 갖게 되는 것은 너무나 자연스러운 현상이기 때문에 이러한 상대적 빈곤을 치유하려는 시도 자체가 무의미하다고 주장하였다. 더구나 정부나 특정 집단은 소수의 이익에 위해 휘둘리기 쉬울 뿐 아니라 정부나 특정집단은 올바른 판단을 하는데 필요한 충분한 정보나 정책을 효과적으로 수행할 수 있는 수단도 갖고 있지 않다고 주장한다. 이들의 관점에 따르면, 그렇기 때문에 시장에서의 자유로운 거래와 경쟁을 억압하거나 제약하는 일체의 정책이나 간섭은 빈곤의 문제를 악화시키는 기제로 작용할 뿐이다.

반면 마르크스의 관점에 따르면 자유경쟁 시장에서 부가 축적되는 과정을 보면 생산의 수단이어야 할 자본을 축적하는 것이 목적이 되고 생산도구를 사용하고 관리해야 할 인간(노동자)들이 오히려 자본에 예속되어 지배를 받게 됨으로써 생산수단으로 전락함으로써 목적과 수단이 전도된다. 노동을 지배하는 자본의 힘은 생산에 참여한 노동자들에게 돌아가야 할 부가가치를 자본을 소유한 소수의 자본가가 가져갈 수 있게 하는 착취의 통로를 형성하여 자본의 축적을 실현시킨다. 이 과정에서 노동자는 점점 궁핍해지는 반면 자본가는 더욱 부유해지는 부의 집중과 양극화 현상이 발생하게 된다. 즉, 마르크스의 관점에서 보면 빈곤의 원인은 물자의 부족 때문에 초래되는 것이 아니라 생산된 재화의 분배가 왜곡되었기 때문에 생기는 현상인 것이다. 따라서 분배의 왜곡이 시정되지 않는 한 아무리 많은 재화가 생산되어도 빈곤의 문제는 해결되지 않는다. 자유로운 경쟁적 시장이 자본축적의 기제로 사용되는 한 노동자의 궁핍화는 불가피한 현상이며 따라서 마르크스는 시장의 해체만이 빈곤의 문제를 해결하는 유일하고 원천적인 방법이라고 주장한다.

이와 같이 빈곤 문제의 본질적 원인이 무엇인지에 대한 철학적 인식에 따라 생산과 소비 그리고 분배가 이루어지는 제도적 틀인 경제체제의 선택도 달라질 수밖에 없다. 스미스와 하이예크는 정부의 개입이 최소화되고 자유경쟁이 극대화된 자본주의 시장경제체제가 가장 바람직한 경제체제라고 주장한 반면, 마르크스는 경쟁적 시장경제는 해체되어야 하며 노동자 계층에 의한 집단적 통제를 통해 자원이 배분되는 사회주의 경제체제가 가장 좋은 대안이라고 주장하였다. 실로 세계 2차대전 이후부터 1980년대 말까지 세계는 자본주의 시장경제체제를 채택한 진영과 사회주의 계획경제를 채택한 진영으로 나뉘어 첨예하게 대립하고 갈등하는 냉전시대를 경험하였다. 체제선택의 근저에 깔려 있는 양립할 수 없는 철학적 세계관의 차이를 보면 경제체제를 둘러싼 대립과 갈등이 왜 그리 치열하고 심각하게 전개되어 왔있는지를 이해할 수 있다.

그러나 끝날 것 같지 않던 양 진영의 갈등과 대립은 1980년대 말부터 1990년대 초에 걸쳐 사회주의 경제체제를 표방하던 대다수의 국가들이 돌연 사회주의를 포기하고 자본주의 시장경제로 체제를 전환하는 역사적 사건이 일어나면서 일단락되었다. 그 이후 북한, 쿠바 등 몇몇 예외적인 경우를 제외하고는 거의 모든 국가들이 자본주의 시장경제를 근간으로 하는 경제체제를 갖고 있다. 이 역사적 사건을 많은 뉴스 미디어나 일부 학자들은 '사회주의 패망, 자본주의 승리'라는 저급하고 표피적인 표현을 써서 묘사하였다. 그러나 조금만 더 깊이 들여다 보면 문제가 그렇게 단순한 것이 아니라는 것을 곧 알게 된다.

이와 같은 표현은 현존하는 자본주의 시장경제체제가 예외 없이 스미스나 하이예크가 말한 자유경쟁이 극대화된 시장경제체제와는 거리가 먼 구조적 특징을 갖고 있다는 점을 간과하고 있는 데서 비롯된다. 자본주의 시장경제의 전형이라고 평가되는 미국경제조차도 복지제도와 복지정책을 통해 소득과 부를 재분배하고 있는데, 이와 같은 복지제도나 복지정책은 사회주의적 제도와 정책이라는 점을 잊지 말아야 한다. 자본주의 시장경제에 사회주의적 요소인 복지제도 내지 정책은 경쟁에서 낙오 내지 도태한 구성원들을 보호하고 회복시켜 다시 경쟁의 장에 설 수 있도록 돕는 역할을 한다. 이러한 보완장치가 없었다면 마르크스의 예언대로 자본주의 시장경제는 사회적 정치적 불안으로 오래 전에 붕괴하고 말았을지도 모를 일이다. 산업혁명 초기의 서구 유럽사회까지 가지 않더라도 1950년대 이후 남미 여러 나라가 겪었던 경제적 부침과 정치적 혼란을 돌이켜 보면 사회 안전망이 없는 자본주의 시장경제가 얼마나 불안정하고 위험한 체제인지를 알 수 있다. 아이러니하게도 사회주의적 요소인 복지제도와 정책이 자본주의 시장경제를 지탱하는 필수적인 생존 요소인 것이다.

외형적으로는 자본주의 시장경제체제가 세계경제의 대세를 이루고 있는 듯하지만, 내막을 보면 세계경제를 주도하는 것은 자본주의적 시장경제와 사회주의적 복지제도가 혼합된 '혼합자본주의'이다. 사유재산제도와 경쟁을 중심으로 한 체제라는 점에서 자본주의 시장경제인 것은 맞지만, 정부가 개입하여 소득과 부의 재분배를 통해 약자를 보호하고 사회적 안정과 화합을 도모한다는 측면에서 사회주의적 요소가 가미되어 있는 것이다. 이렇듯 현대의 모든 자본주의 체제가 복지제도를 채택하고 있지만, 시장경제에 접목된 복지제도의 형태와 강도는 복지국가라고 불리는 북구 유럽에서부터 사회 안전망이 거의 없는 원초적인 시장경제에 이르기까지 국가별로 매우 다양하다.

또한 많은 나라에서 자국의 경제제도를 설계하고 운영함에 있어 시장의 효율성을 더 중요하게 생각하는 사람들과 균등한 분배의 정의를 믿는 사람들이 각각 정당, NGO, 이해집단 등으로 정치세력화하여 경쟁하거나 타협하거나 경우에 따라서는 대립하면서 경제체제를 유지 발전시켜 나가고 있다. 국가 내에서 경제체제를 둘러싸고 상이한 신념을 가진 집단 간의 대립이 심화될 경우 평화적인 시위를 넘어서 폭력을 수반한 충돌이 일어나는 것도 드물지 않게 관찰할 수 있다. 전 세계가 양 진영으로 나뉘어 군비경쟁을 포함하여 극단적으로 대립하던 시대는 저물었지만, 어떤 것이 바람직한 경제체제인지에 대한 선택의 문제는 여전히 국가 단위의 체제와 정책을 선택하는 과정에서 항상 첨예하게 드러나는 문제이다. 이 문제는 여전히 지구촌의 삶 속에 갈등의 불씨로 내재되어 있다.

그렇다면 빈곤의 문제를 해결하기 위해서는 구성원의 다양한 가치관을 최대한 반영하는 다원적 접근이 필요하다는 것을 시사한다. 물질적 요인과 비물질적 요인 사이의 균형, 정부의 역할과 시장의 역할, 복지정책의 당위성과 복지정책의 강도 등에 대한 다양한 관점과 인식이 존재할 수 있다는 것을 모두 인정한 가운데, 구성원들이 살아온 역사 문화적 토대를 이해하고 그 맥락에 가장 부합하는 방향의 개발 내지 발전전략의 수립이 요구된다. 무엇보다 바로 이 부분이 빈곤의 문제를 해결함에 있어서 사회과학과 인문학의 융합이 필요한 지점이다.

참고문헌

민경국,《하이에크, 자유의 길》, 한울 아카데미, 2007

이근식,《신자유주의 - 하이에크 프리드먼 뷰케넌》, 기파랑, 2008

프리드리히 하이에크,《노예의 길》, 김이석 옮김, 나남출판, 2006

아담 스미스,《국부론 상·하》, 김수행 역, 비봉출판사, 2007

───── ,《도덕감정론》, 박세일, 민경국 역, 비봉출판사, 2009

칼 마르크스,《자본론 1》, 김수행 역, 비봉출판사, 2005

칼 마르크스, 프리드리히 앵겔스,《독일 이데올로기 I》, 김대웅 역, 두레, 1989

Saamah Abdallah, Julliet Michaelson, Sagar Shah, Laura Stoll, and Nick Marks, "*The Happy Planet Index: 2012 Report, Global Index of Sustainable Well-being*," New Economics Foundation, 2012

A. Banerjee and E. Duflo, "*The economic lives of the poor*" in Journal of Economic Perspectives 21(1)

A. Banerjee and E. Duflo, *A Snapshot of micro enterprises in Hydrabad.* MIT, 2006

Amartya Sen, *Development as Freedom*, Anchor Book, 1999

Anke Hoeffler and Paul Collier, "*military Expenditure in Post-Conflict Societies*" Economics of Governance 7(2006); "*Greed and Grievance in Civil War*" Oxford Economic Papers 54(2004); "*On the Incidence of Civil War in Africa*" Journal of Conflict Resolution 46(2002); "*Aid, Policy, and Peace: Reducing the Risks of Civil Conflict*" Defense and Peace Economics 13(2002)

Augustinus, *Confessiones in Corpus Scriptorum Ecclesiasticorum*

Latinorum, Hoelder - Pichler - Tempsky, 33

Augustinus, *De civitate Dei in Corpus Scriptorum Ecclesiasticorum Latinorum*, Hoelder - Pichler - Tempsky 40.

Bruce Larson and David Bromley, "*Property Rights, Externalities, and Resource Depravation: Locating the Tragedy*" in Journal of Development Economics 33, no. 2, 1990

Ch. Zeitler, *Spontane Ordnung und Recht*, Berlin, 1995

D. Efroymson and S. Ahmed, "*Hungry for tobacco*" in PATH Canada, 2001

Deepa Narayan et al, *Voices of the Poor: Crying out for Change*, Published for the World Bank, Oxford University Press, 2000

E. Diener et al, "*Subjective well-being: three decades of progress*" in Psychology Bulletin 125(2)

F. Hayek, *A Conversation with Friedrich A. von Hayek: Science and Socialism*, American Enterprise Institute, 1979

F. Hayek, *Die Verfassung der Freiheit*, Tübingen

F. Hayek, *Law, Legislation, and Liberty: A New Statement of the Liberal Principles of Justice and Political Economy*, University of Chicago Press, 1967

F. Hayek, *The Fatal Conceit: Errors of Socialism*, Oxford University, 1988

John Helliwell, Ricahrd Layard, and Jeffrey Sachs eds., *World Happiness Report*, New York: Earth Institute, Columbia University, 2011

I. Kant, *De mundi*, 8 (AA. Bd. II, 395)

K. Mark, *Ökonomisch-Philosophische Manuskripte*, Marx Engels Werke, Dietz Verlag, 1985

K. Mark, "*Zur Judenfrage*", MEW, bd. 1

Nic Marks, Saamah Abdallah, Andrew Simms, and Sam Thompson, *The*

Happy Planet Index: An index of human well-being and environmental impact," New Economics Foundation, 2006

Luttmer EFP, "*Neighbors as Negative: relative earnings and well-being*" *The Quarterly Journal of Economics* 120 (3)

Marta Reynol Querol et al, "*Fighting against Malaria: Prevent wars while waiting for the "miraculous" Vaccine*" *Review of Economic and Statistics.* Vol. 89 (1), (2007)

E.F. Schumacher, *Small is Beautiful: Economics as if People Mattered*, Harper & Row, 1975

Michael Todaro and Stephen C. Smith, Economic Development, Addison Wesley, 2003

Oded Galor and Joseph Zeira, "*Income Distribution and Macroeconomics*" *Review of Economics Studies* 60(January 1993)

Stephen C. Smith, "*Organizational Comparative Advantages of NGOs in Eradicating Extreme Poverty and Hunger: Strategy for Escape from Poverty Traps*" *in NGOs and The Millennium Development Goals*, ed. M. Brinkerhoff Jennifer, C. Smith, and Hildy Teegen, Palgrave Macmillan, 2007

Paul Collier, *The Bottom Billion: Why the Poorest Countries are Failing and What Can Be Done About It*, Oxford University Press, 2007

Paul Collier, *Breaking the Conflict Trap: Civil War and Development Policy*, World Bank, 2003

Partha Dasgupta and Debraj Ray, "*Inequality as a Determinant of Malnutrition and Unemployment: Theory*" Economic Journal 97(1987)

Vikram Patel, et al., "*Depression in Developing Countries: Lessons from*

Zimbabwe" British Medical Journal 322(2001)

Intentional Food Policy Research Institute(IFPRI) at http://www.ifpri.org.

Millenium Development Goals at http://www.unmillenniumproject.org.

Ravallion, Martin, Chen, Shaohua and Sangraula, Prem. 2009. "*Dollar a Day Revisited*," World Bank Economic Review 23 (2): 163-184.

United Nations. 2007. World Population Prospects: the 2006 Revision. United Nations.

UNDP, Human Development Report 2011: "*Sustainability and Equity - A Better Future for All*," Palgrave MacMillan, 2011

World Bank. 2012. "*World Bank Sees Progress Against Extreme Poverty, but Flags Vulnerabilities*," World Bank Press Release (Number 2012/297/DEC).

세계은행 빈곤 연구네트 (http://iresearch.worldbank.org/PovcalNet).

2장

빈곤의 측정

이수철, 이태정

한 국가, 사회, 또는 공동체 내에 빈곤의 문제가 얼마나 심각한지를 알기 위해서는 빈곤의 정도를 양적으로 측정해야 한다. 빈곤의 정도를 측정하는 방법들도 지난 반세기 동안 많은 발전을 거두었다. 제1절에서는 절대 빈곤의 지표들에 대해 살펴보고, 제2절에서는 상대 빈곤의 지표와 소득불균등도의 지표에 대해서 살펴본다.

1. 절대 빈곤

한 사회가 절대 빈곤에 노출되어 있는 정도를 측정하기 위해서는 우선 절대 빈곤의 임계선poverty line or poverty threshold을 정의하여야 한다. 절대 빈곤의 임계선이 정해지고 나면 이에 못 미치는 소득을 가진 사회구성원들이 절대 빈곤 상태에 있다고 볼 수 있다. 절대 빈곤을 양적으로 측정하는 가장 단순한 지표는 사회구성원 중 절대 빈곤에 노출되어 있는 이들의 비중이 얼마나 되는지를 파악하는 것이다. A. K.

Sen(1976)이 단순히 절대 빈곤에 처한 구성원들의 비중을 계측하는 것만으로는 빈곤의 실태를 제대로 파악할 수 없다는 문제를 제기한 이후 더 나은 빈곤의 지표를 개발하려는 지속적인 노력이 이루어져왔고, J. Foster, J. Geer, and E. Thorbecke(1984)에 의해 개발된 FGT 빈곤지표는 이론적 적합성과 실용성이라는 면에서 큰 획을 그었다. 그 이후에도 빈곤지표는 빈곤이라는 복잡하고 복합적인 사회 현상을 보다 잘 계측하기 위하여 지속적으로 진화하고 있다.

(1) 절대 빈곤의 임계선poverty line or poverty threshold

절대 빈곤은 생리 · 사회학적으로 신체적 건강과 효능을 최소한 유지할 수 있을 정도의 의 · 식 · 주를 획득하는 데 필요한 최소한의 자원이 결핍되어 있는 상태라고 말할 수 있다. 따라서 절대 빈곤의 정도를 양적으로 측정하기 위해서는 우선 절대 빈곤의 임계선을 설정한 다음 이 임계선에 못 미치는 소득을 가진 개인 또는 가구를 절대 빈곤계층으로 분류한다.

신체적 건강과 효능을 유지하기 위해서는 필수적인 영양을 섭취해야 하며 최소한의 주거시설과 의복이 필요한데, 소득수준이 너무 낮다면 최소한의 삶(생존)을 영위하는 데 필요한 최소한의 생계비마저 감당할 수 없게 된다. 절대 빈곤의 임계선은 바로 생존을 위해 필요한 최소한의 생계비라고 생각되는 소득수준이며, 소득이 이 보다 낮은 개인 또는 가구가 절대 빈곤계층이다.

20세기 초에 영국의 사회경제적 배경 하에서 계측 가능한 빈곤의 임계선poverty line, poverty threshold라는 개념을 처음 소개한 사람은 B. S. Rowntree(1901)이다. 그러나 삶을 영위하는 데 필요한 최소한의 비용은 각 국가의 물가, 생산성, 생활방식 및 최소한의 삶에 대한 기대수준에 따라 달라질 수밖에 없기 때문에 빈곤의 임계치는 각 국가의 경제상황과 생활방식에 따라 차이가 난다. 예를 들어, 인도의 경우 도시지역의 월 최저생계비monthly minimum living cost는 $12, 비도시지역의 월 최저생계비는 $7.50로 추계되었으며, 전체 인구의 약 27.7% 정도가 여기에 못 미치는 소득수준을 갖고 있는 것으로 파악된다. 현재 세계은행World Bank에서는 편의상 하루 생활비daily living expense가 2005년 구매력 기준으로 $1.25에 못 미치는 상태를 절대 빈곤이라고 획일적으로 정의하고 있는데(지금 지구촌에는 약 67억 명의 사람들이 살고 있는데 그 중 하루 1.25달러 이하로 살아가는 사람은 약 12억 명(26%), 하루 2달러로 살아가는 사람은 약 26억 명(48%) 이상인 것으로 추산된다. 결국 세계 인구의 약 절반 정도가 하루 2달러 이하로 살아가고 있는 셈이다), 이 기준을 적용할 경우 인도 인구의 42%가 절대 빈곤 상태에 있다고 말할 수 있다. 이는 남아시아 국가 중 방글라데시와 부탄의 뒤를 이어 세 번째로 높은 수준이다. 이 예에서 알 수 있는 것은 빈곤의 임계지를 어떻게 설정하는지에 따라 빈곤의 정도가 매우 다르게 계측될 수 있다는 사실이다. 따라서 의미 있는 빈곤지표를 만들기 위해서는 우선 그 사회의 실정을 잘 반영하는 빈곤 임계치를 설정하는 것이 매우 중요하다.

최근에는 절대 빈곤을 단순히 최소한의 생계비에 못 미치는 소득수준으로 정의하지 않고 보다 넓은 의미에서 최소한의 인간다운 삶을 박탈당한 상태로 정의하는 경향이 있다. 예를 들어 World Bank가 사용하는 빈곤의 개념에는 인간의 존엄을 지키면서 생존을 유지하는 데 필수적인 재화와 서비스를 취득할 수 없는 낮은 소득수준뿐 아니라 건강과 교육, 깨끗한 물과 위생의 결핍, 치안의 부재, 의견 표현의 통로의 부재 및 삶을 향상시킬 수 있는 능력과 기회의 부족 등을 포함하고 있다(이와 관련된 논의는 Haughton, J. & S. R. Khandker, *Handbook on Poverty and*

Inequality, World Bank, 2009를 참조).

또한, UN은 1995년 Copenhagen에서 개최된 사회개발을 위한 세계정상회담의 결의 내용을 반영하여 절대 빈곤을 식량, 식수, 위생시설, 건강, 주거, 교육, 정보를 포함한 인간의 기본적 욕구의 충족이 심하게 박탈당한 상태로 정의하고 있다. 이렇게 더 넓게 정의된 절대 빈곤의 상태에 놓여 있는지의 여부를 판단하는 기준을 David Gordon(2005)은 다음과 같이 제안하고 있다. Gordon은 아래의 7가지 항목들 중 2가지 이상에 해당되면 절대 빈곤으로 볼 수 있다고 말한다.

(a) 심각한 식량 부족(심각한 저체중): BMI (Body Mass Index) 16 이하

(b) 심각한 식수 부족: 강, 연못 등 지표수가 유일한 식수원이거나 식수원이 15분(왕복 30분) 이상의 거리에 위치(물의 질과 양의 심각한 부족에 대한 지표의 예)

(c) 심각한 위생시설 부족: 주거지 근처에 화장실이 없는 경우(공공화상실 포함)

(d) 심각한 건강 문제: (여성) 최근 심각한 질병에도 불구하고 치료를 받지 못했거나, 임신 중 또는 출산 시 전문 인력의 도움을 받지 못했거나, 건강한 사람도 HIV/AIDS에 걸릴 수 있고 콘돔을 사용하면 HIV/AIDS를 예방할 수 있다는 것을 모르는 경우; (남성) 최근 심각한 질병에도 불구하고 치료를 받지 못했거나, 건강한 사람도 HIV/AIDS에 걸릴 수 있고 콘돔을 사용하면 HIV/AIDS를 예방할 수 있다는 것을 모르는 경우

(e) 심각한 주거 부족: 한 방에 세 명 이상이 함께 거주하거나 집안의 바닥이 맨 흙 바닥이거나 지붕이 없는 경우

(f) 심각한 교육 부재: 초등학교 교육을 마치지 못했거나 글을 읽을 줄 모르는 청소년이 있는 경우

(g) 심각한 정보 부족: 신문, 라디오, TV, 컴퓨터, 전화 등 정보관련 매체가 집에 전혀 없는 경우

특히, 위의 7가지 항목 중 첫 번째인 BMI를 보면 아프리카의 여러 나라와 EU국가들 사이에 현격한 차이가 있음을 알 수 있다. 1990년 현재 아프리카 여러 나라의 16~24세 여성 중 저체중 인구의 비중은 26.1%~7%인 반면, 1996년 EU국가들의 저체중 여성인구의 비중은 5% 미만이었다.

1990년 아프리카 각국의 16~24세 여성 중 저체중(16.5〈BNI〈18.5) 인구와 심각한 저체중 (BMI〈16) 인구의 비중 (%)

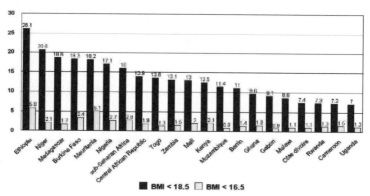

1996년 EU의 저체중 인구(BMI〈18) 비중 (%)

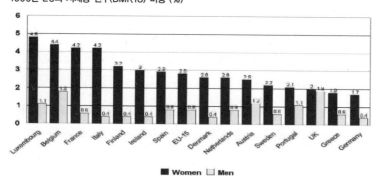

출처: David Gordon (2005)

최근 절대 빈곤을 더 폭 넓은 의미로 이해하려는 경향이 확산되면서 다차원적multi-dimensional 빈곤의 임계선에 대한 논의가 지속되고 있지만, 많은 빈곤 연구에서는 빈곤의 임계선을 정의함에 있어 Rowntree가 제안 했던 방식처럼 생존을 위해 필요한 최소한의 생계비 수준이라는 일차원 적uni-dimensional 기준을 적용하는 것이 일반적이다.

(2) 빈곤지표poverty measure

한 사회가 경험하고 있는 빈곤의 정도를 제대로 측정하기 위해서 는 얼마나 많은 구성원들이 빈곤에 시달리고 있는지(빈곤의 빈도 frequency of poverty), 그리고 빈곤에 시달리고 있는 구성원들이 얼마나 심각한 빈곤을 경험하고 있는지(빈곤의 심도depth of poverty), 그리고 빈 곤계층 내의 소득은 어떻게 분포되어 있는지(빈곤의 분포distribution of poverty)를 동시에 보여 줄 수 있는 지표가 필요하다. 빈곤지표는 이와 같은 빈곤의 다양한 측면들을 효과적으로 반영하기 위해 개발되고 발 전되어 왔으며, 그 진화과정은 지금도 계속되고 있다.

① 빈곤률: 전체 인구에서 빈곤계층이 차지하는 비중

가장 단순한 빈곤의 사회적 지표는 전체 사회구성원 중 절대 빈곤 의 임계선에 못 미치는 소득수준을 가진 구성원의 비중으로 정의된다.

$$H = \frac{\sum_{i=1}^{N} q_i}{N}, \ where \ q_i = \begin{cases} 1, \ if \ z > y_i \\ 0, \ if \ z \leq y_i \end{cases}$$

여기서 N은 전체 구성원의 수, z는 절대 빈곤의 임계선, y_i는 i번째 구성원의 소득 수준이다. 따라서 H는 이 사회에 절대 빈곤이 얼마나 빈번히 발생하는지를 나타내는 지표로서 머릿수 비율headcount ratio이 라고도 불린다. 그러나 이 지표는 절대 빈곤계층의 소득이 임계선에 얼마나 못 미치는지(빈곤의 심도), 그리고 빈곤계층 내의 소득분포는 어떠한지 등에 대해서는 아무런 정보를 전달할 수 없는 한계를 갖고 있다.

② Sen의 빈곤지표

전체 인구에서 빈곤계층의 인구가 차지하는 비중으로 빈곤의 정도를 측정하는 기존의 단순한 형태의 빈곤지표는 한 사회가 안고 있는 빈곤 문제의 심각성을 제대로 이해할 수 없고, 나아가 이 지표를 이용해서 여러 가지 빈곤정책들이 실제로 빈곤 문제를 개선시키고 있는지의 여부를 판단하기에는 미흡한 점이 많다는 것을 체계적으로 지적한 사람이 A. K. Sen (1976)이다.

Sen은 빈곤지표가 빈곤의 빈도뿐 아니라 빈곤의 심도와 분포까지 반영하기 위해서는 빈곤지표는 우월성dominance과 관련된 다음의 두 가지 공리를 만족해야 한다고 제안하였다.

단조성monotonicity: 빈곤계층에 속한 개인(가구)의 소득이 감소하면 빈곤지표의 값은 증가하여야 한다.

소득이전transfer: 빈곤계층에 속한 경제주체들 중 상대적으로 더 가난한 자의 소득이 상대적으로 덜 가난한 자에게 이전된다면 빈곤지표의 값은 증가하여야 한다.

위의 두 가지 공리를 만족하는 Sen이 제안한 빈곤지표는 다음과 같다.

$$S = H \cdot [I + (1 - I) \cdot G_p]$$

여기서 H는 앞에서 정의된 빈곤의 빈도를 계측하는 지표, I 는 빈곤계층의 표준화된 소득부족분의 평균값, 그리고 Gp는 빈곤계층 내의 소득불균등도이다(표준화된 소득부족분의 평균값은

$$I = \sum_{i=1}^{N_p} \frac{z - y_i}{z} / N_p$$

다음과 같이 정의된다. 여기서 z는 절대 빈곤의 임계선, yi 는 i번째 개인(가구)의 소득, 그리고 Np는 빈곤계층의 인구

를 나타낸다. 빈곤소득계층 내의 소득불균등도를 나타내는 지니계수 Gp의 의미는 제2절의 소득불균등도 지표에 대한 설명을 참조).

위와 같이 정의된 Sen의 빈곤지표는 빈곤의 빈도뿐 아니라 빈곤계층의 소득이 빈곤의 임계선으로부터 떨어져 있는 정도, 그리고 빈곤계층내의 소득분포의 집중도를 종합적으로 반영하고 있다. 그러나 이 지표를 Malaysia의 데이터에 적용한 Anand(1977)는 Sen의 빈곤지표가 빈곤계층 내 소집단별 빈곤수준으로 분할 가능하지 않아 빈곤지표로서의 실용성이 떨어진다는 점을 지적하였다. 예를 들어 한 국가의 빈곤수준을 지역별로 분할하여 분석할 수 있어야 특정지역을 대상으로 시행한 빈곤정책이 어떤 효과를 가지는지를 판단할 수 있는데, Sen의 빈곤지표로는 그러한 분석이 불가능하다.

③ FGT 빈곤 지표FTG poverty measure:

FGT 빈곤지표는 J. Foster, J. Geer, E. Thorbecke에 의해 개발된 것으로서 Sen에 의해 시작된 공리론적 접근방식에 빈곤지표의 구축을 확대 발전시킨 것이다. FGT 빈곤지표는 다음과 같이 정의된다.

$$P_\alpha = \sum_{i=1}^{N} g_i^\alpha \,/\, N, \quad where \quad g_i = \begin{cases} \dfrac{z - y_i}{z} & if \quad z > y_i \\ 0 & otherwise \end{cases}$$

여기서 N은 전체 구성원의 수, z는 절대 빈곤선, y_i는 i번째 구성원의 소득 수준이다. 따라서 y_i는 i번째 구성원의 소득이 절대 빈곤의 임계선에 못 미치는지 정도(소득부족분)를 표준화한 값이다. α는 0보다 크거나 같은 값을 갖는 모수parameter로 α값이 클수록 소득수준이 낮은 구성원의 소득부족분이 빈곤지표에 강하게 반영된다. 따라서 α를 빈곤 기피도poverty aversion라고 해석하기도 한다.

α값에 따라 FGT빈곤지표는 다양한 형태의 지표가 된다. 예를 들

어 α=0일 때 FGT빈곤지표는 전체 인구에서 빈곤계층이 차지하는 비중(빈곤률)이 된다. α=1일 때 FGT빈곤지표는 빈곤률과 표준화된 소득 부족분의 산술평균값의 곱이 된다. 앞에 정의한 기호들을 이용하면 P_0=H, P_1=H·I로 표시할 수 있다.

Foster, Geer, Thorbecke이 가장 의미를 부여하는 빈곤지표는 α=2 인 경우인데, P_2는 각 개인(가구)의 소득부족분을 각자의 소득부족분을 가중치로 사용한 가중평균과 같다. α=2인 경우 FGT빈곤지표를 달리 표현하면 다음과 같이 쓸 수도 있다.

$$P_2 = H \cdot [I^2 + (1 - I)^2 C_r^2]$$

여기서 Cp는 빈곤계층 내의 엔트로피 소득불균등도지수(예를 들어, 타일지수)이다.

바람직한 빈곤지표가 만족시켜야 할 일반적인 공리들을 정리하면 다음과 같다.

Axiom I 불변성Invariance: 개인소득과 빈곤의 임계선을 측정하는 단위와 방식을 동일한 방식으로 변경시키거나 여기에 아주 미세한 변화가 있을 때 빈곤지표는 변하지 않아야 한다. 불변성의 범주에 속하는 특성으로는 대칭성symmetry, 복제불변성replication invariance, 단위불변성 scale invariance, 초점focus, 그리고 연속성continuity이 있다

Axiom II 우월성Dominance: 빈곤계층에 속한 한 개인 또는 개인들의 빈곤이 심화되거나 빈곤계층 내에서 소득불균등도가 심화되면 빈곤지표는 큰 값을 가져야 한다. 우위성의 범주에 속하는 특성으로는 단조성monotonicity, 소득이전 공리transfer axiom, 그리고 소득이전 민감성transfer sensitivity이 있다(단조성monotonicity은 빈곤계층 구성원의 소득이 낮아지면 빈곤지표의 값이 증가하여야 한다는 조건이다. 소득이전 공리transfer axiom는 빈곤계층 구성원 중 상대적으로 더 가난한 사람의 소득이 상대적으로 덜 가난한 사람에게 이전되면 빈곤지표의 값이 증가하여야 한다는 조건이다. 소득이전 민감성transfer sensitivity은 빈곤계층 내에서 빈곤이 더 심각한 소집단의 소득불균등도가 증가하면 빈곤이 덜 심각한 소집단의 소득불균등도가 감소하더라도 빈곤지표의 값은 증가하여야 한다는 조건이다).

Axiom III 소집단별 분할가능성Subgroup Decomposability: 경제 전체의 빈곤지표는 소집단별로 측정된 빈곤지표로 분할 가능하고 동시에 소집단별로 측정된 빈곤지표를 이용하여 사회 전체에 대한 빈곤지표의 값을 일관성 있게 추론할 수 있어야 한다. 소집단별 분할가능성의 범주에 속하는 특성으로는 소집단별 합산 분할가능성additive decomposability 과 소집단별 일관성subgroup consistency이 있다(소집단별 합산 분할가능성 additive decomposability은 사회전체의 빈곤지표의 값은 소집단별 빈곤지표 값의 가중평균과 같아야 한다는 조건이다. 소집단별 일관성subgroup consistency은 (i) 한 소집단의 빈곤이 심화되었으나 (ii) 다른 소집단들의 빈곤수준에는 변화가 없고 (iii) 구성원들의 소집단간 이동이 없을 때, 빈곤지표의 값이 증가해야 한다는 조건이다).

FGT 빈곤지표는 모든 $\alpha\rangle$ 0에 대해 불변성 공리의 모든 특성을 만족시킨다. 단 $\alpha = 0$일 때 불변성 공리의 특성 중 연속성이 만족되지 않는다(빈곤율은 빈곤의 임계선에서 불연속적이다).

FGT 빈곤지표가 우월성의 공리를 만족하는지의 어부는 α값의 크기에 따라 달라진다. $\alpha\rangle$ 2이면 소득이전 민감성이 만족된다. $\alpha\rangle$ 1이면 소득이전 공리가 만족된다. $\alpha\rangle$ 0이면 단조성이 만족된다. 따라서 가장 단순한 빈곤지표인 빈곤률(H: $\alpha = 0$인 경우)은 우월성의 공리 중 아무 조건도 만족하지 못하는 셈이다. 표준화된 소득부족분의 산술평균(I: $\alpha = 1$ 인 경우)은 단조성은 만족하지만 소득이전 공리는 만족하지 못한다.

모든 FGT 빈곤지표는 소집단 분리가능성의 공리를 모두 만족한다. 반면 Anand가 지적한 바와 같이 Sen의 빈곤지표는 합산 분리가능성과 소집단 일관성 조건을 만족하지 못한다.

FGT 빈곤지표를 사용하는 연구자는 이상의 특성을 고려하여 자신의 분석 목적에 가장 유용한 빈곤지표의 형태, 즉 α값을 선택할 수 있다.

④ FGT 빈곤지표의 확장

FGT 빈곤지표가 개발된 이후 수많은 빈곤 연구에 이 지표가 광범위하게 활용되고 있다. 그러나 FGT 빈곤지표는 소득이라는 일차원적 기준에 의거하여 빈곤의 정도를 계측하고 있다. 그러나 앞에서 언급하였던 바와 같이 최근에는 빈곤을 다차원적으로 이해하려는 시도가 확산되고 있는 추세이다. 이러한 추세에 맞추어 빈곤을 측정하는 지표 역시 다차원적인 측정이 가능하도록 확대 발전되고 있다. 예를 들어 FGT지표에 시간이라는 차원을 더하면 만성빈곤chronic poverty 지표를 만들 수 있다. 또 FGT 빈곤지표에 위험이라는 차원을 더하면 빈곤취약성 vulnerability지표를 만들 수 있다(Ligon, 2003. McCulloch and Calandrino, 2003).

또한 Kanbur와 Mukerjee(2007)는 개발도상국의 높은 조사율早死率이 기존의 빈곤지표(FGT 지표 포함)로 계측된 빈곤의 정도를 왜곡시킬 수 있다는 점을 인지하고 이 문제를 해결할 수 있도록 수정된 FGT 빈곤지표를 제시하였다. 이 지표는 소득뿐 아니라 건강 문제를 빈곤의 지표에 함께 고려하는 다차원적 빈곤지표이다.

이외에도 FGT 빈곤지표를 다차원적 지표로 확대 발전시키는 시도가 여러 방면에서 이루어지고 있다.

2. 상대 빈곤

상대 빈곤은 절대적 생존의 문제라기보다는 상대적 박탈의 문제 또는 불평등의 문제이다. 따라서 상대적 빈곤의 정도에 대한 계측은 두 가지 방식으로 이루어지는데, 그 하나는 전체소득분포 중 일정 수준 이하의 소득을 갖고 있는 계층이 차지하는 비중으로 측정되는 상대 빈곤지표이고 또 다른 하나는 소득분배가 얼마나 고르게 또는 얼마나 편중되게 이루어져 있는지를 측정하는 소득불균등지수이다.

(1) 상대 빈곤의 측정relative poverty measure

상대 빈곤의 사회적 심각성을 측정하기 위해서는 절대 빈곤의 지표를 구성할 때와 마찬가지로 상대 빈곤의 임계선을 설정하여야 한다. 절대 빈곤지표가 생계를 유지하기 어려운 낮은 수준으로 고통 받는 가구의 비중이 어느 정도인지를 측정하는 것이라면 상대 빈곤지표는 사회구성원 중 어느 정도가 구성원 대다수가 누리는 평균적인 생활수준에 못 미치는 생활을 영위하고 있는지를 나타낸다. 이와 같은 목적에 따라 상대 빈곤의 임계선은 일반적으로 가구소득의 중위수(median) 값의 60% 수준에서 정해진다. 소득이 상대 빈곤의 임계선 이하인 가구는 상대적 빈곤계층으로 분류된다.

상대 빈곤의 임계선은 절대 빈곤의 임계선과는 달리 전체 소득분포의 형태에 의해 영향을 받는다. 따라서 모든 가구의 소득이 같은 비율로 증가하여도 소득분포가 바뀌지 않는다면 상대 빈곤계층으로 분류되는 가구의 비중은 변하지 않는다.

또한 상대 빈곤의 정도는 그 국가 사회의 총소득이 각 개인들에게 얼마나 고르게 배분되고 있는지에 의해 영향을 받기 때문에 상대 빈곤은 소득이 완전히 균등하게 배분되지 않는 한 경제가 아무리 발전하여도 없어지지 않는 현상이다.

예를 들어 미국의 경우 2009년 상대 빈곤의 임계소득수준은 1인 가족 기준 연 US$11,161, 자녀 2인을 포함한 4인 가족 기준으로는 US$21,756으로 추계되었다. 영국의 경우 2006년 4월 현재 정규직 노동자(주 35시간 노동)의 시간당 임금의 중위수의 60% 수준은 £6.67이었다. 이를 연간 소득으로 계산하면 £9,191이다. 2006년 4월 현재 영국에서 상대 빈곤선 이하의 임금을 받는 피고용인은 전체 피고용인의 23%에 달하였다. 한국의 경우 2000년 가구균등화 지수를 적용한 중위 소득 60%에 해당하는 1인 가구 빈곤선이 연 소득 6,969,000원이었다. 2000년도에 이 소득 수준에 미달한 가구는 전체 가구의 21.64%였다(박찬용, 강석훈, 김태완, 〈소득분배와 빈곤동향 및 변화요인 분석〉, 한국보건사회연구원 연구보고서, 2002-12).

(2) 소득불균등도(집중도)의 측정inequality or concentration measure

상대적 빈곤지표와 밀접하게 연관되어 있는 것이 소득불균등도이다. 소득이 얼마나 균등하게 또는 불균등하게 분배되어 있는지가 상대적 빈곤의 심각성을 이해함에 있어 중요한 지표가 된다. 소득이 특정 계층에 집중되어 있는 정도를 측정하기 위해 개발되어 널리 사용되고 있는 소득불균등도 지표로는 로렌즈 곡선, 지니계수, 5분위 계수 비율, 타일계수 등이 있다.

① 로렌즈 곡선

로렌즈 곡선은 수평축에 소득분포상의 10분위decile 계층을 좌에서 우로 저소득층으로부터 고소득층으로 나열하고 수직축에는 각 10

분위 계층이 전체 소득에서 차지하는 누적비중을 표시한 것이다. 각 10분위 계층이 완전 균등하게 10%씩의 소득을 차지하고 있다면 각 10분위 계층이 차지하는 소득의 누적비중은 450선으로 나타난다. 소득 분배가 어느 계층에 상대적으로 집중되어 있는 경우 소득계층의 누적 비중을 나타내는 선은 450선 아래 볼록한 곡선으로 나타나며, 450과 그 곡선이 멀리 떨어져 있을수록 소득분포의 집중 또는 불균등의 정도 가 심하다는 것을 의미한다.

그러나 로렌즈 곡선은 시각적으로 소득분배의 불균등도를 가늠할 수 있는 분석도구로서, 두 로렌즈 곡선이 서로 교차하는 모양을 가질 경우 어느 곡선이 더 집중된 또는 더 불균등한 소득분포를 나타내고 있는지를 판단하기가 쉽지 않다.

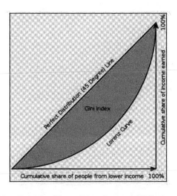

출처: Wikipedia, http://en.wikipedia.org/wiki/Lorenz_curve

② 지니계수Gini Coefficient; Gini Index

지니계수는 450선과 로렌즈 곡선 사이에 끼인 면적을 직접 계산함 으로써 로렌즈 곡선을 이용한 시각적 분석의 모호함을 개선시킨 지표 이다. 그러나 여전히 로렌즈 곡선이 서로 교차하면서 지니계수 값이 같은 경우가 있을 수 있는데, 이럴 경우 어느 분포가 더 불균등한 것인지에 대한 판단이 어려워진다. 즉, 지니계수만을 가지고 모든 관찰 가능한 소득분포의 불균등도의 순서를 명확하게 규정할 수 없다는 한계가 있다.

지니계수의 증감(1980년대 지니계수−1960년대 지니계수)과 연평균 경제성장률(1965~1990)

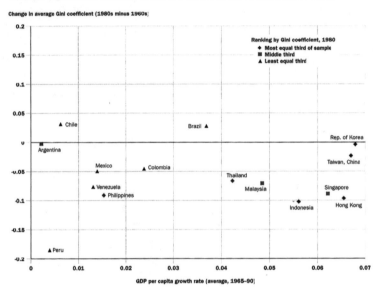

출처: World Bank (1993), The East Asian Miracle: Economic Growth and Public Policy, Oxford: Oxford Press, p.4

③ 5분위 계수 비율quintile ratio

5분위 계수 비율은 최상위 20%가 차지하는 소득과 최하위 20%가 차지하는 소득의 비율로서 로렌즈 곡선이나 지니계수의 문제점을 부분적으로 보완할 수 있다. 5분위 계수 비율은 전체 소득분포 중 오른쪽과 왼쪽의 꼬리 부분의 두꺼운 정도를 상대적으로 비교한 지표이다. 소득격차와 그로 인한 상대적 박탈감은 최상위층과 최하위층 간에 가장 심하게 나타날 것이기 때문에 상위 20%계층과 하위 20%계층이 차지하는 소득의 비중의 몇 배나 되는지를 파악함으로써 소득분배의 불균등도를 가늠하는 것이다. 그러나 5분위 계수 비율은 소득분포가 갖고 있는 정보의 일부만을 사용하며 작성된 지표라는 한계점이 있다. 특히, 중산층의 소득분포에 대한 정보가 전혀 반영되지 않는다는 문제점이 있다.

연평균 경제성장률(1965~1989)과 5분위 계수 비율로 측정한 소득불균등도

출처: World Bank (1993), The East Asian Miracle: Economic Growth and Public Policy, Oxford: Oxford Press, p. 31

④ 타일계수Theil Index

Henri Theil(1967)에 의해 개발된 불균등도를 측정 방식으로 일반화된 엔트로피 지수의 특수한 경우이다. 타일계수의 장점은 불균등도를 각 소집단subgroup 내의 불균등도와 소집단 간의 불균등도로 쉽게 분리해 낼 수 있다는 점이다.

$$T = \frac{1}{N}\sum_{i=1}^{N}\left(\frac{x_i}{\bar{x}}\cdot\ln\frac{x_i}{\bar{x}}\right) = \sum_{i=1}^{m}s_iT_i + \sum_{i=1}^{m}s_i\ln\frac{\bar{x}_i}{\bar{x}}$$

위의 식에서 x_i는 i번째 구성원의 소득, $\bar{x}$는 1인당(가구당) 평균소득, N은 총인구(가구)수, m은 분류 가능한 집단의 수, S_i는 i번째 집단의 비중, T_i는 i번째 집단 내의 타일계수이다.

Jeong(2000)은 Theil 지표를 이용하여 태국의 소득불균등도의 동태적인 변화를 견인하는 가장 중요한 요인이 무엇인지를 분석한 바 있다. 태국의 경우 1980년대와 1990년대에 고성장을 경험하면서 소득 불균등도와 소득수준이 전형적인 Kuznets의 역 U자형 패턴을 보이고 있다. 고성장 초기 소득분배가 악화될 때 소득불균등 심화의 57%정도가 교육수준에 따라 분류한 소집단 간 소득집중도 심화에 의한 것으로 판명되었다.

(3) 소득불균등도(집중도)의 동태적 추이와 경제발전

S. Kuznets(1966)는 서유럽과 북미 선진국들의 산업화 과정에 대한 분석을 통하여 한 경제가 발전해 나가는 과정에서 소득불균등도와 소득수준 간에는 역 U자형 관계가 있다는 가설을 제시하였다. 경제발전 초기에는 소득불균등도가 높아지다가 경제발전이 어느 정도 성숙해지면 그때부터는 소득분배의 불균등도가 완화되는 경향이 있다는 것

이다. 이와 같은 현상은 신기술의 보급과 신산업의 성장과정에서 초기에는 그 혜택이 일부에게만 집중되지만 시간이 흐르면서 그 혜택이 많은 사람들에게 확대되기 때문에 생겨난다고 보았다. 즉, 경제 전반에 영향을 미치는 획기적이고 광범위한 기술진보가 일어날 때 이 기술을 먼저 습득한 경제주체들은 그렇지 못한 경제주체들에 비해 매우 높은 소득을 얻게 되므로 기술도입 초기 단계에서는 소득격차가 확대되지만 시간이 지나면서 대다수의 경제주체들이 이 기술을 습득하게 된다면 소득격차는 줄어든다는 것이다. 또한 신기술에 기초한 신산업이 성장 초기에는 많은 노동력을 흡수할 수 없지만 신산업이 완숙한 단계에 들어서면 많은 일자리를 제공하게 된다는 것이다.

이후 Kuznets가설이 서유럽과 북미의 선진국들이 아닌 다른 지역의 국가들에서도 타당한지에 대한 많은 연구들이 진행되었는데, 이 가설의 예측에 부합하는 경우와 그렇지 못한 경우가 혼재되어 나타나고 있다. 예를 들어 일본, 한국, 대만, 싱가포르, 홍콩 등 동아시아 고성장 국가에서는 대체로 소득집중도와 소득수준 사이에 역 U자형 패턴이 발견되지 않으나, 인도네시아, 말레이시아, 태국 등 동남아시아의 고성장 국가에서는 역 U자형 패턴이 발견되고 있다.

참고문헌

박찬용 · 강석훈 · 김태완, 〈소득분배와 빈곤동향 및 변화요인 분석〉, 한국보건사회연구원 연구보고서, 2002

Anand, S. *Aspects of Poverty in Malaysia.* Review of Income and Wealth 23, pp. 1-16(1977)

Foster, J., Geer, J., Thorbecke. *The Foster-Geer-Thorbecke Poverty Measures: Twenty-Five Years Later.* Journal of Economic Inequality, forthcoming.(2011)

Foster, J., Geer, J., Thorbecke, E. *A Class of Decomposable Poverty Measures.* Econometrica 52, pp. 761-776(1984)

Gini, C. *On the Measure of Concentration with Special Reference to Income and Statistics,* Colorado College Publication, General Series No. 208, pp. 73-79(1936)

Gordon, D. *Indicators of Poverty and Hunger,* 2005

Haughton, J. & S. R. Khandker. *Handbook on Poverty and Inequality,* World Bank, 2009

Jeong, H. *Sources of Kuznets Dynamics in Thailand,* Ph.D. dissertation. University of Chicago, 2000

Kanbur, S.M.R., Mukherjee, D., *Poverty, relative to the ability to eradicate it: An index of poverty reduction failure,* Economics Letters 97(1), pp. 52-57(2007)

Kuznets, S. *Modern Economic Growth,* Yale University Press, 1966

Ligon, E.S. *Measring vulnerability,* Economic Journal 113(486), pp.95-102(2003)

Lorenz, M. O. *Methods of measuring the concentration of wealth,* Publications of the American Statistical Association 9 (70): 209-219(1905)

McCulloch, N., Calandrino, M. *Vulnerability and chronic poverty in rural Sichuan,* World Development 31(3), pp.611-628(2003)

Rowntree, B. S. *Poverty, A Study of Town Life,* MacMillan and Co., 1901

Sen, A.K. *On Economic Inequality,* Clarendon Press, 1973

Sen, A. K. *Poverty: an Ordinal Approach to Measurement,* Econometrica 44, pp.219-231(1976)

Theil, H. *Economics and Information Theory,* North-Holland, 1967

3장
정치학에서의 빈곤 연구

신상범

1. 서론

정치학자들은 빈곤 혹은 빈곤 경감Poverty Alleviation을 기본적으로 정치적 현상으로 인식하기 때문에 이들이 정치학적으로 중요한 연구 주제 중 하나라고 주장한다. 정치는 학자들에 의해 여러 방식으로 다르게 정의될 수 있는데, 그 어떤 정의에서든 빈곤 문제는 정치와 불가분의 관계에 있다. 예를 들어 마키아벨리Machiavelli는 정치란 무엇보다도 권력을 추구하는 것을 그 본질로 한다는 점을 강조하였다. 해롤드 라스웰Harold Lasswell은 정치를 누가, 무엇을, 언제, 어떻게 가지느냐의 문제로 정의했으며, 데이빗 이스턴David Easton은 정치를 가치의 권위적인 배분 양상이라고 정의했다. 이러한 정의에서 볼 때 결국 빈곤 문제는 권력이나 가치, 이익을 분점하는 정치 과정에서 발생하는 문제이며 그 경감이나 궁극적 해결 역시 이 과정과 밀접한 관련이 있다. 다른 모든 정치학적 주제와 마찬가지로 빈곤 역시 그 이슈에 직·간접적으로 연관된 행위자들이 있고, 이들이 국내 혹은 국제정치 등 다양한 수준에서 만들어내는 일정한 형태의 질서나 동학이 있으며, 이 모든 과정이 다른 정치적 현상에 의해 영향을 받거나 또한 그들에게 영향을 미치게 된다. 정치학은 빈곤 문제가 가지고 있는 이러한 중층적이고 역동적인 성격을 잘 관찰할 수 있는 개념적 도구들과 분석틀을 제공해 준다.

이 글은 지난 몇 십년간 미국과 한국의 정치학계에서 빈곤을 대상으로 한 연구가 어떻게 진행되어 왔는가를 검토하고 그 과정에서 나타나는 특징들은 무엇이며 빈곤과 관련하여 앞으로 한국 정치학이 지향해야 할 연구 방향 및 주제, 그리고 방법은 무엇인지를 탐색하는 것을 목적으로 한다. 양적, 질적 측면에서 한국과 미국의 정치학에서의 빈곤 연구는 일단 빈약하다고 할 수 있다. 아직까지 정치학의 주요 전공Sub-discipline인 비교정치학이나 국제관계학에서 빈곤이나 빈곤의 경감이 독자적인 연구 영역으로 정착되지는 않았다. 이는 정치학에서 환경보호, 인권, 민주화, 인도주의적 개입Humanitarian Intervention 등이 하나의 독자적인 연구 영역으로 확립되어 연구 성과를 축적해 온 것에 비하면 놀라운 현상이다. 그러나 그렇다고 해서 빈곤 연구가 정치학에서 거의 간과되어 왔다고 할 수는 없다. 왜냐하면 빈곤은 비록 독자적 연구영역으로 성장하지는 못했지만 이와 밀접한 관련이 있는 나른 - 보다 핵심적이고 인기 있는 - 주제들 속에서 연구되어 왔기 때문이다. 예를 들어 비교정치학에서 주로 연구해 온 근대화와 정치발전론, 국가와 시장, 경제발전과 민주화, 복지 등의 주제는 모두 빈곤 문제를 포함하고 있으며, 국제관계학의 주제들인 인권, 원조, 인도주의적 개입Humanitarian Intervention, 인간 안보Human Security, 북남 문제 North-South Relationship, 세계화 등의 주제는 모두 빈곤과 밀접히 관련되어 있다.

이 글에서는 이 문제를 빈곤 개념 자체가 가지고 있는 속성 즉 개념의 확장Conceptual Stretching의 문제로 설명하고자 한다. 즉 빈곤이라는 개념은 그 자체로서 기대수명, 영양실조, 기아 등의 문제와 직접적으로 관련되어 있지만 이와 동시에 빈곤은 다른 여러 현상들- 정치적 억압이나 비효율성, 내전이나 정치적 혼란, 테러리즘, 환경파괴, 인권 등 - 과 밀접히 연관되어 있기 때문이다. 그리고 이는 또 개념의 조작화 Operationalization에서 무슨 지표를 어떻게 사용하느냐의 문제와도 연결되어 있기 때문에, 이 논문에서 저자는 어떠한 빈곤 연구도 먼저 빈곤 개념의 내포와 외연을 정확히 규정하고 이에 맞는 적절한 측정 지표를 사용해야 함을 강조할 것이다.

이 글에서는 이점을 염두에 두고 한국과 미국의 정치학에서의 빈곤 연구 특히 비교정치학과 국제정치학의 빈곤 연구를 검토할 것이다. 먼저 다음 장에서는 두 나라 정치학계에서의 빈곤 연구의 빈곤 현상을 보여주고 빈곤의 개념화의 문제와 개념적 확장에 대해 토론할 것이다. 제 3장과 4장에서는 각각 국제관계학과 비교정치에서 빈곤 연구가 어떻게 이루어졌으며 이 과정에서 어떠한 쟁점들이 있었는지를 소개할 것이다. 제 5장에서는 이 글의 결론을 제시하고 정치학에서 앞으로의 빈곤 연구의 방향 및 전망 특히 한국에서의 빈곤 연구에 대해 토론할 것이다.

2. 정치학에서 빈곤의 개념과 빈곤 연구

중국 농촌의 빈곤을 연구하는 한 정치학자의 연구에 의하면 지난 1986년부터 2006년까지의 20여년 기간 동안 미국 정치학에서 비교정치와 국제관계학 분야의 주요 13개 저널을 대상으로 빈곤poverty이라는 키워드가 제목이나 요약Abstract에 나타나 있는 논문을 조사해 본 결과 총 37개의 논문이 검색되었다(Donaldson, 2008: 1). 아래의 표 1에서 보는 바와 같이 Comparative Politics(International Studies Quarterly) 그리고 Millennium: Journal of International Studies에 각각 5편씩 빈곤관련 연구 논문이 출판되어 가장 높은 수를 보여주었는데, 20년이라는 기간을 감안한다면 이것은 결코 많은 수라고 볼 수 없다. 하위권에서는 역시 권위 있는 저널 중 하나인 International Organization에 지난 20여 년간 빈곤 관련 연구 논문이 단 한편도 게재되지 않았다는 사실이 흥미롭다. 이에 비해 같은 기간에 실제 정책의 구상과 집행에 보다 중점을 둔 저널인 Foreign Affairs의 경우 무려 33개의 빈곤 관련 논문이 검색되었으며, 경제학이나 사회학과 같은 타 학문 분야의 주요 저널의 경우도 역시 Foreign Affairs와 비슷한 수의 빈곤 관련 연구 논문이 게재되었다. 정치학자들이 빈곤 연구를 상대적으로 게을리해 왔다는 사실은 또 다른 지표로도 확인되는데, 예를 들어 2006년 미국정치학회 연례학술대회에서 총 730개의 패널 중에서 빈곤을 다룬 연구는 단지 3패널에서 나온 8개의 페이퍼뿐이었다(Donaldson, 2008: 3)(이러한 분석은 미국 정치학에서의 빈곤 연구에 관한 다른 서지학적 논문, Bibliographical Essay에서도 동일하게 나타난다. 예를 들어 Rosenau and Durfee, 1996을 볼 것).

이러한 경향은 한국정치학계에서도 비슷하게 나타난다고 할 수 있다. 한국 정치학에서 가장 권위 있는 두 학술지인 한국정치학회보와 국제정치논총을 대상으로 빈곤이라는 키워드로 논문을 검색해 본 결과, 한국정치학회보의 경우 아래와 같이 총 15편의 논문이 검색되었고 국제정치논총의 경우 총 6편의 논문이 검색되었다(검색은 두 학회지가 속한 학회의 홈페이지에서 이루어졌다(2011년 4월 2일). 그리고 검색 시 한글 '빈곤'

및 영어 'Poverty' 둘 다 시도하였다. 홈페이지의 주소는 다음과 같다. 한국정치학회의 경우 www.kpsa.or.kr 그리고 한국국제정치학회의 경우 www. kaisnet.or.kr임. 검색 시 설정된 기간은 전 기간임). 그런데 표 2와 3에서 보듯이 한국 정치학계의 경우 단순히 논문의 편수만 적은 것이 아니다. 논문의 제목만을 근거로 판단하더라도 일단 제목에 빈곤이라는 단어가 들어간 논문은 하나도 없으며, 몇몇 논문을 제외하고는 대부분 빈곤을 중점적으로 다룬 논문이 아닌 것으로 보인다. 반면 미국에서와 마찬가지로 한국의 다른 학문분야에서는 빈곤 연구가 정치학보다 훨씬 활발하다. 예를 들어 한국사회학회의 학회지인 《한국사회학》에서는 37개의 빈곤 관련 연구 논문이 검색되었다.

표 1. 빈곤 관련 연구 논문 게재 상황, 1996-2006

저널 제목	논문 수
Comparative Politics	5
International Studies Quarterly	5
Millennium: Journal of International Studies	5
American Political Science Review	4
Journal of Politics	4
World Politics	4
American Journal of Political Science	3
Journal of Conflict Resolution	3
International Security	2
British Journal of Political Science	1
Journal of European Public Policy	1
International Organization	0
PS: Political Science and Politics	0

출처: Donaldson (2008), p. 2를 바탕으로 필자가 작성함.

표 2. 한국정치학회보에 게재된 빈곤 관련 연구 논문

논문 제목	저자	년도
중국 농촌에서 발전과 낙후의 정치경제	정환우	2000
사회계층과 정치의식	조중빈	1988
한국의 대아프리카 외교	이호영	1999
한국의 전통사상과 평등 인식	신기현	1995
공동선 자유주의	서병훈	1996
유럽통합과 사민적 복지체제의 선택	고세훈	1999
문명사관과 문명사회론	이원영	1997
한국인의 가치변화와 민주화	어수영	1992
한국 史學史의 위기	신복룡	1995
국가정책의 우선순위	이 장	1988
동유럽의 체제전환과 여성의 사회적 지위의 변화	윤덕희	2001
서양 중세후기 세속화의 이해	이화용	2005
Ethnic Violence and Ethnic Cooperation in New Labor's Britain	김남국	2005
지구화시대의 정책모방	김영순	2002
정치 · 행정의 불균형관계와 국가발전	김광웅	1971

표 3. 국제정치논총에 게재된 빈곤 관련 논문

논문 제목	저자	연도
북한과 ODA	강명옥	2008
21세기 글로벌 이슈와 국제정치학	이신화	2007
새로운 국제정치이론을 찾아서	하영선	1980
개혁기 중국의 지역격차문제	박병광	2002
Why Should We Help the Poor Foreigners?	김범수	2007
웨스트팔리아와 국제관계의 근대성	이혜정	2002

이와 같이 비교정치 및 국제관계학 내에서 빈곤을 직접적으로 다룬 연구가 적은 것은 빈곤 개념이 가지고 있는 개념의 확장Conceptual Stretching 현상과 관련이 있다. 개념의 확장이란 한 개념이 포함하는 핵심적 속성 즉 내포intension가 지나치게 단순하거나 추상적이어서 이에 따라 결정되는 그 개념에 포함되는 사례 즉 외연extension이 지나치게 넓어지는 현상을 말한다. 즉 빈곤 개념을 정의하는 데 있어서 그 개념을 구성하는 핵심적 속성이 구체적이고 많다면 그 개념에 속하게 되는 실제 현상들은 적어질 것이지만, 반대로 핵심적 속성이 지나치게 적거나 추상적일 경우 그 개념에 속하게 되는 현상은 지나치게 많아지게 된다. 빈곤을 좁고 특수하게 정의할 경우 전자의 현상이 나타나며 반대로 너무 포괄적으로 정의할 경우 개념은 확장되고 여행하게 되며 결국 극단적인 경우에는 비교정치학과 국제관계학의 주제들 중에서 "빈곤 아닌 것이 없게 되는" 현상이 발생될 수도 있다(개념의 확장에 대해서는 Sartori, 1970 그리고 Collier and Mahon, 1993을 볼 것). 예를 들어 Kanbur and Squire는 "빈곤에 대한 정의의 핵심은 상당수의 사람들이 항상 기아, 질병, 그리고 억압 혹은 압박에 노출되어 있는 견디기 힘든 상황에 살고 있는 상태이다"라고 했는데(Kanbur and Squire, 1999) 여기서 말하는 억압 혹은 압박Oppression이 무엇을 의미하느냐에 따라 이 정의는 많은 현상을 포함할 수도 있고 그렇지 않을 수도 있다.

이 문제는 또한 개념의 조작화Operationalization 즉 측정 문제와도 관련된다. 빈곤 개념의 조작화 역시 위에서 언급한 대로 크게 두 가지 방식으로 이루어질 수 있는데, 첫째는 빈곤의 개념적 정의Conceptual Definition를 경제적 측면에 맞추어 협소하게 내리고 이에 맞추어 소득이라는 지표 중심으로 측정하는 것이다. 이에 대표적인 예로서는 World Bank의 데이터를 들 수 있다. World Bank에서는 각 국의 빈곤

정도를 비교할 수 있는 17개의 지표를 사용하고 있는데 이들은 아래 표 4에서 보는 바와 같이 모두 소득에 관한 것이다. 두 번째는 빈곤의 개념적 정의를 폭넓게 내리고 이에 따라 측정 지표도 다변화하는 것이다. 이러한 예로서는 대표적으로는 Oxford Poverty & Human Development Initiative(OPHI)의 Multidimensional Poverty Index(MPI)가 있다. 이 MPI는 기존의 소득 중심의 빈곤 측정 지표를 개선하기 위해 OPHI와 United Nations Development Programme Human Development Report(UNDP HDR)가 공동으로 개발한 것으로서 아래의 표 5에서 보는 바와 같이 빈곤을 구성하는 세 개의 큰 차원dimensions을 설정하고 각각의 차원 내에 몇 개의 적절한 지표들을 배치하는 식으로 구성되어 있다. 이들 지표들은 많은 빈곤 연구자들에 의해 점차로 빈곤의 국제적 기준으로 받아들여지고 있는 Millennium Development Goals(MDGs)를 반영한 것이며, 각 차원은 동등하게 1/3씩의 크기로 반영되며 각 차원 내의 지표들도 정확히 동등한 크기로 반영된다. 세 차원은 각각 교육, 건강, 그리고 생존 및 삶의 질에 직접적 영향을 미치는 몇 가지 생활 조건이고 이에 해당하는 구체적인 지표로서 학교 교육이 제공되는 기간, 출석 가능성, 영아 사망률, 영양, 전기, 수도, 위생 등이 있다(이것은 물론 UNDP가 기존에 개발한 Human Development Index 혹은 Inequality-adjusted HDI에 기반을 둔 것이다).

개념 확장의 문제를 해결하는 방법은 개념을 구성하고 있는 속성들을 어떻게 분류하느냐 즉 카테고리를 어떻게 설정하느냐와 관련이 있다(Collier and Mahon, 1993). 비록 기존 연구에서 제시된 방법들과는 달리 매우 단순한 고전적인 분류이기는 하지만 국제관계학에서는 주로 빈곤을 거시적 빈곤macro poverty과 미시적 빈곤micro poverty으로 나눈다. 전자는 국가 간의 불평등과 상대적 빈곤, 그리고 국제적 요인에 의해 발생하는 빈곤을 말하는 것이며 후자는 한 국가 내 인구 중 특정 집단의 빈곤 그리고 국내 정치·경제적 요인에 의해 발생하는 빈곤을 말한다. 이는 단순히 국제관계학에서의 분석 수준Level of Analysis에 의한 구분이지만, 정치학이라는 특정한 전공Discipline에 맞추어 시도된 개념 정의이며 빈곤 개념을 보다 더 구체적으로 접근할 수 있는tangible 것으로 만들 수 있다.

표 4. World Bank의 Poverty Index

Income share held by highest 10 %
Income share held by highest 20 %
Income share held by lowest 10 %
Income share held by lowest 20 %
Income share held by second 20 %
Income share held by third 20 %
Income share held by fourth 20 %
Poverty gap at $1.25 a day (PPP) (%)
Poverty gap at $2 a day (PPP) (%)
Poverty gap at national poverty line (%)
Poverty gap at rural poverty line (%)
Poverty gap at urban poverty line (%)
Poverty headcount ratio at $ 1.25 (PPP) a day (% of population)
Poverty headcount ratio at $ 2 (PPP) a day (% of population)
Poverty headcount ratio at national poverty line (% of population)
Poverty headcount ratio at rural poverty line (% of rural population)
Poverty headcount ratio at urban poverty line (% of urban population)

출처: http://data.worldbank.org/topic/poverty

표 5. Multidimensional Poverty Index (MPI)

Dimension	Index
1. Education	· Years of Schooling · School Attendance
2. Health	· Child Mortality · Nutrition
3. Standard of Living	· Electricity · Drinking Water · Sanitation · Flooring · Cooking Fuel · Assets

출처: http://www.ophi.org.uk/policy/multidimensional-poverty-index/ 를 바탕으로 필자가 작성함

또한 이러한 시도는 정치학에서 빈곤 문제를 연구하는데 있어서 독자적인 분석틀이나 이론 혹은 가설을 만들어 내는데 중요한 기초를 제공할 수 있다. 아직까지 정치학에서는 빈곤을 연구하는 전형적인 접근법이나 방법론이 구축되어 있지 않는데 그 이유 중 하나는 개념 정의에 대한 합의가 없었기 때문이었을지도 모른다. 따라서 기존의 빈약한 빈곤 연구들의 대부분이 분석적이라기보다는 경험적이고 서술적인 연구들이다. 만약 개념의 내포와 외연이 적절히 설정된다면 우선 연구의 적절한 수준과 영역이 설정될 것이고 그 다음은 기존 정치학의 이론이나 접근법 혹은 분석틀에 덧붙여 빈곤 연구만이 가지고 있는 특성을 살린 새로운 이론 구축의 시도가 가능하게 될 수 있다. 더 나아간다면 이렇게 새롭게 만들어지는 이론이나 가설의 일반화 가능성도 항상 염두에 두어야 한다(이 문제는 사실 정치학의 주요 저널에 나타난 빈곤 관련 연구 논문의 수와도 직접 관련이 있다. 사실 빈곤을 연구하는 정치학자들은 다학문

적Multidisciplinary 성격을 가지고 있는 빈곤 전문 저널인 Poverty & Public Policy(Basic Income Studies) 또는 World Development 등에 많은 논문을 게재하고 있다. 그러나 이들의 논문이 상대적으로 주요 정치학 저널에 덜 나타나는 것은 아직까지 이들의 빈곤 연구가 정치학 일반에 주는 이론적, 분석적 함의가 적다는 것을 말해주는 것이다. 즉 빈곤 연구가 주제나 경험적 사실이 아닌 이론이나 가설을 통해 정치학의 다른 분야와 만나야 하는데 아직까지 그것이 잘 안 이루어진다고 할 수 있는 것이다).

3. 국제관계학에서의 빈곤 연구

국제관계학International Relations은 말 그대로 국가 간의 관계를 연구하는 정치학의 하위 분야이다. 물론 점차로 국제정치에서 비국가 행위자들의 역할이 중요시됨에 따라 국제관계학은 지구정치학Global Politics으로 바뀌어 가고 있지만 기본적으로 양자 모두에 있어서 빈곤은 기존의 많은 중요한 연구 주제들 속에서 다루어져 왔다. 사실 국제관계학의 많은 주제들이 빈곤과 직간접적으로 관련이 있다. 예를 들어 세계화, 경제발전과 정치발전, 개발 협력, 국제기구 및 국제법, 국제정치경제에서 무역, 투자 및 다국적 기업에 관련된 주제들, 자원 및 환경 보호, 종족 갈등Ethnic Conflict 등 새로운 형태의 지구적 갈등과 분쟁, 거버넌스의 문제, 인도주의적 개입Humanitarian Intervention, 원조 및 ODA, 남북문제North-South Relations 혹은 남남갈등South-South Conflict, 외교정책, 인권, 성Gender, 문화 등은 모두 어떠한 방식으로든 빈곤 문제를 포함하고 있는 주제들이다(이러한 연관성을 잘 보여주는 최근의 연구로서는 고대원, 2010이 있다).

여기서 다루어지는 빈곤은 물론 국가 간의 관계 속에서 다루어지기 때문에 주로 거시적 빈곤이지만 국제관계학의 접근법에 따라 분석 수준이 국가나 국가 이하의 하부 단위일 경우 미시적 빈곤을 다루는 경우도 있다. 또한 세계화Globalization와 지방화Localization가 동시에 진행되면서 거시적 빈곤과 미시적 빈곤이 통합되거나 긴밀히 연결되어 나타나는 경우도 점차로 증가하고 있다. 예를 들어 한 나라 안에서의 빈곤층에 대한 복지정책이 국제경제적인 요인에 의해 영향을 받기도 하고 또 그 반대의 경우도 생길 수 있다.

이렇게 국제관계학에서 빈곤 문제를 많이 다루는 이유는 본질적으로 빈곤이 더 이상 어떤 한 나라의 국내적 문제가 아니라는 점 때문이다. 즉 한 나라의 빈곤의 원인도 그리고 그것이 미치는 영향도 다 국제적인 것이 되었고 이는 세계화로 인해 점차로 더 심해질 것이다. 따라서 빈곤은 국제정치적 현상이며 국제관계학에서 다루어져야 할 현상이다. 그러나 더욱 근본적으로는 오늘날 아프리카, 동남아, 혹은 다른 빈곤 지역에서 보듯이 빈곤이 경제적 문제가 아니라 정치적 문제 즉 거버넌스의 문제가 되었다. 다시 말해서 저발전 국가들의 빈곤 문제는 식량이나 기타 물자가 부족해서 발생하는 경우도 있지만 설사 그들이 인도주의적 개입으로 인해 외부로부터 지원된다고 할지라도 국내정치적 문제 즉 거버넌스의 문제로 인해 효과적으로 전달되고 분배되지 못하고 결국 빈곤 문제를 해결하지 못하는 경우가 매우 많이 발생하고 있다. 따라서 오늘날 빈곤의 타파는 식량이나 물자의 부족 문제를 어떻게 해결할 것인가라는 경제적 문제임과 동시에 어떻게 안정적인 정치체제를 구축하여 빈곤 문제를 제도적으로 다루어 나갈 것인가라는 면에서 정치적 문제이기도 하다.

국제관계학 특히 국제정치경제에서는 현실주의Realism, 자유주의

Liberalism 그리고 마르크스주의Marxism의 세 대표적인 접근법(시각)을 중심으로 이론이나 가설들이 발전되었다. 따라서 빈곤 문제에 대한 분석 역시 일단 이 세 시각에서 빈곤을 어떻게 보는지에 대한 토론에서 시작하여야 한다. 현실주의 패러다임은 국가 간 관계의 본질은 힘power 이며 각 국이 힘을 추구하는 과정에서 국제 체제는 불안정할 수밖에 없다고 주장한다. 그리고 이러한 체제의 불안정성을 그나마 극복할 수 있는 방법 중 하나는 국제 체제 내에 패권국이 존재하고 이들이 불완전하기는 하지만 일정한 질서를 만들어 내는 것이다. 이러한 시각에서 볼 때 한 나라의 빈곤 문제는 근본적으로는 힘의 부족 현상이며 국력을 증가시키는 것이 빈곤을 경감할 수 있는 근본적인 해결책인 것이다. 또한 국제 체제에서 이러한 빈곤이 체제불안정 요인으로 부각된다면 결국 그 문제에 도전할 수 있는 것은 패권국 밖에 없기 때문에 패권국들의 역할이 중요할 수밖에 없다.

자유주의자들 역시 국제 체제가 기본적으로 중앙 권위체가 없는 무정부상태anarchy이며 이 상태에서 국가들이 각자 자국의 이익을 추구하고 권력을 증진하기 위해 경쟁하기 때문에 체제가 불안정 하다는 것을 기본 가정으로 한다. 그러나 이들은 현실주의자들과는 달리 국제 체제에서 국가들 간의 협력은 어렵지만 가능하다고 주장하는데 여기서 중요한 역할을 차지하는 것이 제도institution이다. 즉 국제질서와 협력은 제도의 발전과 밀접하게 관련이 있으며 따라서 자유주의자들은 국제기구, 국제법, 국제 협약이나 회의 등의 역할을 중요시한다. 또한 이들은 제도의 창설 및 유지에 있어서 주권 국가들 뿐 아니라 비정부단체NGOs와 같은 비국가 행위자들의 역할 역시 중요하다는 점을 강조한다. 이러한 시각에서 볼 때 빈곤 문제는 국제관계학의 다른 주제들과 마찬가지로 이 문제를 해결할 수 있는 적절한 제도를 어떻게 만드느냐의 문제이며 따라서 각 국가들 및 관련 비국가 단체들이 합리적 선택을 통해 수용할 수 있는 적절한 규칙을 만들고 유지한다면 문제를 해결할 수 있다고 주장한다.

마지막으로 마르크스주의자들은 국제 체제가 본질적으로 가지고 있는 불균등성에 주목한다. 이들은 선진국의 경제와 저개발 국가의 경제는 근본적으로 다르며 한쪽이 다른 한 쪽을 착취하는 방식으로 세계 경제가 진화되어 왔다고 주장한다. 예컨대 선진국들의 제국주의 전쟁의 경우 제국주의 국가들이 국내 경제의 양극화와 노동자계급의 궁핍화로 인해 국내 시장의 구매력이 낮아지자 해외 시장에 눈을 돌리게 되고 결국 이 과정에서 그들 간의 경쟁이 전쟁을 야기했다고 주장한다. 그리고 이 과정에서 저개발 국가들은 희생을 당하게 된다고 주장한다. 또한 선진국과 저발전 국가들 간의 불평등은 구조적인 문제이기 때문에 저개발 국가들이 선진국 경제에 의존하는 현상 즉 종속의 고리를 끊지 않고서는 영구적으로 종속 상태가 유지되고 저개발 국가들의 경제발전은 더욱 힘들어 진다고 주장한다. 이러한 시각에서 저개발 국가의 빈곤은 물론 선진국과의 격차 및 불평등의 문제이며 이러한 불평등이 해소되지 않는 한 빈곤 문제도 해결되지 않을 것이라고 주장한다(국제관계학 접근법에 대해서는 Dunne et al, 2010 ; Jackson and Sorensen, 2003 등을 볼 것).

그러나 빈곤의 경우 이러한 시각 속에서 그것을 분석할 수 있는 독자적인 이론이나 가설이 만들어지지는 않았다. 기존 연구들의 경우 대부분이 지구촌 빈곤의 심각성에 대한 보고, 경험적인 증거의 나열, 혹은 정책적인 대안에 대한 논의가 대부분이며 반면 이론이나 분석 틀을 가진 분석적 연구는 거의 없다고 볼 수 있다. 만약 국제관계에서 빈곤 연구가 활성화되기를 기대한다면 먼저 각 접근법들 하에서 어떠한 분석 틀이나 이론 구축이 가능한가를 생각해 보고 이를 시도해 보아야 할 것이다. 예를 들어 환경보호의 경우 국제관계학에서 이러한 이론 구축이 잘 이루어진 주제인데, 현실주의 접근법 하에서는 주로 국제사회에서 패권국의 역할 그리고 권력 관계를 중심으로 국제환경정치를 이해하고 분석하는 연구들이 진행되었으며, 자유주의 접근법 하에서는 국제환경조약, 국제환경단체 및 기구 등 제도의 창설 및 효과성을 키워드로 하여 연구가 진행되어 왔다. 마지막으로 마르크스주의 접근법 하에서는 환경 및 자원 이슈를 둘러싼 국가 간 불평등을 다루는 연구가 진행되었다(국제환경정치의 이러한 연구들에 대해서는 Conca and Dabelko, 2010; Young, 1999을 참조할 것).

이 시도의 출발점으로서 국제관계학의 최근 쟁점 중 하나인 세계화가 있을 수 있겠다. 세계화가 주권 국가 체제의 종말을 가져올 것인지, 세계화로 인해 각 국의 경제가 점차로 통합되어 결국 국가 간 불평등이 완화될 것인지, 세계화가 각 국가 내의 국내적 불평등 (그리고 미시적 빈곤 현상)을 해결할 수 있는지, 경제 수준에서의 세계화가 다른 수준-예를 들면 정치-에서의 세계화를 촉진시킬 것인지, 누가 세계화 과정에서 승자가 될 것이며 누가 패자가 될 것인지, 세계화와 지방화가 동시에 추진되는지 혹은 길항관계에 있는지 등은 모두 빈곤과 밀접한 관련이 있는 주제들이다. 따라서 세계화 논쟁은 국제관계학에서의 빈곤 연구의 출발점이 될 수 있다(세계화 논쟁에 대해서는 이인성 , 2009; Held & McGrew, 2002 등을 참조할 것).

이와는 별도로 최근 국제관계학에서 등장한 인간 안보Human Security라는 개념 역시 빈곤과 밀접한 관련이 있다. 안보는 전통적으로 현실주의자들의 주된 관심이었고 이때 안보는 군사적 측면을 주 내용으로 하는 것이었다. 그러나 1970년대의 오일 쇼크로 인해 선진국들의 경제가 불안해지자 국제관계학자들은 에너지 및 자원을 안보 문제와 연결시키기 시작했으며 이후 환경문제 역시 안보 개념의 카테고리 내에 두고 접근하려는 경향이 생겨났다. 이러한 배경 하에서 국제관계학에서는 기존의 상위 정치high politics 중심의 정치군사적 안보 뿐 아니라 하위 정치low politics의 영역 또한 포함하는 보다 포괄적인 의미에서의 안보 개념의 구축을 시도하였고 이 시도의 일환으로서 국가보다는 '개인'에 초점을 맞춘 인간 안보의 개념 역시 등장하였다(이신화, 2007).

인간 안보가 포함하는 문제들은 탈냉전 시대에 급격하게 부상한 이슈들인 인신매매, 내전, 난민, 환경훼손, 기근, HIV/AIDS 등이며 이들 모두 빈곤과 밀접한 관련이 있다. 1994년 유엔개발계획United Nations Development Programme: UNDP 보고서는 인간 안보를 '공포로부터의 자유와 빈곤으로부터의 자유'라고 정의하였고 경제, 식량, 건강, 환경, 개인, 사회, 정치의 7가지 영역에서 야기되는 위협을 막는 것이 인간 안보를 가장 확실하게 보장하는 것이라고 단언하였다. 그러나 이 인간 안보의 개념은 지나치게 추상적이며 포괄적이어서 실행 가능성이 의심되었고 따라서 실용적인 개념으로 인정받지 못하였다(이신화, 2007, p. 212). 그리고 무엇보다도 인간 안보의 개념 정의에 있어서 위에서 언급된 개념 확장의 문제가 똑같이 발생하였다. 즉 개념이 너무 많은 것을 포괄하다보니 정확한 내포와 외연을 설정하기가 힘들고 따라서 결과적으로 이 개념은 학문적으로나 실재적으로 가치를 상실하게 되었다.

4. 비교정치학에서의 빈곤 연구

비교정치학에서도 국제관계학과 마찬가지로 빈곤 문제는 한 나라의 경제발전과 정치발전과 같은 거시적인 맥락에서 주로 연구되어 왔다. 물론 비교정치학과 공공정책Public Policy의 접점에서 혹은 비교정치학과 미국정치American Politics의 접점에서 많은 미시적 빈곤에 관한 연구들 역시 수행되어 왔으나 이 장에서는 주로 거시적 빈곤에 대한 연구에 초점을 맞추어 기존 연구를 소개하고자 한다.

1950년대와 60년대에 걸쳐 미국의 비교정치학에서 근대화이론 Modernization Theory보다 더 파급효과가 컸던 이론적 시도는 아마 없었을 것이다. 근대화 이론은 정치발전이나 경제발전과 같은 거시적인 사회변동을 설명하는 하나의 총체적인 패러다임으로서 오늘날의 기준으로 보면 이론이라기보다는 하나의 패러다임 혹은 시각에 가깝다고 할 수 있다. 이 패러다임은 선진국의 경제발전 및 정치발전을 하나의 기준모델로 설정하고 이 모델이 성공할 수 있었던 요인들을 제시한 뒤 이를 개발도상국에 적용하여 일반화 가능성을 제시하는 것을 그 주 내용으로 하고 있다. 이 패러다임 하에서 많은 학자들이 이론 구축을 시도하였는데 이들은 다음의 몇 가지 가정들을 공유한다.

첫째, 근대화는 선형적인linear 과정이다. 즉 근대화를 추동하는 일정한 투입이 있다면 반드시 그에 해당하는 결과가 있는 비교적 단순하고 직접적인 과정이라는 것이다. 둘째, 근대화는 단일한 과정이다. 이는 근대로 이르는 길이 여러 가지가 있는 것이 아니라 서구가 거쳐 갔던 경로 하나만이 활용가능하다는 뜻이다. 셋째, 근대화는 되돌릴 수 없는irreversible 과정이다. 근대화 과정은 그것이 한 번 시작되면 절대 퇴보하지 않고 오로지 한 방향으로만 진행한다는 것이다. 넷째, 근대화는 진보적인progressive 과정이다. 이렇게 근대화 과정은 일종의 자체 추동력에 의해 일방향적인 운동을 계속하기 때문에 결과적으로 그것은 언제나 인류의 진보와 번영을 가져다 줄 수밖에 없다는 것이다.

이러한 가정들을 가장 잘 보여주는 연구가 경제사학자인 W. W. Rostow가 제시한 경제성장의 단계들이다. 그는 선진국이든 개발도상 국이든 상관없이 모든 국가들은 같은 경제발전의 길 위에 놓여 있으며 다만 경제발전의 타이밍이 다르기 때문에 각 국들이 위치해 있는 국면 은 다를 수 있다고 주장하였다. 이 상이한 국면들을 그는 단계로 설정 하였고 경제성장에는 총 5단계가 있을 수 있음을 주장하였다(Rostow, 1960). 이 5단계는 경제성장의 전 단계이자 낮은 생산력을 특징으로 하 는 전통사회Traditional Society를 출발점으로 하여, 도약을 위한 예비적 단계Preconditions for Take-Off, 도약Take-Off, 성숙A Drive to Maturity 그리고 대량소비단계The Age of High Mass Consumption로 구성되며 각 단계의 구 체적인 묘사와 지표상의 특징들은 모두 영국이나 미국 등 선진국의 경 험이 기반하고 있다. 그는 이러한 선진국의 경험이 개발도상국에 그대 로 적용될 수 있음을 낙관하였고 따라서 이 두 국가군들이 결국 같은 경로 상에 있음을 확신하였다. 이러한 관점에서 볼 때 개발도상국의 빈곤은 결국 시간이 지나가면 자동적으로 해결될 수 있는 문제였고 그 구체적인 예가 바로 선진국이었다.

그러나 이러한 낙관적 견해와는 반대로 급진적 관점에서 근대화를 분석한 종속이론가들은 선진국의 경제발전이 반드시 개발도상국들의 경제발전을 이끌어 낸 것은 아니라고 주장한다. 그들은 오히려 선진국 의 경제발전이 때때로 가난한 국가들의 경제에 심각한 문제를 야기한 다고 주장하였다. 이를 증명하기 위해 초기 종속이론가들에 의해 제시 된 중심 개념 중 하나가 교역 조건terms of trade이다. 교역 조건은 단순히 말하자면 수출되는 상품의 가치와 수입되는 상품의 가치의 차이를 말 하는데 이들에 의하면 저발전 국가들에 있어서 교역 조건은 항상 마이 너스가 되는데 그 이유는 저개발 국가들은 부가가치가 높은 상품을 수출할 수 없고 대신 원자재 등 가격이 낮은 상품을 주로 수출할 수밖에 없기 때문이다. 따라서 국제 체제에는 저개발 국가들의 경제는 더욱더 선진국의 경제에 의존할 수밖에 없는 구조적 조건이 있다는 것이 이들의 주장이다.

종속이론가들 중에는 Raul Prebisch와 같은 자유주의적 개혁주의자들도 있고, Andre Gunter Frank와 같은 급진적인 마르크스주의자도 있으며, Immanuel Wallerstein과 같이 국제 체제의 전체 구조를 중요시하는 학자들도 있는 등 매우 다양하지만 이들은 공통적으로 다음과 같은 몇 가지 주요 주장에 동의한다. 첫째, 저발전under-development은 미발전undevelopment과는 다르다. 후자는 발전을 위한 자원을 갖추었지만 단지 그들을 아직 이용하지 않은 상태인 반면, 전자는 자원이 적극적으로 활용됨에도 불구하고 그것이 결과적으로 가난한 나라들이 아닌 선진국을 위해 쓰이고 그 결과로서 가난한 나라들에게 나타난 현상인 것이다. 둘째, 저발전 국가들의 경제발전은 국내적인 요인보다는 외적인 요인 즉 선진국 경제에 더 좌우된다. 셋째, 경제적 종속은 결국 더 큰 정치적 종속을 야기한다. 넷째, 종속 하에서 저발전 국가의 경제발전은 사실상 불가능하다. 다섯째, 종속은 일종의 구조적 조건이기 때문에 선진국 경제와의 연결의 사슬을 끊기 전까지는 저발전 국가들의 경제발전은 불가능하며 한번 주변부에 있으면 그 나라는 영원히 주변부에서 탈피할 수 없다(근대화이론과 종속이론을 잘 대비하여 설명한 연구로는 So, 1990이 있다).

이상에서 살펴본 바와 같이 근대화론과 종속이론은 개발도상국의 저발전에 대해 상이한 진단과 해결책을 제시하고 있다. 만약 우리가 개발도상국의 빈곤 문제를 이러한 두 시각에 적용한다면 위와 유사하게 상이한 관점에 기초해서 진단과 처방을 만들 수 있을 것이다. 먼저 근대화론의 경우 저발전 국가들의 빈곤은 근대화과정에서 거쳐 가야할 하나의 단계에 불과한 것으로서 빈곤 경감이나 빈곤 타파는 경제발전의 도약을 통해서 충분히 가능한 문제들이다. 반면 종속이론에 있어서 저개발국가의 빈곤은 선진국의 경제발전과 근대화가 만들어 낸 부산물로서 이들의 빈곤 경감이나 빈곤 타파는 결국 선진국과의 경제적 연결고리를 끊지 않고서는 불가능한 것이다. 이들 각각의 이러한 관점은 1960년대와 70년대에 걸쳐 실제로 제3세계의 빈곤 문제 해결을 위한 프로그램의 디자인 및 실행에 영향을 미쳤다. 많은 선진국 정부 및 민간단체, 그리고 World Bank와 같은 국제기구들이 근대화론에 기초하여 아프리카와 아시아, 그리고 라틴아메리카의 빈곤 문제를 해결하기 위해 수많은 원조 및 개발 프로젝트들을 실행하였다. 반면 공산진영 및 마르크스주의자들은 제3세계 국가들이 선진국에의 종속에서 벗어날 수 있도록 적극적인 정치적, 경제적, 군사적 지원을 실행하였다.

그러나 1980년대 중반이 이르게 되면 세계 경제에서는 이 두 시각 혹은 이론의 설명력에 강력히 도전하는 사례들이 나타나게 되는데 그것이 바로 동아시아 신흥공업국들East Asian Newly Industrialized Countries 즉 한국, 대만, 싱가포르, 홍콩의 등장이다. 이들은 가난에서 벗어나 짧은 시간 동안에 고도의 압축 성장을 경험하였고 그 결과 개발도상국 중에서 가장 성공적인 경제발전의 사례를 제시하였다. 그런데 이들이 걸어온 길은 결코 근대화론자들이 주장한 선진국의 길이 아니었다. 즉 이들의 경제발전은 선진국의 경제발전과 매우 다른 패턴과 방법을 보여주었는데 이는 근대로의 단 하나의 길을 제시했던 근대화론자들의 주장을 정면으로 반박하는 증거가 되었다. 또한 종속이론이나 세계체제론 역시 이들의 등장과 부상을 설명하지 못하였다. 이들은 종속이론가들의 주장과는 달리 주변부에서 성공적으로 탈피했으며 극단적인 빈곤과 저발전의 상태에서 불과 30여년 만에 고도성장을 통해 놀라운 수준의 경제 발전을 이룩하였다. 따라서 이제 비교정치학 내의 정치경제의 영역에서 이들의 부상을 설명하는 연구들이 활성화되기 시작했다.

지금까지 이들 동아시아 네 마리 용들의 약진을 설명하는 기존 연구들은 크게 세 가지로 분류되는데 이들은 각각 역사 및 구조, 제도의 선택, 그리고 문화라는 키워드를 가지고 있다. 먼저 첫 번째로 역사-구조적 설명은 이들 국가들 중 특히 한국과 대만 그리고 그 전에 일본의 경제발전은 철저히 냉전이라는 국제 체제의 대립적 속성에 의해 가능하게 된 것임을 핵심 주장으로 한다. 이 설명에 의하면 2차 대전 이후 동북아의 국제 질서는 미소간의 냉전 대립이 지역 내에서 전개되는 과정에 의해 형성되었고 이 과정에서 일본, 한국, 그리고 대만은 미국에게 있어서 결코 포기할 수 없는 전략적 요충지였기 때문에 이들 국가들의 경제발전과 근대화를 지원하지 않을 수 없었다는 것이다. 일본의 전후 고도성장은 한국 전쟁 및 미일안보동맹 그리고 미국과의 무역과 결코 무관할 수 없으며, 마찬가지로 한국과 대만의 기적적인 경제성장 역시 미국의 안보 우산security umbrella, 원조 및 관대한 무역 정책trade tolerance, 그리고 경제 발전 전략의 수립과 실행에 있어서의 적극 개입 및 지원 등에 의해 결정적으로 가능하게 된 것이다. 이들은 이를 초청에 의한 발전promotion by invitation이라고 부른다. 즉 미국의 전략적 필요에 의해 특별히 초대된 나라들이었기 때문에 기적적인 경제성장이 가능하게 되었다는 것이다(역사 구조적 설명의 대표적인 예로서는 Cumings, 1984를 들 수 있다).

두 번째는 제도 중심적 설명이다. 이들에 의하면 한국과 대만의 경제성장은 국가가 적극적으로 시장에 개입하고 경제발전 전략의 수립과 집행을 주도하고, 적절한 제도를 선택한 결과이다. 즉 이들의 경제발전은 구조적으로 주어진 것이 아니라 '선택의 결과'라는 것인데 여기서 선택의 주체는 국가이며 선택의 대상은 제도이다. 이들 나라에서는 서구식의 부르주아 계층이 미처 발달하기도 전에 산업화를 추진하였기 때문에 자본가가 부재한 상태에서 국가가 때로는 기업가 entrepreneur의 역할을 하고, 때로는 은행가의 역할도 하며 또한 계획가의 역할도 할 수 밖에 없었는데, 이 두 나라의 권위주의 정권이 이러한 국가의 역할을 적절히 잘 수행한 것이 경제 기적의 결정적 원인이 된 것이다. 구체적으로 정부가 수출을 보조하고 국내 산업을 보호하며 가격을 왜곡하고 적절한 발전전략을 선택하고 추진하며, 국제 경쟁에서 비교우위가 있는 산업이나 기업을 집중 육성하는 등의 역할을 하였으며 이러한 수많은 선택의 결과가 바로 이들 두 나라의 경제성장인 것이다(제도 중심적 설명 그리고 발전주의 국가에 대한 논의로는 Amsden, 1989; Haggard, 1990 ; Johnson, 1982; Wade, 1990 등이 있다).

세 번째는 문화 중심적 설명이다. 이 설명에 의하면 동아시아의 경제기적은 이들 나라들이 가지고 있는 독특한 공동의 문화적 유산 혹은 공통적인 가치체계에 의한 것인데 그것을 이들은 '아시아적 가치 Asian Values'라고 부른다. 아시아적 가치는 마치 서구가 서구의 발전에 있어서 기독교 특히 개신교적 윤리가 정신적 바탕이 되었듯이 아시아의 경제발전에 있어서 일종의 정신적 토대가 되는 가치체계이다. 즉 서구는 서구의 문화적 특성으로 인해 발전되었고 아시아는 아시아 나름의 문화적 특성에 의해 발전되었다는 것이 이들의 주장이다. 아시아적 가치의 구체적인 내용을 보면, 아시아에는 시민적이고 정치적인 권리보다는 사회경제적인 권리를 우선시하는 문화적 전통이 있으며, 또한 개인보다는 집단/전체를 우선시하고, 공동의 이익을 위해 개인을 희생할 줄 알며, 집단의 조화와 팀워크를 중요시하며, 검소하고 근면하며 열심히 일하며, 교육을 강조하며, 위계적인 사회질서에 익숙한 문화가 있다는 것이다. 이러한 문화에 근거하여 발전된 형태의 자본주의를 이들은 유교자본주의Confucian capitalism이라고 부른다(아시아적 가치에 대해서는 Mahbubani, 2000을 볼 것).

하루빨리 빈곤에서 벗어나야 하는 제3세계 빈곤 국가들에 있어서 이 설명들은 자신들의 모델 국가들의 성공의 비밀을 배운다는 의미에서 매우 중요한 의미를 지닌다. 물론 첫 번째인 역사-구조적 설명과 세 번째인 문화적 설명의 경우 역사나 구조 혹은 문화와 같은 요인은 선택에 의한 것이라기보다는 일종의 주어진 것이기 때문에 다른 나라에 적용하기가 힘들고 따라서 일반화 가능성이 제약된다. 그러나 두 번째인 제도적 설명의 경우 많은 제3세계 개발도상국들이 모방하여 성공할 수 있는 가능성을 제시한다는 점에서 많은 정책 함의를 가진다. 다만 제도의 선택 역시 그것을 뒷받침하는 여러 가지 국내외적 조건이 있다는 점을 염두에 둔다면 단순히 같은 정책도구들을 실행시키는 것 자체가 빈곤 문제 해결을 보장해 주지는 않는다. 또한 결론에서 논의될 것이지만 오늘날의 제3세계 국가들은 한국이나 대만과는 달리 세계화가 어느 정도 진전된 상태에서 근대화 과제를 수행하고 있기 때문에 이에 더욱 적합한 모델은 이들 나라들이 아닌 중국일지도 모른다(한국형 발전 모델에 대한 최근의 연구로는 백종국, 2011이 있다).

5. 결론 및 제언

지금까지 미국과 한국의 정치학에서 특히 비교정치학과 국제관계학의 영역에서 빈곤 혹은 빈곤 경감이 어떻게 연구되어 왔으며 그 특징이 무엇인지를 간략히 살펴보았다. 정치학에서의 빈곤 연구는 상대적으로 그 수가 매우 적은데 그 이유는 빈곤 개념을 어떻게 정의하느냐의 문제 즉 개념 확장의 문제와 연관되어 있다. 즉 빈곤 개념 자체가 포괄적이기 때문에 다른 이슈들이나 쟁점들과 관련되어 연구가 많이 진행되어온 반면 빈곤 자체를 연구하는 독자적인 이론이나 분석 틀 혹은 접근법이 정치학 내에서는 아직 구축되지 않았다. 이 점을 염두에 두고 이 논문에서는 빈곤을 크게 거시적 빈곤과 미시적 빈곤으로 나누고 비교정치학과 국제관계학에서 거시적 빈곤 문제를 어떻게 다루어왔는지를 기본적인 접근법이나 특정한 이론적 쟁점들을 중심으로 간략히 소개하였다.

정치학자들은 빈곤을 기본적으로 정치적 현상으로 인식하기 때문에 정치학의 연구대상이 될 수밖에 없다고 믿는다. 최근 냉전의 해체와 더불어 시작된 여러 지역의 종족 갈등, 군벌들 간의 싸움, 해적 및 난민, 이에 대한 국제사회의 인도주의적 개입 등으로 이어지는 국제사회의 변화와 이로 인해 야기되는 빈곤 및 기타 문제들은 더욱더 정치적 분석과 대안을 필요로 하는 것처럼 보인다. 앞에서도 간략히 언급되었지만 최근 제3세계에서 발견되는 빈곤 문제는 과거 60년대와 70년대에 방글라데시에서 대규모 기아사태가 발생하는 것과 같은 패턴을 보이지는 않는다. 과거에는 제3세계 국가들의 만성적인 저소득, 인구 공포, 식량 공급 위기 등의 문제들이 복합적으로 나타나서 저개발 국가들의 빈곤 문제를 야기했다면 오늘날의 제3세계 국가들은 자원이나 식량 자체의 부족보다는 대부분 그들을 어떻게 효과적으로 활용할 것인가 혹은 그들을 효과적으로 배분하고 활용할 수 있는 좋은 거버넌스 체제를 가지고 있느냐의 문제에 직면하고 있다. 물론 오늘날의 경우도 아직까지 식량 및 자원 부족과 절대 빈곤에 시달리고 있는 국가들이 많이 있지만 이에 대한 국제사회의 지원과 관심 또한 과거에 비해 상당히 증가하였다. 오히려 오늘날의 빈곤은 상당 부분 정치적인 문제인 것으로 보인다. 아프리카의 대부분의 나라들에서 빈곤은 정치적 혼란이나 효율적인 거버넌스의 부재로 인해 야기되거나 더욱 증폭되고 있다. 국제사회의 지원이 실제 빈곤과 기아에 시달리고 있는 사람들에게 전달되기보다는 총과 미사일을 든 군벌들에게 돌아가는 경우가 많으며 상대적으로 안정된 나라들조차도 종족 간의 갈등, 정치적 권위주의가 남긴 흔적들, 그리고 자원을 둘러싼 정치세력 간의 갈등 등으로 인해 기본적으로 정치적 불안정을 겪고 있다. 라틴아메리카와 동아시아의 빈곤국들도 기본적으로 비슷한 정치적 상황에 놓여 있다. 아직도 상당수가 정치적 권위주의 하에서 효율적인 자원의 배분과 이용이 이루어지고 있지 않으며 민주화가 된 경우라 하더라도 민주주의가 아직 안정적으로 착근되지 않아 효율적인 경제정책을 수립하고 실행할 여건이 못 되는 경우가 많다.

즉 오늘날의 빈곤 문제는 자원의 부족보다는 자원의 효율적 이용을 위한 기본적인 정치적 토대가 부족하다는 데에 있다. 여기에 동아시아 국가들 특히 한국이 제시할 수 있는 모델은 시민사회에 비해 상대적으로 자율적이며 능력이 있으며 동시에 시민사회를 압도할 수 있을 정도로 권위주의적이며 마지막으로 지방의 자율성이 극도로 제한된 중앙집권적인 국가 권력이 주도하는 일종의 하향식top-down 거버넌스 체제라고 할 수 있다. 그러나 이 모델이 제시하는 조건들을 다 충족시키기는 사실 매우 어렵고 오히려 그것들을 다 충족시킨 것이 예외적인 사례일 수도 있기 때문에 오늘날의 빈곤 국가들이 쉽게 받아들여 따라 하기가 어렵다고 할 수 있다. 또한 앞 장에서 간단히 언급하였듯이 오늘날 세계화와 정보화로 인해 전 세계가 점차 정치적으로나 경제적으로 연결되어 가고 있는 시점에서 이 모델은 빈곤국의 근대화와 빈곤 극복을 위한 거버넌스의 유형으로는 적합하지 않을지도 모른다.

오히려 오늘날 빈곤 국가들에게 필요한 것은 보다 상향식bottom up이며 지방분권화된 형태의 거버넌스 체제가 더 바람직할지도 모른다. 물론 단기적으로는 권위주의적이며 강한 국가 주도의 경제발전이 효과를 낼 수 있을지도 모르지만 그러한 성장은 한국이나 많은 국가들에서 나타나듯이 수많은 부작용과 비효율 또한 만들어 내었고 이를 치유하는 비용을 추가로 지불하도록 하였다. 따라서 한국이 제시할 수 있는 모델은 이제 과거의 한국식의 성장보다는 지금 현재 변화하고 있는 한국사회 즉 세계화와 정보화로 인해 시민사회가 보다 활성화되며 중요한 정책결정의 과정들이 하향식보다는 상향식에 가까우며 지방정부에 조금씩 권력자원이 이동하고 있는 양상을 반영하는 모델이어야 할 것이다. 이 모델은 아직 한국에서조차 확실히 정착되지 않았고 또 현실적으로 제3세계 국가들에 적용할 경우 지속적이고 세심한 관리가 뒷받침되지 않는다면 성공하기 어려울 것이다. 그러나 지방에서의 자율적인 주도로 인해 효율적으로 자원을 관리하고 분배의 규칙을 정하고 이를 효과적으로 운영해 나가는 사례는 전 세계에 얼마든지 있다(엘리너 오스트롬, 2010). 오히려 제도가 만들어지고 운영되는 단위가 작을수록 성공적인 실행가능성을 높이며 이것이 다른 지역 단위로 확산될 수도 있다. 이러한 의미에서 한국이 줄 수 있는 경험은 이제 한국의 발전 경험이 아닌 한국의 특정한 지방행정단위의 성공적인 자치local self governance 및 발전의 경험이 되어야 할 것이다.

참고 문헌

Amsden, Alice H., *Asia's Next Giant: South Korea and Late Industrialization*, Oxford University Press, 1989

Collier, David, and James E. Mahon Jr., "Conceptual 'Stretching' Revisited: Adapting Categories in Comparative Analysis," American Political Science Review, Vol. 87, No. 4, pp. 845-55(1993)

Conca, Ken, and Geoffrey D. Dabelko eds., *Green Planet Blues*, Fourth Edition, Westview Press, 2010

Cumings, Bruce, "*The origins and development of the Northeast Asian political economy: industrial sectors, product cycles, and political consequences,*" International Organization, Vol. 38, No. 1(Winter 1984)

Donaldson, John., "*Towards a Research Program on the Political Economy of Poverty,*" Working Paper, 2008

Dunne, Tim, Milja Kurki, and Steve Smith, *International Relations Theories: Discipline and Diversity*, Second Edition, Oxford University Press, 2010

Haggard, Stephan, Pathways from the Periphery: *The Politics of Growth in the Newly Industrializing Countries*, Cornell University Press, 1990

Held, David, and Anthony McGrew, *Governing Globalization: Power, Authority, and Global Governance*, Polity Press, 2002

Jackson, Robert, and Georg Sorensen, *Introduction to International Relations: Theories and Approaches*, Oxford University Press, 2003

Johnson, Chalmers, *MITI and the Japanese Miracle: The Growth of Industrial Policy: 1925-1975*, Stanford University Press, 1982

Kanbur, Ravi, and Lyn Squire, *The Evolution of Thinking about Poverty: Exploring the Interactions*, World Bank, 1999

Mahbubani, Kishore, *Can Asians Think?*, Times Books International, 2000

Rosenau, James M., and Mary Durfee, "*Playing Catch-Up: IR Theory and Poverty*," Millennium: Journal of International Studies, Vol. 25, No. 3(1996)

Rostow, W. W., *The Stages of Economic Growth: A Non-Communist Manifesto*, Cambridge University Press, 1960

Sartori, Giovanni, "*Concept Misformation in Comparative Politics*," American Political Science Review, Vol. 64, pp. 1033-53(1970)

So, Alvin Y., *Social Change and Development: Modernization, Dependency, and World System Theories*, Sage Publications, 1990

Wade, Robert, *Governing the Market: Economic Theory and the Role of Government in East Asian Industrialization*, Princeton University Press, 1990

Young, Oran R., *The Effectiveness of International Environmental Regimes: Causal Connections and Behavioral Mechanisms*, The MIT Press, 1999

고대원, 〈개발협력 글로벌 거버넌스global governance의 주요 과제: 책임성 및 통일성 강화를 중심으로〉, 《지역발전연구》제 19권, 제 2호, 2010

백종국, "'한국발전모델' 논의에 대한 비판적 고찰: 한국정치학계에서 나타난 연구들을 중심으로" 《한국정치학회보》제 45집(1호), 2011

서울대학교 정치학과 교수 공저, 『정치학의 이해』, 박영사, 2006

엘리너 오스트롬 (윤홍근, 안도경 옮김), 《공유의 비극을 넘어》, 랜덤하우스, 2010

이신화, "21세기 글로벌이슈와 국제정치학,"《국제정치논총》제 46집
특별호, pp. 197-226, 2007
이인성,《21세기 세계화 체제의 이해》, 아카넷, 2009

4장

국제개발 이론의 발전 과정과 현 위치

이태정

1. 여는 말

빈곤은 일반적으로 무엇인가 결핍 상태를 일컫는 말이다. 세상에는 정신적, 철학적, 감성적 빈곤으로부터 정치적 자유, 정의, 그리고 물질적 빈곤에 이르기까지 참으로 다양한 빈곤이 존재한다. 이 다양한 종류의 빈곤은 당연히 서로 복잡하게 얽혀 있어 어떤 한 종류의 빈곤만을 따로 떼어 놓고 생각할 경우 빈곤에 대한 종합적이고 균형 잡힌 이해가 불가능할지도 모른다(A. K. Sen, 1999은 빈곤을 자유가 박탈당한 상태로, 그리고 발전을 자유를 확산하고 회복하는 과정으로 인식하였다. 따라서 Sen의 입장에서 발전이란 단순히 물질적 풍요만을 증가시키는 과정이 아니라 물질적 자유와 함께 사회적 정의, 정치적 자유, 종교적 자유 등이 함께 성장하는 과정으로 정의된다). 그러나 전통적으로 경제학이라는 학문분야에서는 물질적 빈곤에 관심을 집중하고 다른 유형의 빈곤 문제도 물질적 빈곤의 연장선상에서 이해를 시도하는 경향이 있다.

경제학에서 다루는 물질적 빈곤에는 두 가지 유형이 있다. 절대 빈곤과 상대 빈곤이 그것이다. 절대적 빈곤은 삶을 유지하는 데 가장 기초적이고 필수적인 의식주에 대한 기본적 욕구를 해결할 수 없을 만큼 소득수준이 낮은 상태라고 정의할 수 있다. 상대 빈곤은 소득수준이 그 사회의 중위수median에 비해 일정비율(40%, 50% 또는 60%) 이하로 낮은 상태라고 정의할 수 있다. 절대 빈곤이 생계 내지 생존의 문제라면 상대 빈곤은 상대적 박탈감 내지 불평등의 문제이다. 절대 빈곤을 해결하기 위해서는 소득을 생계유지에 필요한 수준 이상으로 끌어 올려야 하는 반면, 상대 빈곤은 계층간 소득격차를 줄임으로써 완화시킬 수 있다.

다수의 구성원들이 절대 빈곤에 고통받는 개발도상국의 경우, 경제발전과 국민소득의 성장이 지속적으로 이루어져야 절대 빈곤의 문제가 완화 내지 해결될 수 있다. 근대 경제학이 독립된 학문으로 정립된 이래, 경제학에서 가장 지속적으로 다루어 온 주제 중의 하나가 경제발전과 부의 축적을 통한 빈곤으로부터의 탈피였던 것은 우연이 아닐 것이다. 나눌 것이 별로 없는 저소득 국가의 경우 소득의 재분배만으로는 절대 빈곤의 문제에 효과적으로 대처할 수 없다는 것은 자명한 일이다. 장기적으로 절대 빈곤 문제의 근본적인 해결책은 지속적인 경제성장이다. 경제성장이 계속되어 그 사회의 전반적인 소득수준이 증가한다면 절대 빈곤선 이하의 생활을 하는 사람의 숫자도 감소하게 될 것이다. 설사 경제성장과 더불어 소득분배의 집중이 심화된다 하더라도 국민경제 전체의 소득수준이 높아지면 소득재분배 정책 등을 통해 나눌 수 있는 여지가 생기게 된다. 따라서 절대 빈곤 문제의 해결은 어떻게 경제를 활성화시켜 지속 가능한 경제성장을 성공적으로 이끌어 내느냐 하는 데 달려 있다.

이에 반해 상대 빈곤은 소득이 소수에게 집중되어 생기는 문제로서 완전한 공산주의 체제가 아닌 한 선진국이든 후진국이든 모든 경제가 경험하는 문제이다. 1인당 국민소득 수준이 높은 선진국이라도 소득분배의 집중도가 높다면 심각한 상대 빈곤의 문제를 겪을 수 있다. 자본주의 시장경제는 개인의 이익을 추구하는 경제주체들 간의 경쟁을 통해 자원배분의 효율을 달성하는 경제체제이다. 경쟁은 경제의 효율성을 높여 주지만 동시에 승자가 많은 것을 차지함으로써 소득분배가 소수에게 집중되게 만드는 속성이 있다. 따라서 경쟁을 통해 경제의 효율성을 유지하기 위해서는 어느 정도의 상대 빈곤은 감수할 수밖에 없다. 그러나 소득이 소수의 손에 지나치게 집중되어 상대 빈곤의 문제가 도를 넘게 되면 상대 빈곤계층이 누적되어 사회불안의 원인이 된다. 상대 빈곤계층의 소득이 절대 빈곤수준에 가까워져서 상대 빈곤과 절대 빈곤의 문제가 동시에 나타나게 되면 빈곤 문제의 심각성은 극에 달하게 된다(칼 마르크스Karl Marx는 《자본: 정치경제학 비판, Das Kapital: Kritik der politischen Ökonomie》(1867)을 통해 자본주의 시장경제가 가지고 있는 이와 같은 내재적인 모순을 지적하고 부와 소득의 집중이 극에 달하면 자본주의 체제는 경쟁에 낙오한 다수의 저소득층(생산 수단을 소유하지 못한 노동빈민 계층)의 봉기에 의해 붕괴될 것이라고 경고하였다. 그에 대한 반응으로 20세기에 들어서면서 사회주의 체제를 표방하는 국가들이 생겨났다. 다른 한편으로는 마르크스의 경고에 대한 대비책으로 자본주의 시장경제 체제에 사회주의적 요소인 소득재분배와 복지정책이 접목되어 도입되어 오늘날익 혼합경제체제가 자리잡게 되었다. 자본주의는 붕괴한다는 마르크스의 경고로 인해 자본주의의 단점을 보완할 수 있었고, 자본주의가 사회주의보다 오래 살아남아 결국 마르크스의 예언이 틀리게 된 것은 역사의 아이러니가 아닐 수 없다). 따라서 자본주의 시장경제 체제를 유지하기 위해서는 소득분배의 지나친 집중을 막기 위한 적절한 소득재분배 및 복지 정책 및 제도적 정치를 마련하는 것이 시장경제의 존속을 위해 반드시 필요한 조치이다(1997년 이후 한국 사회에 복지정책과 제도가 빠르게 확장되고 있고 이를 둘러싼 첨예한 논쟁이 진행되고 있다. 복지제도의 확대를 반대하는 일부는 마치 자본주의 시장경제에는 복지제도가 불필요한 요소인 것처럼 치부하고, 치열한 경쟁을 통해 효율을 극대화시키는 것이 가장 좋은 정책 노선이라고 주장한다. 그러나 이러한 주장은 자본주의 시장경제 체제가 어떻게 사회주의보다 오래 살아 남게 되었는지를 제대로 이해하지 못한 설익은 주장일 뿐이고 소모적인 이념논쟁을 일으킬 뿐이다. 자본주의 생존을 위해 경쟁의 낙오자를 보호해주는 제도는 반드시 필수적으로 요구된다. 다만, 어려운 문제는 어떤 방식의 그리고 어느 정도의 복지가 적정한지에 대한 합의를 이루어내는 일이다. 복지 논쟁이 생산적이기 위해서는 논의의 초점이 복지정책의 방식과 효과 그리고 적정한 복지의 정도와 관련된 문제들에 대해 집중되어야 할 것이다).

심각한 수준의 상대 빈곤과 절대 빈곤이 겹쳐져 나타난다면 이는 빈곤의 문제 중 가장 혹심한 상태라고 볼 수 있을 것이다. 소득분배의 불균등도가 심각하고 저소득계층의 대부분이 절대 빈곤에 시달리는 경제는 이중의 어려운 문제에 노출되어 있는 셈이다.

230여 년에 걸친 경제학자들의 노력과 헌신에도 불구하고 지금 이 순간에도 수 많은 인류가 생존을 위협하는 절대 빈곤의 고통에 시달리고 있으며, 선진국들을 포함한 세계의 많은 나라들이 경쟁에서 낙오하여 상대 빈곤계층으로 전락한 경제주체들을 어떤 방식으로 어느 정도 보호해야 할 것인지에 대한 합의를 도출하지 못하고 있는 실정이다. 경제학자들은 앞으로도 빈곤의 문제를 완화 내지 해결하기 위하여 지속적으로 노력할 것이지만 빈곤의 문제는 그리 쉽게 해결될 것 같지 않다.

제2절에서는 세계2차 대전 이후부터 현재에 이르기까지 경제학에서 빈곤이라는 문제를 어떻게 이해하고 다루어 왔는지를 개관한다. 특히, 후진국의 절대 빈곤 문제에 대한 경제발전론의 논의와 산업사회의

상대 빈곤 문제에 대한 후생/복지경제학의 논의의 흐름을 살펴본다.

제3절에서는 제2절에서의 논의를 바탕으로 빈곤 문제에 대한 더 깊은 이해를 도모하고 빈곤 문제 해결을 위한 보다 효과적인 방책을 찾기 위해서는 경제학적 연구가 앞으로 어떤 방향으로 나가야 할 지에 대해 생각해본다.

2. 20세기 후반기 빈곤에 대한 경제학적 연구의 현황

빈곤은 인류의 역사를 통해 항상 있어 왔던 가장 오래된 문제 중의 하나이다. 근세에 들어 산업혁명에 성공한 서구유럽과 북미의 선진국들은 빈곤의 늪을 벗어날 수 있었지만 지금 이 순간에도 세계인구의 반 정도가 절대 빈곤 또는 절대 빈곤과 유사한 수준의 삶을 살고 있다는 것이 엄연한 현실이다. 세계 2차대전 이후 선진국들의 각종 원조와 경제개발을 위한 지원에도 불구하고 여전히 많은 개발도상국들이 심각한 수준의 절대 빈곤의 늪에서 헤어나지 못하고 있다. 뿐만 아니라 1인당 소득수준이 4만 달러를 넘어선 선진국들에서조차 소득의 분배가 집중됨에 따라 노숙자의 문제, 생계비 이하의 소득으로 어렵게 살아가는 사람들의 문제가 풀기 어려운 경제 · 사회 문제로 남아 있다.

20세기 들어 빈곤 문제에 대한 경제학적 접근은 개발도상국의 경제발전 문제를 다룬 경제발전론과 산업사회의 빈곤 문제를 다룬 후생-복지경제학의 두 가지 분야로 크게 나누어 볼 수 있다. 본 절에서는 절대 빈곤의 문제를 다룬 경제발전론의 성과는 무엇이고, 어떤 한계가 있었으며 어떤 과제가 남아 있는지에 대해 살펴보는 데 많은 지면을 할애하였다. 반면 산업사회의 상대 빈곤 문제에 대한 논의는 상대 빈곤의 문제를 완화 내지 해소하기 위해 도입된 정책수단과 제도들을 소개하는 정도로만 다루었다. 복지 및 소득재분배 정책은 경제학뿐 아니라 사회복지학, 사회학, 정치학, 행정학 등에서도 활발하게 논의되고 있는 주제로 이미 본 연구원의 빈곤 문제총서 시리즈 제1권에서 어느 정도 검토된 바 있기 때문이다. 여기서는 산업사회의 빈곤 문제 해소에 대한 후생 복지경제학의 발전과정에 대한 고찰 대신 소득재분배와 복지정책에 사용되는 수단들에 대해 간략히 살펴보는 것으로 대신한다.

1) 후진국의 절대 빈곤 해소에 대한 연구: 경제발전론

(1) 거시경제학적 접근

① 구조주의적 접근: 1940 ~ 1960년내의 경세빌진론

세계 2차 대전 직후 생성된 구조주의적 관점의 경제발전론은 경기변동을 완화시키기 위해서는 정부가 적극적으로 시장에 개입해야 한다는 케인지안 경제학의 확산과 궤를 같이 한다. 구조주의적 관점의 경제발전론은 경제발전을 시장원리에 맡기는 것이 가장 효율적이라는 고전학파 경제학의 주장을 배격하고 시장 크기와 시장의 질이 매우 낮은 수준에 머물러 있는 후진국 경제의 발전을 위해서는 정부가 보다 적극적으로 참여하고 개입해야 한다고 주장한다. 구조주의적 경제발전론은 후진국의 경제발전을 시장원리에 맡겨야 한다는 주장에 대해 다음과 같은 문제를 제기한다.

· 국제무역은 후진국의 경제발전에 효과가 없거나 오히려 해가 된다;

· 후진국의 발전을 위해서는 사회간접자본의 공급, 급속한 산업화, 그리고 경제 사회의 근대화를 위해 막대한 자본이 충분히 공급되어야 한다;

· 저소득에 시달리는 후진국에서는 경제발전에 필요한 자본을 자체적으로 조달할 수 없으며, 시장이 제대로 형성되어 있지 않은 상황에서 수익성이 높은 투자 기회를 찾기 어렵다;

· 일반적인 후진성, 경제적 정체성, 그리고 기업활동의 결핍이 후진국에서 관찰되는 보편적인 현상이다.

· 경제성장의 장애를 제거하고 지속 가능한 경제성장을 시작하는 데 필요한 획기적인 변화를 정부가 주도적으로 수행하여야 의미 있는 경제발전의 토대를 마련할 수 있다.

아래에서는 이와 같은 문제의식을 공유하였던 대표적인 경제학자들이 제시하였던 구조주의적 관점의 후진국 경제발전 전략을 개괄한다.

i) Arthur Lewis

Lewis는 경제발전 초기단계에는 전통부문(농업 등 1차 산업)에 유휴노동력이 다수 존재하고 있으므로 산업화 초기에는 임금상승의 압력이 존재하지 않는다고 주장한다(즉, 경제발전 초기에는 노동의 공급이 무한탄력적이다). 전통부문의 유휴노동력이 산업부문으로 옮겨감에 따라 고갈되고 일단 산업화가 궤도에 들어서면 임금 상승압력이 발생하게 된다. 낙후된 전통경제를 개발하는 가장 효과적인 전략은 전통부문의 유휴노동력을 제조업 육성을 통해 흡수하는 산업화라는 것이 그의 주장이다.

그러나 Lewis의 가설은 이후 비판에 직면하게 되는데, 첫째 낙후된 전통경제에서도 전통부문에 유휴노동력이 존재하지 않는다는 것이다. 즉, 노동의 한계생산성이 '0' 인 전통부문은 실제로 찾아보기 어렵다는 것이다. 둘째 만약 그렇다면 전통부문의 노동이 제조업으로 이동하면 농업생산량이 줄게 된다. 따라서 식량부족현상이 심각한 후진국에서는 산업화를 위해서는 농업부문의 생산성 증대가 반드시 필요하다. 이점을 Lewis가 간과하고 있다고 비판한다. 즉, 농업부문의 생산성 향상이 뒷받침되지 않는 한 산업화는 불가능하다는 것이다.

ii) 경제발전단계론

a) Colin Clark

Clark(1957)은 인도와 중국에서 수집한 방대한 통계 데이터를 바탕으로 경제발전의 단계를 정형화하였다. 그는 특히 최종재에 대한 소득 및 가격 탄력성, 중간재의 중요성, 그리고 노동생산성의 동태적 과정에 주목하여 관찰된 사실들을 도식화하였다. 공동체가 경제적으로 발전해감에 따라 농업부문에 종사하는 인구가 제조업에 종사하는 인구에 비해 상대적으로 줄어들고, 경제가 더욱 발전하게 되면 제조업에 종사하는 인구가 다시 서비스업에 종사하는 인구에 비해 상대적으로 줄어든다는 것이다.

이와 같은 그의 논의는 나중에 심각한 비판에 직면하게 된다. 우선 왜 그런 발전단계를 거치게 되는지에 대한 논리적 근거가 없다는 것이 첫 번째 비판이고, 그가 제시한 경제발전단계에 대한 패턴은 다른 개발도상국의 거시 및 미시 데이터를 통해 재발견하기 어렵다는 것이 또 다른 비판이다.

또한 Clark(1964)은 국제비교를 통해 농업부문의 노동생산성을 증대시킬 수 있는 잠재력이 매우 높다는 것을 지적하고 인구증가는 빈곤을 불러온다는 맬더스류의 비관론은 허구일 뿐이라고 주장하였다. 그는 특히 인도의 인구성장이 인도의 경제발전에 도움을 주는 긍정적인 요인이라고 주장한다. 그러나 현실을 보면 후진국의 경우 농업생산 총량이 증가할지라도 인구의 가파른 증가로 인해 인구 1인당 농업생산량이 증가하는 예는 매우 드물게 찾아볼 수 있을 뿐이다. 실제로 저개발국의 인구가 증가하면 경제발전이 촉진되기보다는 생활수준이 생존수준에서 벗어나지 못하게 되는 예가 더 자주 관찰된다.

b) Walt Whitman Rostow

Rostow(1960)는 선진국들이 산업국가로 발전한 역사적 경험으로부터 경제발전단계를 유추해내고, 자신이 규정한 경제발전단계는 보편적인 것으로서 모든 개발도상국들이 같은 단계를 거쳐 발전하게 될 것이라는 역사적 결정론을 주장하였다. 그는 경제발전을 전통사회 Traditional Societies 단계, 도약을 위한 준비Preconditions to Take-off 단계, 도약Take-off 단계, 성숙한 사회로의 진입Drive to Maturity 단계, 고도의 대량소비High Mass Consumption 단계의 다섯 단계로 규정하였다.

전통사회는 근대적 과학지식에 대해 무지하고 농업이 주산업이며 수직적 지배구조를 갖고 있다. 전통사회에는 경제성장의 동력이 존재하지 않으며 기술의 낙후되어 있어 1인당 생산량(노동의 평균생산성)이 매우 낮다. 도약을 위한 준비단계는 전통사회와 도약단계의 과도기적 단계로서 교육이 확대되고 자본이 축적되기 시작되며 금융과 통화제도가 구축되고 기업가 계층이 형성되기 시작한다. 제조업 중 몇몇 업종이 발전하기 시작한다. 이 단계는 10~50년 정도 지속될 수 있다. 도약단계에서는 성장을 견인하는 선도산업이 보편화되고 사회가 전통보다는 경제논리에 따라 움직인다. 이 단계가 되면 경제성장이 규범으로 확립된다. Rostow는 이 단계가 전통사회에서 근대사회로 옮아가는 이행기이며 선진국들이 경험한 산업혁명기가 이 단계에 해당한다고 보았다. 도약단계에서 성숙단계에 도달하는 데는 50년~100년이 걸린다고 예견하였다. 성숙한 사회로의 진입단계는 상당히 오래 지속되는 데 이 단계에서는 경제성장이 지속적으로 이루어지고 근대적 기술이 모든 경제활동에 확산된다. 투자율은 10~20%대를 유지하며 생산량 증가가 인구증가를 앞지른다. 기술진보에 따라 산업구조가 지속적으로 변한다. 국제시장에서도 확고한 위치를 점하게 된다. 과거의 수입품은 국내 생산으로 대체되고 새로운 상품의 수입과 이에 대응하는 새로운 상품의 수출이 이루어진다. 다양성과 생활수준이 향상되고 빈곤은 크게 감소한다. 고도의 대량소비단계에 들어서면 사람들은 물질적 양적 목표보다 삶의 질적인 측면에 더 집중하게 된다. 국가경제가 이 단계에 도달하면 국가는 군사안보, 평등과 후생, 상류층을 위한 사치재의 개발 중에서 목표를 선택할 수 있다. 이 단계는 Daniel Bell(1974)이 기술한 후기산업사회와 매우 밀접한 연관을 갖고 있다. 값싼 노동력을 찾아 산업이 후진국으로 이전함에 따라 탈산업화가 이루어지고 탈산업화가 이루어져감에 따라 3차 산업이 중심산업으로 자리매김하게 된다. 이 단계에서는 전체 고용의 65~75%가 3차 산업에서 이루어질 것이라고 예견한다. 그러나 탈산업화가 고도로 진행되닌 3차 산업에 대한 수요가 급격히 감소하여 3차 산업 역시 위축되는 순환적 변동의 위기를 맞게 된다.

Rostow의 경제발전 단계설에 대한 비판은 크게 두 가지인데 첫째 서구와 북미 선진국들의 역사적인 경험을 얼마나 일반화할 수 있는가 하는 것이다. 서구와 북미 국가들의 역사가 특수한 것이라면 여기서 추론한 단계설은 지구촌의 다른 지역에서는 타당성을 상실할 수 있다. 둘째 Rostow의 경제발전 단계설은 역사발전이 선형구조를 갖고 있다고 전제한다. 즉, 역사는 발전하는 방향으로만 변화할 뿐 후퇴란 있을 수 없다는 것이다. 그러나 우리는 주변에서 경제발전이 전진과 후퇴를 반복하는 비선형적 양상을 보이는 경우를 흔하게 발견할 수 있다.

iii) 균형발전 vs. 불균형발전

a) Paul N. Rosenstein-Rodan의 균형발전론

경제의 동태적 과정은 연속적이라고 믿었던 A. Marshall과는 달리

Rosenstein-Rodan(1943)은 경제의 동태적 과정에서 비연속적인 도약이 가능하다고 주장하였는데, 그 이유는 생산활동이 불연속적이어서 투자가 효과를 보려면 투자의 크기가 일정 수준을 넘어서야 하기 때문에 많은 자금이 요구되며, 일단 큰 규모의 투자가 이루어지면 외부효과가 작동하여 그 효과가 배가되기 때문이라고 하였다. 따라서 불연속성의 장벽을 넘고 외부효과를 잘 활용하면 후진국경제를 비교적 짧은 기간 안에 도약시켜 지속적 성장 궤도에 올려놓을 수 있다고 생각하였다.

Rosenstein-Rodan은 후진국의 경제개발전략을 구상할 때 생산 활동과 소비활동에 있어 산업 간에 보완관계가 존재한다는 사실을 고려해야 한다고 주장하였다. 보완관계가 존재하기 때문에 특정산업만을 집중적으로 육성시키는 방법으로는 후진국경제를 효과적으로 성장궤도에 올려놓을 수 없다는 것이다. 산업 간 보완성을 활용하기 위해 전 산업에 동시에 투자가 이루어져야 한다는 것이 균형발전론을 주장하는 근거이다. 그러나 비분할성indivisibility 때문에 투자가 효과를 보려면 개별산업마다 투자의 규모가 일정 수준을 넘어서야 하기 때문에 모든 산업에 동시에 적정수준의 투자를 실행하는 균형발전을 추진하기 위해서는 막대한 규모의 투자가 일시에 이루어져야 하는데('Big Push' 가설) 가난한 후진국들은 이러한 막대한 규모의 자금을 자체 조달할 능력이 없다. 선진국들의 원조와 지원의 필요성을 여기서 찾을 수 있다.

비연속성과 외부효과로 인한 시장의 실패, 그리고 개별 기업들의 능력을 훨씬 넘어서는 막대한 자금동원의 필요성 등은 후진국 경제개발에 정부의 개입을 정당화할 뿐 아니라 필연적으로 요구한다. Rosenstein-Rodan은 정부가 국내·외에서 투자자금 조달에 도움을 주고, 프로그래밍 기법을 이용한 분석을 통해 산업 전반에 걸친 적정 투자 계획을 수립하며, 이에 근거하여 산업 간 자원배분이 이루어지도록 유도해야 한다고 보았다. 즉, 정부가 주도하는 경제개발계획을 통해 시장실패를 보완할 필요가 있다는 것이다. 그러나 그는 경제개발계획은 시장을 보완하는 데서 그쳐야지 시장을 대체하려 해서는 안 된다는 점을 강조한다. 그가 제안한 프로그래밍 기법을 통해 산업별 적정 투자규모를 도출하는 분석방법은 오늘날 CGE(Computable General Equilibrium)모형으로 발전하였다.

b) Albert Hirschman의 불균형 발전론

균형발전 전략에 따르면 후진국이 산업화를 성공적으로 수행하려면 면밀하게 전 산업에 걸쳐 계획된 투자를 동시에 대규모로 시행하여야 한다. 그러나 이러한 Big Push 산업화를 위해서는 막대한 자금이 필요하다. 이와 같은 문제를 우회 또는 극복하는 방안으로 Hirschman은 산업 간 전·후방 연관효과를 이용한 불균형 발전론을 주장하였다. 즉, 산업연관표 상에서 전후방연관효과가 큰 산업을 포착하여 그 산업을 선도 산업으로 삼고 제한된 재원을 우선적으로 그 산업에 투입함으로써 모든 산업에 동시에 투자할 때 요구되는 투자규모를 획기적으로 줄일 수 있는 가능성을 제시하였다.

그러나 Hirschman(1984)은 자신의 불균형 발전론이 발표된 이후 그의 이론이 경제발전 전략으로 사용되는 과정에서 오용 내지 남용되는 사례가 많다는 점을 지적한다. 불균형 발전전략은 장기적으로 균형이 자생적으로 회복될 수 있는 범위 내에서 유용한 것이지 불균형이 영속화되거나 균형의 회복이 제한적으로 이루어지는 경우에는 매우 선별적으로 사용되어야 한다는 것을 강조한다. 그가 의미한 불균형은 모든 산업에 동시에 투자하는 대신 연관효과에 따라 투자우선순위를 정하고 이 우선순위에 따라 투자를 진행함으로써 발생하는 과도적 성격의 불균형이며, 이 불균형이 용납될 수 있는 이유는 장기적으로 산업 간

균형이 회복될 수 있기 때문이다. 예를 들어 그는 균형의 회복이 불가능하거나 어려운 지역 간 불균형 발전전략을 사용하는 것에는 동의하지 않는다는 점을 분명히 하고 있다.

iv) Gunnar Myrdal

Myrdal(1968)은 후진국일수록 소득재분배를 통한 빈곤층의 소비수준 증대가 경제성장에 크게 기여한다고 주장한다. 절대 빈곤에 처한 경제주체들의 소비수준이 생리적으로 요구되는 최소수준에 못 미쳐 정상적인 생산 활동을 하기 어렵게 되기 때문에 절대 빈곤이 만연한 후진국의 경우 저소득층의 소비수준을 높여 주는 것이 생산성 증대에 가장 효과적이라고 생각하였다. 선진국에서는 분배정책과 성장정책이 별개의 정책으로 인식되고 심지어 상충관계에 있는 것으로 인식되지만 후진국의 경우에는 분배정책과 성장정책이 상호보완적이며 일관된 한 가지 정책이라는 것이다.

그러나 후진국의 경우 단순한 소득재분배 정책을 통해 빈곤계층의 소비수준을 높여 주는 일은 거의 불가능하다. 왜냐하면 첫째, 대다수의 국민들이 빈곤상태에 있는 반면 극히 소수만 충분한 소득을 갖고 있어 나눔 자체에 한계가 있고 둘째, 나눌 것이 있다 하더라도 탈세가 만연해 있어 부유한 계층으로부터 세금을 거두는 일이 쉽지 않기 때문이다. 후진국의 빈곤계층의 소비수준을 높이기 위해서는 단순한 소득재분배정책보다는 급진적인 제도적 개혁이 필요하다고 주장한다. 즉, 경제발전을 가로막는 제도와 문화, 그리고 정치적 질곡을 제거해야 한다는 것이다. 특히 영국으로부터 해방된 신생독립국 인도에 대한 면밀한 분석을 통해 문화, 종교, 제도 및 정치 구조 어떻게 경제발전을 가로막는 장애물이 되고 있는지를 보여주었다(Myrdal, Gunnar, *Asian Drama: An Inquiry into the Poverty of Nations*, 3 vols., Pantheon, 1968). 영국은 식민지 통치를 효과적으로 하기 위하여 소수의 지배층의 권력과 경제력을 더욱 강화시켰는데, 그 결과 독립 이후 인도는 경제 정치적 불평등이 더욱 깊어져 있었다. 힘을 가진 소수의 상류층의 이해관계가 개혁과 근대화의 방향을 왜곡시키게 되었다. 그러나 단순한 입법과 형식적인 민주주의만으로 필요한 개혁이 이루어지는 것은 아니라는 점을 지적한다. 헌법상에는 caste제도가 폐지되었으나 실제로는 caste제도가 여전히 강력하게 유지되고 있으며, 중하위, 중앙 공무원들과 지방공무원들의 부패가 만연해 있고, 소수의 재력가들에 의존해야 하는 정당들과 국회는 기득권 세력의 이익을 보호하는 역할을 하고 있다. 그리고 개혁의 비용을 떠안거나 개혁으로 인해 기득권을 잃게 될 것을 잘 이해하는 소수의 상류층은 개혁이 자신들을 위한 것이라는 것을 제대로 이해하지 못하는 다수의 중·하층민을 분열시키고 개혁에 반대하게 만드는 전략을 구사하여 인도의 발전을 가로막고 있다고 지적한다.

또한 Myrdal은 피임수단을 제공하고 가족계획을 확산시키는 정책이 후진국에서 매우 중요하다는 것을 강조하였다. 세계 2차 대전 이후 보건과 위생 서비스의 확대로 후진국에서 인구가 폭발적으로 증가하였는데, 이는 아무도 예견하지 못한 현상이었고 경제력이 없는 유년기 인구의 급격한 증가는 빈곤을 심화시켰으며, 이 유년 인구가 경제활동 인구로 성장할 때까지 충분한 일자리의 증가가 이루어지지 않는다면 빈곤의 문제는 더욱 악화될 수밖에 없기 때문이다.

Myrdal(1970)은 후진국의 경제발전에 대한 선진국의 책임과 지원에 대해서도 역설하였다. 선진국들은 국민소득national income의 1% 또는 국민총생산GNP의 0.75%를 후진국에 원조로 제공할 것을 주창하였다. 후진국에서는 경제개발에 필요한 막대한 재원을 동원할 수 있는 능력이 없기 때문에 선진국들의 도움이 절대적으로 필요하다는 것이다. 그러나 그는 이후에 선진국들의 후진국에 대한 국제원조가 매우 왜곡된 방향으로 전개되고 있다고 비판하였다(Myrdal, 1984). 선진국들은 원조를 통해 후진국의 경제발전보다 자국기업의 시장 확대를 도모하는 데 더 관심을 갖는 경향이 있었으며, 국제사회에서 목표로 설정한 국민소득 1%만큼의 원조제공을 실천하는 선진국은 소수의 스칸디나비아 국가들을 제외하고는 찾아보기 힘들었다. 또한 후진국 내부의 구조적인 모순은 제공된 원조가 빈곤에 시달리는 후진국이 최빈곤층에 전달되지 못하고 후진국의 상류층 또는 소수의 엘리트들에 의해 착복되는 현상이 보편적으로 나타남으로써 선진국의 저소득층이 낸 세금으로 후진국의 고소득층을 지원하는 기현상이 벌어지고 있다고 지적한다. 이와 같은 문제를 해결하기 위해서는 일자리 창출효과가 미미한 산업화를 위해 원조자금을 투입하지 말고 식량증산에 우선순위를 둘 것, 원조물자를 원조수혜국의 정부에 맡겨두지 말고 원조제공국이 목적에 합치하는 방향으로 직접 관리 운영할 것, 그리고 신진국의 기업 활동과 원조를 엄격히 분리할 것, 최근 후진국들은 연대를 통하여 선진국들에 대해 원조의 확대를 더욱 공격적으로 요구하고 있으나 후진국의 지식인들은 문제를 외부의 탓으로 돌리기보다 내부의 구조적 모순을 지적하고 시정하는 데 더 힘쓸 것 등을 제안하였다.

② 신고전학파적 접근

구조주의 경제발전론은 시장의 역할을 중시하는 고전학파 경제학이 시장이 미숙한 후진국경제에 적합하지 않기 때문에 시장의 공백을 보완하기 위해 정부가 적극적으로 개입하고 선진국들이 기술과 자금을 제공해야 한다고 주장하였다. 그러나 19060년대에 이르러 구조주의 경제발전론에 대한 회의적인 시각이 확산되기 시작한다. 왜냐하면

구조주의 경제발전론의 충고를 따른 각종 원조와 경제개발 전략들이 후진국의 상황을 더욱 악화시킨 사례가 속출하였기 때문이다.

구조주의적 경제발전 전략이 실패한 원인은 '시장의 실패'보다 훨씬 무섭고 심각한 폐해를 일으키는 '정부의 실패'였다. 후진국 정부는 심각하게 부패하고 무능력한 경우가 많았다. 경제개발을 위한 권력의 집중이 이루어지고 막대한 원조물자가 제공되자 정권을 차지하는 것은 막대한 이권을 차지하는 것과 동일시되어 치열한 권력투쟁이 전개되었다. 권력을 한 번 잡으면 놓지 않기 위해 폭력적인 독재를 휘두르는 일이 빈번했고 이는 내전을 촉발하기도 하였다.

정부를 이용하여 미숙한 시장을 보완한다는 생각이 너무 순진한 것이었음이 드러난 셈이다. 구조주의 경제발전론의 이와 같은 문제점이 드러나자 자연스럽게 시장을 중심으로 발전전략을 구상하는 고전학파적 접근방식에 대한 관심이 높아졌다.

i) 신고전학파 성장이론

신고전학파 경제이론은 시장에 의한 자원배분이 가장 효율적이라는 믿음에 기초하고 있다. 시장이 완벽하게 작동하는 상황에서는 정부가 경제발전을 위해 특별히 할 일은 없다. 정부가 해야 할 일이 있다면 사유재산권을 보호하고 시장이 원활하게 움직이고 공정한 경쟁이 일어날 수 있는 법적 제도적 환경을 마련하고 유지하는 것이다. 정부가 시장에 개입하는 것이 정당화되는 경우는 독과점 또는 외부효과 등으로 인해 시장이 실패한 경우뿐이다. 이때에도 정부는 시장실패를 보완하는 역할에 그쳐야지 시장이 감당할 일을 대신하려 해서는 안 된다는 것이 신고전학파 경제학자들의 관점이다.

이와 같은 관점을 바탕으로 신고전학파 성장이론은 이상적으로 작동하는 완전경쟁 시장구조를 가진 경제가 어떤 메커니즘을 통해 지속

가능한 경제성장을 하게 되는지를 설명한다.

　a) Solow의 '외생적' 성장이론

　신고전학파 성장이론의 출발은 R. Solow(1956)에 의해 제시된 외생적 성장이론이다. 이 모형의 핵심은 생산기술이 한계생산성 체감과 규모에 대한 수확불변의 특성을 갖고 있으며 자본과 노동의 결합이 연속적으로 변할 수 있는 신고전학파 생산함수로 표시할 수 있다는 가정이다. 여기에 더해 인구성장률, 저축률, 기술진보율이 외생적으로 주어졌다고 가정하고 모형의 단순화를 위해 정부가 존재하지 않고 국제무역이 없는 폐쇄경제를 가정한다. 완벽하게 작동하는 시장경제에서 이루어지는 장기적인 성장 메커니즘을 이해하기 위해 성장에 영향을 미치는 다른 요인들을 가정assumption을 이용해 제거한 것이다.

　이 모형에서 도출된 결론은 다음과 같다. 생산함수에 대한 몇 가지 가정을 더하면(Inada 조건은 신고전학파 경제학에서 일반적으로 받아들이는 규모에 대한 수확불변과 한계생산성체감이라는 생산함수의 특성에 더하여 자본의 한계생산성은 자본의 양이 '0'에 가까울 때는 무한히 크고 자본의 양이 무한대에 가까워지면 0에 수렴하는 특성이 있다고 가정한다. 즉, 한계생산성체감이 더 극적으로 일어나는 상황을 가정하는 것이 Inada 조건이다). 이 경제에는 유일한 지속상태steady state가 존재하며 모든 경제는 초기조건과 관계없이 지속상태로 수렴한다. 일단 지속상태에 도달하면 1인당 소득의 성장률 즉 장기성장률은 기술진보율과 같아진다. 기술진보가 없다면 더 이상의 경제성장은 없는 것이다. 지속상태에서는 더 이상 자본의 축적을 통한 성장이 불가능한 것이다. 한계생산성의 체감으로 인해 자본의 축적이 이미 충분히 이루어진 지속상태에 이르면 자본의 한계생산성이 매우 낮아져서 추가적인 자본축적을 통해 경제성장을 유지하는 방식은 비용이 너무 높아서 경제성이 없어지기 때문이다. 즉, 자본축적을 통한 1

인당 소득의 지속적인 성장은 불가능하며 지속적인 성장을 가능하게 하는 유일한 힘의 원천은 기술 발전뿐이라는 것이 이 이론이 던져 주는 가장 중요한 시사점이다.

따라서 자본축적의 속도를 결정하는 저축률, 노동투입의 증가에 영향을 주는 인구성장률 등은 소득수준의 높낮이에는 영향을 줄 수 있어도 장기 경제성장률에는 영향을 줄 수 없다. 즉, 검소한 국민들이 사는 나라는 1인당 국민소득 수준은 상대적으로 높을지 몰라도 경제성장률이 높다는 보장은 없다는 것이다. 또 출산율이 높고 사망률이 낮아 인구가 빠르게 증가하는 나라의 경우 소득수준은 낮아지겠지만 장기경제성장률이 낮아지는 것은 아니라는 것이다.

그러나 한 경제가 지속상태로 수렴해가는 이행과정에서는 저축률 또는 인구성장률이 경제성장률에 영향을 줄 수 있다. 저축률이 높아질수록 인구성장률이 낮아질수록 경제성장률이 중·단기적으로 높아지는 효과가 있다. 그러나 일단 지속상태에 도달하고 나면 경제성장률은 기술진보율로 수렴하게 된다.

Solow의 성장모형에서는 모든 경제주체들이 동일하다고 가정하고 있기 때문에 성장과정에서 소득분배의 집중도가 어떻게 변해가는지에 대한 분석이 불가능하다. 다만 이 이론으로는 전체 소득에서 임금 소득과 비임금 소득의 비중이 어느 정도인지에 대해 이야기할 수 있을 뿐이다. 이 부분도 생산함수가 Cob-Douglas형태라면 생산함수의 모수parameter값에 의해 결정되기 때문에 성장이론 자체가 주는 소득분배에 대한 시사점은 상당히 약하다고 볼 수 있다.

b) '내생적' 성장이론

Solow의 외생적 성장이론이 갖고 있는 치명적인 약점은 지속 가능한 장기경제성장의 유일한 원천은 기술진보인데 이 기술진보가 '외생적'으로 주어졌다고 가정하고 있다는 것이다. 즉, 성장이론임에도 불구하고 장기적으로 지속 가능한 경제성장률이 어떻게 결정되는지에 대해 설명하지 않고 그냥 가정하고 있는 셈이다. 이와 같은 문제를 극복하기 위하여 P. Romer("*Increasing Returns to Scale and the Long-run Economic Growth*," Journal of Political Economy 94, pp.1002-1037, 1986)와 R. Lucas("*On the Mechanics of Economic Development*," Journal of Monetary Economics 22, 1988. pp. 3-42)는 기술진보 또는 인적 자본의 축적이 내생적으로 이루어지는 과정을 명시적으로 모형에 포함하여 장기적으로 지속 가능한 경제성장률이 모형 안에서 내생적으로 결정될 수 있는 '내생적 성장이론'을 제시하였다.

장기적으로 지속 가능한 성장이 내생적인 메커니즘을 통해 일어나기 위해서는 성장의 동력원이 되는 부분에서 한계생산성이 체감하지 말아야 한다. 예를 들어 기술진보가 지속 가능한 내생적 성장 동력이라면 기술개발에 투입되는 노동과 자본의 한계생산성이 체감하지 않아야 한다. 인적 자본의 축적이 내생적 성장의 동력이라면 교육 또는 훈련에 투입되는 노동과 자본의 한계생산성이 체감하지 말아야 한다. 만약 기술개발이나 교육/훈련에도 한계생산성 체감의 법칙이 작용한다면 기술이 높은 수준에 이르거나 노동의 질이 높아지고 나면 추가적인 기술개발 또는 인적 자본 축적의 비용이 지나치게 높아져서 성장을 지속시키는 동력으로 더 이상 작동할 수 없게 되기 때문이다.

내생적 성장이론에 의하면 경제구조가 동일한 나라의 장기경제성장률은 같은 값으로 수렴하게 된다. 내생적 성장모형에서 도출된 지속 상태에서의 장기성장률은 장기 저축률과 비례관계에 있음을 보일 수 있다. 즉, 외생적 성장모형에서와는 달리 검소한 국민이 사는 나라(저축률이 높은 나라)의 장기성장률이 소비성향이 높은 국민들이 사는 나라에 비해 높다는 것이다. 이 이론에 따르면 저축을 수취하는 금융서비스의 창구를 확대하여 국민들의 소비성향을 낮출 수 있다면 이 나라의 장기경제성장률이 높아진다.

또한 외생적 성장이론의 시사점과는 달리 내생적 성장이론에 의하면 경제구조가 동일한 두 나라의 처음 출발점이 달랐다면 소득수준이 수렴하지 않고 시간이 흐름에 따라 소득 격차가 더욱 커지게 된다. 특히 Lucas는 내생적 성장이론이 과거에 비해 점점 커져가는 국제간 소득격차를 잘 설명하고 있다고 강조한다.

내생적 성장이론도 모든 경제주체가 동일하다고 가정하기 때문에 성장경로를 따라 소득분배가 어떻게 변해가는지에 대한 시사점을 얻을 수 없다. 노동소득과 재산소득의 비중도 생산함수의 모수 값과 같아지기 때문에 특별한 동태적 움직임을 찾을 수 없다.

c) 성장회계

국민소득의 성장을 각 요인별 기여도로 분해하는 성장회계 방법은 R. Solow(1957)에 의해 처음 제안되었다. 성장회계는 신고전학파 생산함수에서 출발하여 국민총생산의 증가에 각 생산요소의 투입량 증가와 전반적인 생산성의 증가가 각각 얼마나 기여하였는지를 분석하는 방법이다(Solow, R., "Technical Change and the Aggregate Production Function," Review of Economics and Statistics, 39(3), 1957. pp. 312-320). 이 분석방법을 실증분석에 본격적으로 처음 적용한 것은 E. Denison(1961)이다. Denison은 성장회계 방법을 20세기 전반의 미국 경제에 적용하여 이 기간 동안 일어난 미국의 경제성장의 42% 정도만이 자본과 노동의 투입 증가에 의해 설명될 수 있다는 것을 발견하였다. 나머지 58% 정도의 성장은 Solow 잔차residual인데, 이 부분을 흔히 기술진보, 혹은 총요소생산성의 증가로 해석된다. 이와 같은 발견을 외생적 성장이론과 접목시켜 보면 20세기 전반에 이루어진 경제성장의 58% 정도가 장기적으로 지속 가능한 부분이라고 볼 수 있다.

한편, A. Young(1995)은 아시아의 네 마리 용이라 불리는 한국, 대만, 홍콩, 싱가포르의 데이터를 이용하여 성장회계분석을 하였다 (Young ,A., "The Tyranny of Numbers: Confronting the Statistical Realities of the East Asian Growth Experiences," Quarterly Journal of Economics 110 (3), 1996. pp.641-680). 이 4개국은 1960년대 중반부터 1990년까지 연평균 7~10%의 고성장을 유지하여 20세기 후반에 가장 성공적으로 빈곤을 극복한 사례로 세계의 주목을 받고 있다. 지금은 이 나라들이 중진국 중 상위권을 형성하고 있다. Young의 분석 결과에 따르면 이들 4개국의 고경제성장은 대부분 자본축적과 노동투입의 증가에 의해 설명되고 기술진보(총요소생산성 증가)에 의해 설명되는 부분은 0.2%~2.3%로 선진국들과 크게 다르지 않다는 것을 밝혔다. 왕성한 투자와 활발한 노동참여가 동아시아 4개국의 성장 신화의 핵심이지 효율성의 증대나 기술진보가 남다르게 빠르게 이루어진 것은 아니라는 것이다.

P. Krugman(1994)은 Young의 연구결과를 Solow의 외생적 성장이론과 연결시켜 다음과 같이 해석하였다(Krugman, P. (1994), "The Myth of Asia' s Miracle," Foreign Affairs 73 (6), pp.62-78). 아시아 4개국의 고성장이 대부분 생산요소 투입의 급격한 증가에 의해 가능했던 것이라면 한계생산성 체감을 고려할 때 아시아 고성장의 신화는 곧 끝나게 될 것이며 이들 나라의 성장률은 선진국 평균 성장률 정도로 낮아질 것이라고 예상하였다.

Young의 연구와 Krugman의 논의를 접할 때 우리는 다음과 같은 성장회계분석 방법의 한계점을 고려할 필요가 있다. 성장회계분석에서 자본 투입량과 노동 투입량을 측정할 때 자본과 노동의 질적 변화는 부분적으로나마 반영하려고 노력하지만, 자본과 노동에 녹아 들어 있는 기술의 발전을 생산요소의 양적 변화로부터 효과적으로 분리해 내는 방법은 아직 개발되지 않고 있다. 예를 들어 생산설비가 바뀌면 단순히 자본의 투입량이 변하는 것이 아니라 일반적으로 생산방식이 바뀌게 되는데, 이때 생산방식의 변화는 생산설비에 녹아 들어 있어 분리해서 측정하는 것이 쉽지 않다. 이 문제는 선진국에 비해 산업구 조가 매우 빠르게 변화하고 자본설비의 사용기간이 상대적으로 짧은 동아시아의 고성장국들의 경우에 더 심각할 수 있다. 따라서 Young의 연구결과와 Krugman의 논의를 해석할 때 성장회계의 이런 문제점에 주의를 기울일 필요가 있다.

ii) 신고전학파의 경제발전정책 자문

1940년대부터 1960년대까지 경제발전론의 주류였던 구조주의적 경제발전정책이 대부분 실패로 이어지면서 정부의 실패는 시장의 실 패보다 더 무섭고 끔직한 결과를 가져온다는 교훈을 얻게 되었다. 이 에 따라 자율적 시장과 경제주체의 자유로운 참여를 통해 경제발전 이 이루어져야 한다는 신고전학파적 접근이 관심을 끌게 되었다. 특 히, 1960년대부터 후진국의 경제발전을 지원하는 대표적인 국제기구 인 IMF와 World Bank는 후진국 정부의 지나친 시장개입의 문제를 지속적으로 경고하였으며 시장친화적인 경제발전정책을 기회 있을 때마다 강조하고 추천하고 있다. 이와 같은 흐름은 지금까지도 계속 되고 있다.

지금까지 추진된 시장 친화적 경제개발정책 중 매우 독특한 예는 칠레 프로젝트Chile Project라고 할 수 있다. 이 프로젝트는 미국무성, 포 드재단, University of Chicago가 공동으로 추진하였다. 이 프로그램을 통해 100여명의 칠레 학생들이 1957년부터 1970년까지 University of

Chicago의 경제학과에서 대학원 교육을 받고 학위를 취득하였다. M. Friedman, A. Harberger 등을 비롯한 시카고 대학의 교수진은 자유 시장경제에 대한 강한 믿음을 가지고 있는 집단이었고 이들로부터 교육을 받은 칠레 학생들도 시장제도를 통한 경제시스템의 구축이 경제발전에 최선의 방책이라는 믿음을 공유하게 되었다. 시카고 대학에서 교육을 받았던 칠레 학생들(Chicago Boys)이 칠레에 되돌아가 학계와 관계에 자리를 잡고 칠레의 경제정책의 입안과 집행에 참여하기 시작한 것은 1973년부터이다. 이때부터 칠레 경제는 시장자유화, 무역자유화, 정부 개입의 최소화, 공기업의 민영화 정책 등을 여러 단계에 거쳐 시행해 오고 있다.

2010년 칠레가 남미 국가 중 최초로 OECD 회원국이 되는 성과를 거두기는 하였으나, Chicago Boys에 의한 시장자유화 정책의 유용성에 대해서는 아직 매우 엇갈린 평가가 충돌하고 있다. A. Sen은 Chicago Boys의 제1단계 개혁은 많은 혼란과 미미한 성장을 가져왔을 뿐 이들의 개혁이 성공했다고 볼 수 있는 증거는 거의 찾을 수 없다고 주장한다. 반면 M. Friedman은 노벨 경제학상 수상연설에서 칠레의 시장자유화 정책이 경제적 발전뿐 아니라 정치적 민주화를 이룩하는 기적을 가져왔다고 평가한 바 있다.

한 가지 분명한 사실은 시장경제체제가 경제발전을 견인할 만큼 성숙해지기 위해서는 많은 노력과 시간이 소요되며 시장이 제대로 작동하지 않은 경제에서 시장에 너무 많은 역할을 맡길 경우 긍정적 효과보다 부작용이 더 심각하게 나타날 수 있다는 것이다. 시장경제로 체제를 전환한 동유럽의 여러 나라들이 체제 전환 이후 20여 년이 지난 지금에도 많은 어려움을 겪고 있는 것을 보아도 시장경제 체제의 도입 그 자체가 문제를 바로 해결해 주는 것은 아니라는 사실을 알 수 있다.

그러나 동시에 기억해야 할 것은 구조주의적 경제개발정책의 실패 사례이다. 시장의 힘을 과소평가하고 무분별한 정부의 개입으로 시장을 무력화시키는 정책 또한 경제발전을 가로막는다는 것이 과거의 뼈아픈 경험을 통해 배운 또 다른 교훈이라는 점을 잊지 말아야 한다.

③ 제도론적 접근:

1960년대부터 1980년대를 거치면서 후진국 경제를 지속적으로 발전시키는 것이 쉬운 일이 아니라는 점이 더욱 분명해졌다. 대부분의 후진국들이 경제성장을 지속적으로 이루어내지 못하고 있다. 많은 경우 주목할 만한 경제성장이 제대로 이루어진 적이 아예 없으며, 잠시 경제성장이 활발히 이루어졌던 나라들도 다시 침체와 빈곤의 늪에 빠지는 현상이 반복적으로 나타나는 경우가 허다하다. 고성장을 지속적으로 유지하는 데 성공한 몇몇 동아시아 국가들, 예를 들어 한국, 대만, 홍콩, 싱가포르에 이목이 집중된 것은 당연한 일이다.

이들 동아시아 국가들은 모두 시장경제체제를 바탕으로 하고 있다. 사유재산제와 민간경제주체들 간의 경쟁, 가격기구를 이용한 자원배분이 경제의 근간을 이루고 있는 것이다. 그러나 철저하게 자유시장주의 정책을 고수한 홍콩을 제외한 다른 세 나라의 경우에는 정부가 시장에 적극 개입하여 경제개발의 방향을 제시하고 지원하는 역할을 적극적으로 수행하였다.

동아시아 국가들의 경제개발정책은 신고전학파의 시장주의정책과 구조주의적인 정부의 개입이 절묘하게 결합된 독특한 사례들이다. 바로 이와 같은 이유 때문에 구조주의자들도 또 신고전학파 경제학자들도 모두 동아시아의 경우가 자신들이 표방하는 경제발전정책의 성공사례라고 주장하고 있는 것이다.

일군의 정치학자들이 이와 같은 동아시아 경제의 성공사례를 종합적으로 이해하여 거기서 일반화할 수 있는 패턴을 찾아내려는 노력을 기울이게 되었는데, 이들의 분석과 주장을 제도주의적 접근으로 분류할 수 있다.

i) Chalmers Johnson

C. Johnson(1982)은 동아시아 고성장 국가들은 일본의 성공사례를 모방하였으며 따라서 다음과 같은 공통적인 특징을 가지고 있다고 주장한다. 첫째 동아시아 고성장국가들은 하나 같이 경제성장에 최우선 순위를 두었고 그 우선 순위를 확고하게 유지하였다. 소득재분배나 복지향상을 위해 의도적으로 노력하지 않았다. 둘째, 정부의 개입은 철저히 사유재산제와 시장제도가 훼손되지 않는 범위에서 이루어졌다. 셋째, 소수의 엘리트 경제 관료들은 각종 정책수단을 설계하여 시장이 목표한 방향으로 나갈 수 있도록 유도하였다. 넷째, 관료 조직 중에서도 정책의 설계와 집행을 담당하는 핵심기관이 있었다. 다섯째, 엘리트 관료와 민간 기업들 사이에 서로 의논하고 협력할 수 있는 폐쇄적인 연결 고리가 제도화되어 있다. 이 연결고리는 목표에 대한 합의를 도출하고 정보를 교환하는 데 중요한 역할을 하는 기구 내지 제도적 장치이다. 여섯째, 관료들의 자율권을 충분히 보호하는 정치제도가 마련되어 관료제도가 충분히 효율적으로 작동할 수 있었다. 여덟째, 산업정책이 동아시아 개발 국가 모형의 근간을 이루는 요소다.

ii) Alice Amsden

Amsden(1986)은 한국경제가 관리형 시장경제guided market economy의 전형적인 예라고 생각한다. 그녀가 묘사한 한국의 경제개발전략의 특성은 다음과 같다. 한국정부의 최상위의 목표는 국가경제의 조속한 산업화였으며, 한국정부는 국내시장 및 국제시장의 동력이 이 국가목표의 달성을 향해 작동할 수 있도록 전략적인 정책을 구사하였다. 산업정책은 상황변화에 민감하게 반응하도록 하는 것이 핵심이었으며, 선택된 주력산업을 제외한 다른 산업들에는 정부가 간헐적으로 개입하였을 뿐 시장경쟁의 규율이 엄격히 작동하도록 하였다.

한국정부는 엘리트 관료들이 입안한 장기적 관점에서의 투자 합리화 계획이라는 개념을 가지고 시장을 관리하였다. 국제시장에서 소득탄력성이 높고 기술발전과 노동생산성 성장의 잠재력이 높은 사업을 전략적 선도 산업으로 선정하였다. 정부는 시장에 적극 개입하여 상대가격을 왜곡시킴으로써 원하는 만큼의 투자가 전략적 선도 산업에서 이루어지도록 하였으며, 안정적이고 예측 가능한 환경을 조성함으로써 기업들이 장기적인 위험을 감수할 수 있도록 하였다.

동시에 정부는 보조 내지 보호를 받는 기업들이 그 대가로 구체적으로 적시된 성과를 내도록 엄중히 요구하였다. 이와 같은 정부의 규율 때문에 저금리 장기 융자와 같은 가격 왜곡을 통한 보조금 정책에도 불구하고 자원의 낭비가 일어나지 않게 되었다. 정부는 의도적으로 평균수익성이 높은 산업에서 경영실적이 좋지 않은 기업들은 의도적으로 구제해주지 않았다. 한국의 산업정책은 도산위기에 처한 사향산업이나 부실기업에 보조금을 지원하는 정책이 아니었다는 것을 강조할 필요가 있다.

iii) Robert Wade:

Wade(1990)는 동아시아 고성장국가들의 관리형 시장제도의 특징을 다음과 같이 요약한다. 동아시아 국가들의 탁월한 성과는 상당부분 전략사업에 대한 매우 높은 투자가 이루어지고, 국내시장에서의 경쟁은 제한적이었던 반면 많은 산업들이 국제시장에서의 경쟁에 노출된 결과였다. 전략산업에 대한 높은 투자는 정부의 개입이 없었다면 불가능한 일이었을 것이라는 점을 지적한다. 이러한 동아시아의 관리형 시장제도의 중심에는 동기유발, 규제, 위험분산 메커니즘의 총체적 조합인 전략적 산업정책이 있었다. 전략적 산업정책은 국가기구, 민간기업, 그리고 국가와 기업 간의 상호작용을 아우르는 정치, 제도 그리고 조직이 뒷받침을 받았다는 것이다.

동아시아 국가들의 권력은 정치와 산업의 담합, 좌익세력의 제거, 조직화된 노동자와 시민에 대한 억압에 기반을 두고 있다. 또한 이해집단으로부터 독립된 관료조직과 주요 민간 기업들을 연결시키는 제도와 조직이 정부개입의 기반을 형성하고 있었다는 것이다.

이 두 가지 특징으로 인해 관료집단의 자율성과 민관협력의 밀접성이 보기 드물게 높은 수준으로 유지될 수 있었고 따라서 국가목표가 이해집단의 영향을 받지 않고 설정되었고 목표를 실현하기 위한 정책들이 효과적으로 입안되고 집행될 수 있었다는 것이다.

관료집단의 자율성이 보장되지 않을 경우, 민간협력은 자칫 소수의 이해관계에 휘둘리게 된다. 멕시코와 남미의 권위주의적 관료국가들이 이러한 현상을 보인 전형적인 예인데 이들 국가에서는 민관협력은 특정 이해집단의 영향력 하에서 이루어졌다.

동아시아 국가들의 관료들이 자율성을 유지할 수 있었던 이유는 다음과 같다. 첫째, 엄밀한 선발과정을 거친 능력위주의 관료발탁 시스템을 통해 최고의 경영능력을 가진 사람들이 관료로 선발될 수 있었고 이들 엘리트 관료들 사이에 일체감과 공통의 정체성이 형성되었다. 둘째, 관료들은 조기 은퇴 후 정치 또는 기업경영의 고위직으로 진출하는 경향이 있는데, 이로 인해 관료들의 권위와 정통성이 더욱 높아졌다. 셋째, 엘리트 관료들과 엘리트 기업 경영인은 동일한 교육적 배경을 갖고 있었는데 이로 인해 이들 사이에 밀접한 협력관계가 형성될 수 있었다.

iv) 제도론적 접근의 한계

동아시아의 성공사례로부터 교훈을 얻고자 하는 제도론적 접근은 동아시아 국가들이 성공할 수 있었던 이유는 시장을 기반으로 한 경제체제와 산업정책을 주축으로 한 정부의 개입이 상호보완적으로 결합되었기 때문이라고 설명한다. 즉, 정부에 지나친 권한을 주거나 시장에만 모든 것을 맡겨 놓을 경우 경제개발은 성공적으로 이루어질 수 없지만, 동아시아의 국가들은 시장을 기반으로 한 경제에 시장기구의 약점을 보완하는 차원에서 정부가 적극적으로 개입함으로써 성공을 이루어냈다는 것이다.

그러나 이러한 설명은 성공한 국가들의 유사한 공통점을 찾아 그 공통적인 특징 때문에 이들이 성공할 수 있었다고 설명하는 사후적인 합리화의 성격이 강하다. 이러한 사후적 합리화는 그 메커니즘에 대한 깊이 있는 논의가 보완되지 않는 한 진정한 설명이라고 볼 수 없다. 1980년대까지 일본경제가 괄목할 만한 성공을 이뤄낸 이유를 일본이 갖고 있던 미국 또는 서유럽국가들과 다른 제도, 정책, 기업경영관행에서 찾으려고 노력했으나, 1990년대부터 일본경제가 침체기에 들어서자 이번에는 장기 침체의 원인이 한 때 성공요인이라고 치켜세우던 바로 그 차이점 때문이라는 연구결과들이 잇달아 발표되는 것을 우리는 목격한 바 있다. 만약 동아시아 국가들의 경제가 고성장을 멈추고 정체된다면 제도론자들은 지금 성공요인으로 거론되는 동아시아 국가들의 바로 그 공통점들을 정체의 이유로 거론할 것이 분명하다.

몇 가지 예를 들면 제도주의적 이론에서는 고시제도를 통한 관료임용이 능력위주의 관료선발제도의 전형이며 학벌을 중시하는 제도와 문화가 엘리트 관료와 엘리트 경영자들 간의 일체감, 상호신뢰 및 이해증진을 가져왔다고 말한다. 그러나 각 분야의 전문성과 경력이 아닌 획일적이고 일반적인 시험점수만을 보고 고위직 관료를 선발하는 고시제도는 진정한 의미의 능력위주의 관료선발이라고 볼 수 없으며 학벌을 중시하는 문화와 제도는 관료사회에 배타적인 파벌문화를 낳는 부작용을 가져올 수 있다. 또한 제도주의적 접근은 조기 은퇴한 전직관료들이 정치와 기업경영에 참여함으로써 민관협력이 더욱 밀착될 수 있었다 본다. 그러나 이와 같은 관료와 기업의 밀착관계는 자칫 특정 기업의 이익을 국가의 이익보다 우선시하게 되는 결과를 낳을 수 있는 위험의 소지가 상존한다. 이렇듯 이 모든 제도적 특성들이 양날의 칼과 같다. 동아시아의 경험을 제대로 이해하기 위해서는 왜 이러한 제도와 조직들이 경제발전을 위한 순기능을 발휘할 수 있었는지에 대한 설명이 필요하다.

제도론적 접근이 더욱 설득력을 얻고 다른 개발도상국에 도움을 줄 수 있는 유용한 이론이 되기 위해서는 정치적 권력을 쥔 리더, 정책을 입안 집행하는 관료, 투자와 생산을 직접 담당하는 기업, 그리고 소비자이면서 동시에 유권자인 일반 시민들 간의 정치·경제적 역학관계에 대한 모형을 구축할 필요가 있다. 이러한 모형을 통하여 동아시아의 리더들이 경제성장을 최우선과제로 생각하였던 이유, 자율권을 가진 관료들이 개인적 이익보다 국가적 이익을 추구하는 정책을 입안하고 집행한 이유, 기업들이 정부의 정책을 신뢰하고 적극적으로 협조한 이유, 시민들이 정치적 자유를 일부 희생하면서도 권위주의적 개발독재정부를 지지한 이유 등에 대한 설명이 제공되어야 할 것이다. 이러한 설명을 가능하게 하는 모형이 제시될 때 다른 나라에서는 왜 경제개발이 성공적으로 이루어지지 못하는지 동아시아의 사례를 모방하기 위해서는 어떤 전제 조건이 만족되어야 하는지 등에 대한 논의가 가능할 것이다.

또 한 가지 지적해야 할 점은 제도주의자들은 동아시아 국가들이 경제성장에만 집착했을 뿐 소득재분배나 국민의 복지향상에는 신경을 쓰지 않았다고 주장한다. 그러나 여기서 잊지 말아야 할 점은 동아시아의 고성장국가들은 정부의 적극적인 재분배 내지 복지정책이 없었음에도 불구하고 고성장과정에서 소득분배의 불균등이 심화되지 않고 오히려 개선되는 경향을 보였다는 점이다. 20세기 후반에 동아시아국가들이 보인 이와 같은 패턴은 20세기 전반에 남미 여러 나라들에서 고성장과 함께 소득분배의 집중이 크게 심화되었던 패턴과 대비된다. 정책적 노력이 없었다면 과연 어떤 제도, 문화, 또는 시장의 구조가 동아시아의 소득분배 집중을 완화시켰는지 그리고 이러한 성장과실의 고른 분배가 고성장의 지속에 어떤 영향을 미쳤는지에 대한 분석이 요구된다.

(2) 미시경제학에 바탕을 둔 접근: 미시경제학적 이론과 미시경제학적 실증분석에 기초한 경제발전론

기존의 접근방식들의 공통점은 정부가 집계한 거시적 총량통계 aggregate statistics를 바탕으로 상황을 인식하고 판단하며, 거시경제학 모형을 통해 후진국의 경제발전 전력을 제안한다는 것이다. 20세기 후반에 유일하게 빈곤을 성공적으로 탈피한 것은 소수의 동아시아 또는 동남아시아 국가들뿐이었으며, 이들을 제외한 대부분의 후진국들은 여전히 빈곤의 고통에 신음하고 있다. 이와 같은 상황을 볼 때 경제발전에 대한 구조주의적 접근이나 신고전학파적 이론과 정책처방들이 후진국의 빈곤 문제를 해결하는 데 그다지 효과적이지 못하였다고 평가할 수 있다. 제도주의적 접근도 몇몇 성공사례를 사후적으로 합리화하는 데에는 효과적이지만 빈곤의 고통에 신음하는 후진국이 어떻게 하면 성공적으로 경제를 발전시킬 수 있는지에 대한 방법과 메커니즘을 제시하지 못하는 점에서는 다른 접근방식들과 동일한 한계를 갖고 있다.

경제발전론의 초기 개척자 중의 한 사람이었던 P. T. Bauer는 1940~1950년대에 이미 거시적 총량통계와 거시경제학적인 접근방법이 후진국의 경제발전문제의 해결에 얼마나 유용한지에 대해 의문을 제기하였다. 그는 미시적 데이터와 미시경제학적 분석에 기초한 후진국 개발전략 수립의 필요성과 중요성을 일관되게 강조하였다.

Bauer가 강조한 접근방식은 40~50년이 지난 1990년대에 이르러서야 경제발전론의 주류 방법론으로 자리를 잡았고 현재 진행되고 있는 후진국의 빈곤 문제와 경제발전에 대한 연구에서 중심적인 역할을 하고 있다. 1990년대에 Bauer의 미시적 접근방식을 거시적 경제발전론에 접목시키는 연구의 흐름에 큰 공헌을 한 사람이 R.M. Townsend(1996)이다.

여기에서는 미시적 경제 분석을 통해 거시적 경제발전정책과 전략을 도출하고자 하는 최근의 연구 흐름의 성격을 Bauer와 Townsend의 연구경향을 통해 살펴본다.

① Peter T. Bauer

Bauer는 구조주의 경제발전론이 대세를 이루던 제2차 세계대전을 전후한 시기에 활동한 경제학자였음에도 불구하고 정부의 개입을 지양하고 시장과 개인의 자율 그리고 기회의 확대를 통해 후진국의 경제발전을 도모해야 한다는 신고전학적 주장을 전개하였다. 그러나 그는 신고전학파 경제학을 후진국 경제에 적용할 때 생기는 문제에 대한 비판도 잊지 않았다. 나아가 후진국 정부가 집계하는 경제통계가 갖는 문제점들이 무엇인지를 지적하였다. Bauer의 이와 같은 연구태도와 관점은 1980년대 말부터 형성된 경제발전론의 새로운 조류와 그 궤를 같이 하고 있다. 현재 진행되고 있는 새로운 경제발전론의 흐름을 이해하기 위해서는 그의 관찰과 주장을 조금 자세히 들여다 볼 필요가 있다.

정부개입보다 자율과 시장이 중요하다는 Bauer의 후진국 경제발전에 대한 관점은 그가 1930년대에 수행했던 말레이시아의 고무 산업에 대한 연구와 영국식민지였던 서아프리카 지역의 무역에 대한 연구 경험에 기초하고 있다(Bauer, 1948). 이 연구를 통해 그는 정부의 개입 없이도 말라야Malaya의 주민들이 자발적이고 적극적인 자세로 고무농장 사업에 참여하였으며 서아프리카에서도 주민들이 자발적으로 코코아, 땅콩, 목화, 콜라닛kola nuts 등의 환금작물의 재배를 시작하는 것을 목격하였다. 1930년대 말라야의 고무경작면적의 약 반을 아시아인들이 소유하고 있었으며, 서아프리카에서는 유럽인이 소유하고 있는 대규모 농장은 존재하지 않았고 대부분의 환금작물 농장이 아프리카인들에 의해 소유되고 경영되고 있었다고 기록하고 있다.

말라야의 경우 서유럽의 기업들이 중국과 인도로부터 노동력을 대규모로 선발해서 이주시키는 일을 기획하고 거기에 필요한 자금을 제공하였다. 서아프리카의 경우에는 환금작물 재배에 필요한 막대한 자본금 중 일부는 유럽의 무역회사들이 또 다른 일부는 아프리카의 투자자들 자신이 제공하였다. 이 경우들을 볼 때 사회간접자본의 확충이 선행되어야지만 환금작물의 재배가 경제성을 갖게 되는 것은 아니라는 것을 알 수 있다. 실제로 이 지역의 사회간접자본은 경제가 성장하고 있는 과정에서 개발된 것이다. Bauer는 외부세계와의 접촉을 통해 새로운 기회가 형성되고 확대되는데 수백만에 이르는 개인들은 주로 시장에 참여함으로써 이를 알게 되고, 이를 알게 된 사람들이 새로운 기회에 자율적으로 반응한 결과 경제가 활성화되고 사회간접자본이 확충된 것이라고 보아야 한다는 것이다.

그러나 Bauer는 완전경쟁시장을 중심으로 한 신고전학파 성장이론도 후진국의 경제문제를 다루기에는 불충분하다고 비판하였다. 신고전학파 성장이론은 모든 경제주체들의 기호, 소득, 재산, 생산 기술 등이 다 같다고 가정하고 있으며, 정치상황, 국민들의 태도, 그리고 지적 수준은 외생적으로 주어진 것이라고 가정한다. 그러나 정부가 조세제도나 수입규제를 통해 자본 축적을 촉진시키려고 시도하면 위에 언급된 것들을 포함한 신고전학파 성장이론에서 외생적으로 주어졌다고 가정한 여러 모수 값들이 영향을 받게 되며 이렇게 모수 값이 변하면 정부의 정책은 자본축적에 아무 영향을 미치지 못할 수도 있다는 것이다. 또한 Bauer는 심각한 빈곤에 시달리는 후진국에서는 소비가 저축/투자와 보완관계에 있다는 점을 인식할 필요가 있다고 주장한다.

Bauer는 후진국의 경제상황은 정부가 발표하는 거시지표만으로 파악할 수 없으며 미시데이터가 중요하다는 점을 강조하였고, 후진국일수록 통계수치로 드러나지 않는 중요한 부분들이 많다는 것을 유념해야 한다고 지적하였다(Bauer, P. T. and Yamey, B. S., *The Economics of Under-developed Countries*, University of Chicago Press; Bauer, P. T., *Economic Analysis and Policy in Underdeveloped Countries*, Duke University Press, 1957). 얻기 쉬운 통계자료에만 의존할 경우 후진국의 상황을 잘못 이해하기 쉽다는 점을 경고한 것이다. 예를 들어 경제발전론에서 사용되는 통계는 농업부문의 자본축적을 과소평가하거나 아예 도외시하는 경향이 있다. 그러나 농업자본의 축적은 후진국의 특징인 생존을 위한 경제활동에서 벗어나는 데 양적, 질적으로 매우 중요한 역할을 한다는 점이 도외시되고 있다는 것이다. 자본축적을 촉진하는 재정정책도 제조업 일변도일 뿐 농업부문의 자본축적에 어떤 영향을 미치는지를 고려하지 않은 체 시행되는 경향이 있는데, 농업자본을 무시하는 습관은 경제적 선택이 가격에 의해 결정된다는 사실을 무시하는 습관과 합쳐져 심각한 부작용을 낳는다고 경고한다.

고용통계를 보면 후진국의 대부분의 인구가 농업활동에 종사하는 것처럼 보이지만 조금만 자세히 살펴보면 농촌경제에서도 상당히 많은 양의 매매가 이루어지고 있다는 것을 알 수 있으며 농가로 분류된 가구의 구성원 중 일부는 성별, 연령을 막론하고 정기적으로 또는 부정기적으로 유통활동을 수행하고 있는 것을 볼 수 있다. 후진국의 공식 통계조사에서 유통과 운송활동은 (특히 농촌사회의 경우) 거의 포착되지 않는 경향이 있다. 이런 관점에서 Bauer는 Clark의 경제발전 단계설은 쉽게 얻을 수 있는 통계만을 보고 만든 잘못된 가설이라고 비판하였다. 후진국에서 이루어지는 생존을 위한 생산 활동의 많은 부분이 사실은 3차 산업으로 분류될 수 있다는 것이다. 이런 의미에서 경제활동을 피상적으로 1차, 2차, 3차 산업으로 분류하는 것은 무의미하고 무가치한 일이라고 주장하였다.

Bauer는 이와 관련된 또 다른 문제를 제기하는데, 초기의 경제발전론 문헌에서는 상업 활동의 동태적 역할이 대개 무시되어 왔다고 비판한다. 후진국에서 상인들은 시장을 확장하고 생산자와 소비자가 누릴 수 있는 기회를 넓혀 준다. 상인들은 사람들이 시장경제가 어떻게 돌아가는지 그리고 시장경제에서 어떻게 행동해야 하는지를 알게 해준다. 새로운 계약을 통해 사람들의 경제활동의 지평을 넓혀 주며 기존의 습관과 관행에 의문을 갖게 만든다. 기업화된 성공적인 상인들은 간혹 사업영역을 농업으로 확대하기도 한다. 성공적인 운송업체 또는 제조업체들이 흔히 국내외의 상인들에 의해 설립되었다는 사실은 그리 놀랄 만한 일이 아니다.

Bauer는 구조주의 경제발전론에서는 이러한 상업의 역할을 제대로 인식하지 못한 나머지 상행위와 유통구조에 대한 분석과 비판이 상당히 잘못된 방향으로 전개되어 왔음을 지적한다. 예를 들어, 후진국에서는 상인의 수가 너무 많고 유통구조가 지나치게 복잡하다고 비판한다. 그러나 이러한 특징은 후진국에서 자본이 부족하고 경영기술이 뒤쳐졌기 때문에 생긴 것이다. Bauer에 따르면 그 원인을 제대로 이해하지 못한 채, 상인의 수를 제한한다든지, 유통단계의 일부를 제거한다든지, 조합거래를 대규모로 지원한다든지, 민간 유통업을 공공유통업으로 대체한다든지 하는 정책을 소위 '개혁'이라는 미명 하에 집행하는 경우가 허다한데 이는 후진국의 유통산업을 옥죄이는 결과를 초래할 뿐이다. 그는 유통산업의 위축은 다시 생산자와 소비자의 기회를 제약하고 경제발전을 가로막는 결과로 이어져 후진국 사람들이 빈곤의 늪에 갇히게 된다고 주장하였다.

Bauer는 후진국 정부가 종합경제개발계획을 수립하여 집행하는 것을 부정적인 시각으로 보았다. 경제개발계획은 사용 가능한 자원의 양을 늘려주는 역할을 하는 것이 아니라 갖고 있는 자원의 용도를 바꾸는, 그것도 많은 경우 잘못된 방향으로 바꾸는 것에 불과하다고 생각한다. 해외원조가 후진국에서 종합개발계획이라는 미명 하에 집행되는 파괴적인 정책들에 자금을 제공하고 그러한 정책을 지속시키는 경우가 적지 않다고 지적한다. 기간산업과 무역의 국가독점, 산업 활동에 대한 허가제도, 수출, 수입, 외환에 대한 통제, 그리고 다수의 공기업설립 등과 같은 1950년대 말에 유행했던 정책수단들은 통치자의 권력을 훨씬 강하게 만들어주는 역할을 했다. 이런 조건 하에서는 정치권력을 획득하여 행사하는 것이 매우 중요한 의미를 갖는다. 수많은 사람들의 경제적 생존뿐 아니라 육체적 생존이 정치적 행정적 의사결정에 좌우되는 상황이 전개되었기 때문이다. 정치적 권력투쟁의 판돈이 커진 것이다. Bauer는 이로 인해 후진국의 불확실성, 불안감, 정치적 긴장이 고조되고 후진국 사람들은 경제활동에 쓸 에너지를 정쟁에 쏟아 붓게 된다고 하였다.

② 1990년대 이후의 동향: 미시적 분석에 기초한 거시정책의 모색

경제학계에서는 지난 반세기 동안 시행착오를 거치면서 후진국의 경제상황을 제대로 알아야 한다는 공감이 형성되었다. 특히 후진국 경제주체들이 빈곤으로부터 탈피하려는 노력을 가로막는 장애물들은 무엇인지, 후진국경제에서 시장이 작동하는 부분과 그렇지 못한 부분은 무엇인지, 그리고 각종 정책과 제도가 도입될 때 후진국의 경제주체들은 이에 대해 어떻게 반응하는지 등에 대한 보다 구체적이고 정확한 이해가 필요하다는 인식이 확산되었다.

이러한 방향의 연구는 크게 두 부분으로 구성되는데, 그 하나는 후진국 경제에 대한 미시적 데이터의 수집이고 또 하나는 후진국의 구조적 특성을 반영하는 미시경제학적 바탕을 가진 거시모형을 구축하는 일이다. 현재 이와 같은 연구는 R. Townsend가 이끄는 태국경제에 대한 연구진(University of Chicago, MIT), A. Banerjee와 E. Duflo가 주도하는 JAPL(MIT), C. Udry와 M. Rosenzweig 등이 활약하는 Economic Growth Center(Yale), 그리고 J. Sachs가 중심이 된 Earth Institute(Columbia University) 등에 의해 전개되고 있다.

이 중에서 Townsend가 이끄는 연구진은 태국경제에 대한 데이터 수집과 이론적 분석을 상대적으로 오랜 기간 동안 체계적으로 진행하

고 있으며, 보다 폭넓은 이해를 위해 다양한 학제간 연구를 시도하고 있다. 최근에는 이러한 연구 성과에 기초한 정책제안을 보다 적극적으로 제시하는 단계에 이르고 있다. 다른 연구자들도 이 연구 방법을 다른 지역으로 확산하려는 움직임을 보이고 있다. 본 절에서는 Townsend 그룹의 태국연구를 중심으로 최근의 연구경향을 살펴본다.

i) 데이터베이스 구축

Townsend Thai Data라고 불리는 데이터베이스는 크게 두 부분으로 구성되어 있다. 하나는 상대적으로 대규모 연도별 패널 데이터이고 또 다른 하나는 소규모이지만 표본에 포함된 가구에 대한 매우 상세한 월별 패널 데이터이다. 대규모 연도별 패널조사는 1997년 4~5월에 처음 실시되었는데 전략적으로 선택된 상대적으로 부유한 2개 도province와 상대적으로 가난한 2개 도에서 무작위로 추출한 48개 군county, 196개 마을, 2,880개 가구를 대상으로 하고 있다. 이 대규모 조사는 가구별 인터뷰, 마을별 지도자 인터뷰뿐 아니라 423개의 마을단위로 운영되는 각종 금융기금과 농협대출 그룹에 대한 인터뷰, 그리고 1,920개 농지에 대한 토양조사 및 토지사용에 대한 인터뷰를 포함하고 있다. 1997년의 대규모 설문조사는 소규모 세부 패널 조사를 위한 기초자료와 표본추출을 위한 준비작업의 성격으로 수행되었지만 1997년 7월 태국에 금융위기가 발생하면서 이 위기가 태국경제 구성원들에게 어떤 영향을 어떻게 미치는지, 그리고 이 위기로부터 어떤 경로를 거쳐 회복되어 나가는지를 추적하기 위해 1997년 말부터 총 2,880가구 중 1/3인 960가구에 대한 가구별 마을별 재조사가 매 연도별로 10년 이상 지속되었다. 이 과정에서 태국 재무부의 지원을 받아 2005년부터 조사대상을 다른 도시와 농촌으로 확대하여 도·농간 비교가 가능하게 되었다.

Townsend Thai Data Base가 구축되고 있는 4개의 도(Province)

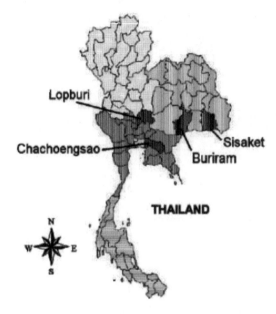

출처: Binford, M., Lee, T., Townsend, R. (2004), "Sampling Design for an Integrated Socioeconomic and Ecological Survey by Using Satellite Remote Sensing and Ordination," PNAS 101(31), pp. 11517-11522

    소규모 월별 패널 데이터의 표본은 약 700가구로 구성되어 있는데, 1997년에 시행된 대규모 조사 대상 196개 마을 중 각 도별로 4개의 마을씩 총 16개 마을을 선정하고 각 마을별로 마을 전체 또는 최대 45개 가구를 조사대상으로 한 결과이다. 소규모 월별 패널데이터는 1998년 9월부터 시작되어 현재까지 이어지고 있다. 이 조사를 통해 가구의 구성, 구성원들의 경제활동, 친지들에 대한 인구학적 정보와 친지들과의 상호부조, 가구구성원의 마을 또는 군에서의 지위, 금융자산, 비금융자산, 토지소유 및 사용 내역, 수입과 지출 등에 대한 월별 데이터를 수집하고 있다. Townsend Thai 데이터는 개발도상국 가구별 패널 데이터 중 조사 기간이 가장 긴 데이터이다.

Townsend Thai 데이터베이스 구축에 사용되는 설문지는 기존의 이론들이 태국경제에 얼마나 타당성이 있는지를 평가하기 위해서는 어떤 변수들을 측정하여야 하는가, 태국경제의 현실을 제대로 반영하는 새로운 이론적 모형을 구축하기 위해서는 무엇을 알아야 하는가, 경제적 성과에 영향을 미치는 환경적 요인 등 비경제적 요인들을 효과적으로 통제하기 위해서는 그러 요인들에 대한 어떤 정보수집이 필요한가라는 문제의식을 놓고 이 문제의식에 대한 답을 제공해 줄 수 있도록 고안되었다. 즉, 이 데이터베이스는 이론의 시사점을 검증할 수 있는 실증 데이터 제공, 그리고 관찰된 사실들을 설명하기 위한 새로운 이론의 형성이 꼬리를 물고 일어날 수 있는 환경을 제공하도록 설계되었다(Townsend Thai Data Base에 사용되는 설문지는 가구용, 마을지도자용, 농협대출그룹용, 마을단위 금융기금용, 토양과 토지사용 조사용 등이 있다. 데이터에 대한 자세한 설명과 데이터 수집에 사용한 설문지 등은 http://cier.uchicago.edu/data/에서 찾을 수 있다).

최근 Townsend Thai 데이터와 유사한 데이터베이스 구축이 다른 후진국 지역으로 확산되고 있다. 예를 들어 2006년 가을부터 Yale대학 소재 Economic Growth Center에서는 M. Rosenzweig의 주도 하에 인도의 28개 주 중의 하나인 Tamil Nadu에서 농촌지역 5,000가구와 도시지역 5,000가구에 대해 매 3년 주기로 패널 조사를 시작했으며, C. Udry는 서아프리카의 가나에서 간헐적인 설문조사를 통해 가구별 데이터를 축적해가고 있다.

Townsend Thai 데이터와는 성격이 다르지만 MIT의 JPAL(Jameel Poverty Action Lab)에서는 각종 정책과 제도에 대한 저개발국 구성원들의 반응을 이해하기 위해 의약학 분야에서 신약의 효과를 분석할 때 사용하는 무작위 실험randomized Experiment 기법을 응용하여 소규모 실험을 계획하고 집행함으로써 통제된 실험실과 유사한 상황에서 생성된 데이터를 축적해가고 있다(Banerjee and Duflo, 2009). 연구 대상 지역은 주로 인도와 아프리카의 저개발국들이다.

ii) 이론적 분석

Townsend 그룹이 사용하는 분석 도구는 일반균형 모형이다. 일반균형 모형을 사용하면 자연스럽게 미시경제학적 바탕 위에서 거시경제학적 결론과 시사점을 도출할 수 있다. 또한 어느 부분의 시장이 어떻게 불완전한지에 따라 자원배분의 결과가 어떻게 달라지는가를 파악할 수 있고 이러한 시장을 불완전성을 보완하려는 정책이나 제도의 도입이 얼마나 효과적으로 작동시킬 수 있는지를 모형을 이용한 의태분석(simulation)을 통하여 분석 평가할 수 있다. 또한 특성이 다른 경제주체들이 공존하는 일반균형 모형을 통해 경제성장과 더불어 소득분배가 어떻게 변하는지를 동시에 분석할 수 있는 장점이 있다.

여기서 사용되는 일반균형 분석은 CGE모형이나 DSGE모형과는 차별화된 일반균형 모형이다(CGE모형과 DSGE모형에 대해서는 Dawkins, C., Srinivasan, T.N., Whalley, J., "Calibration", in Handbook of Econometrics 5, edited by Heckman, J., and Leamer, E., Elsevier Science, 2001. pp.3653-3703를 참고). CGE모형이나 DSGE모형은 모든 경제주체들이 동일하다고 근본적으로 모든 시장이 완전하다(complete market)는 것을 전제로 한 모형이다. 그러나 이러한 가정들을 후진국의 경제상황을 분석하는 데는 적당하지 않다. 경제의 일부분은 상대적으로 완전시장에 가까울 수 있지만 경제 전체로 보았을 때는 불완전한 면들을 도처에서 발견할 수 있기 때문이다. 예를 들어 지역별로 또는 개인별로 금융기관에 대한 접근성에 차이가 있을 수 있으며 심한 경우 일부 경제주체들은 금융시장에서 완전히 소외되어 있을 수 있다. 후진국의 상황을 제대로 이해하기 위해 필요한 일반균형 모형은 정보, 제도, 계약, 금융서비스 등이 일부에게만 제공되고 나머지 일부에게는 제공되지 않는 상황을 전제로 하고 있어야 한다. Townsend 그룹은 이와 같은 특성을 가진 일반균형 모형을 분석의 출발점으로 삼는다(Townsend, 2010).

iii) 정책적 시사점

실증분석과 일반균형 분석을 통해서 도출된 결론들에 대한 몇 가지 예를 들어보면 다음과 같다. 태국은 고성장과정에서 지역 간 그리고 지역 내 소득불균등의 심화가 일어나고 있으며 소득불균등의 중요한 요인은 교육의 불균등, 직업선택, 금융기관에 대한 접근성 등으로 밝혀졌다. 따라서 소득분배의 집중을 완화하기 위해서는 교육기회의 확대, 직업선택의 기회 확대, 금융자금에 대한 접근성의 증가가 필요하다.

직업선택의 기회와 관련한 세부적 분석에서는 농업에 종사하던 가계가 창업을 통해 업종을 전환할 때 소득의 증가와 빠른 성장이 관찰되며 전업에는 개인의 능력, 교육, 정보, 그리고 금융자원의 조달 등이 필요한 것으로 파악되었다. 따라서 농가가 전업을 통해 소득을 창출하고 소득을 높이기 위해서는 교육기회의 확대, 정보제공, 금융자금에 대한 접근성 확대가 이루어질 수 있는 정책이 필요하다.

이들 연구에서는 이와 같은 발견에 그치지 않고 은행의 지점들을 농촌지역에 확대하는 정책, 정부가 운영하는 기금을 통해 저소득 가구의 투자와 전업을 지원하는 정책, 마을에서 자생적으로 운영되는 기금과 각종 비공식 금융조직에 대한 지원 등 다양한 대안적 정책들 중 어느 정책이 상대적으로 더 효과적으로 작동하는지를 일반균형 모형 내에서 의태분석을 통해 평가함으로써 보다 구체적이고 실효성 있는 정책대안을 제시하고자 노력한다(Townsend, 2011).

2) 산업사회의 상대적 빈곤과 복지제도

절대적 빈곤은 후진국에 집중적으로 나타나는 현상인 반면, 상대적 빈곤은 고도로 산업화된 선진국 경제에도 예외 없이 나타나는 현상이다. 본 절에서는 자본주의 시장경제와 상대적 빈곤의 숙명적 관계, 그리고 상대적 빈곤의 완화 내지 해소가 시장경제의 생존을 위해 반드시 필요한 이유, 복지정책을 둘러싼 사회적 의견대립의 불가피성과 합의도출을 위한 논의방향 등 상대적 빈곤과 복지정책의 관계에 대한 일반적 이해를 도모한다. 복지정책에 대한 이론적 배경, 구체적인 복지정책 수단의 효용성에 대한 평가, 복지정책의 성공 및 실패 사례에 대한 분석 등은 본 연구원에서 발간하는 총서에서 별도로 깊이 있게 다루어질 것으로 기대된다.

(1) 상대적 빈곤을 낳는 자본주의 시장경제

윤리학자였던 아담 스미스는 다른 사람에 대한 배려 없이 이기적으로 사적 이익만을 추구하는 행위가 완전경쟁적인 시장경제에서는 윤리적으로 정당하다는 주장을 전개하였다(A. Smith, 1965). 그 이유는 완전경쟁적인 시장에서는 시장이라는 '보이지 않는 손'이 개인들이 자신의 이익을 추구하는 이기적인 행동을 사회 전체의 이해관계와 조화시켜 주기 때문이라는 것이다.

완전경쟁시장에서 자원배분의 효율성이 달성되는 과정을 잠깐 살펴 보자. 우선 생산자들 간의 경쟁을 통해 보다 싸고 질 좋은 물건을 만들 수 있는 기업들만 시장에서 살아남을 수 있다. 경쟁이 제대로 이루어지는 시장이라면 저질 상품을 비싸게 만드는 기업이 발붙일 곳은 없을 것이다. 경쟁을 통해 질 좋은 상품을 가장 싸게 잘 만들 수 있는 기업들만이 살아남아 생산 활동을 계속하게 된다. 이렇게 경쟁력이 높은 기업들이 만들어 낸 상품이 시장에 공급되면 이제 소비자들이 이 상품을 차지하려는 경쟁을 벌인다. 소비자들은 높은 가격을 지불할수록 그 상품을 쉽게 차지할 수 있다. 합리적인 소비자라면 필요하지도 않은 상품을 비싼 값을 치르고 사려고 하지 않을 것이다. 그 상품을 소비했을 때 큰 만족을 얻는 사람일수록 높은 가격을 지불하려고 할 것이다. 따라서 시장에 공급된 상품을 주어진 가격을 지불하고 구매하는 소비자들은 그 상품으로부터 얻어내는 주관적인 가치가 지불한 가격 이상으로 높은 사람들이다. 결국, 경쟁이 제대로 이루어지는 시장에서는 가장 값싸게 잘 만드는 기업들에 의해 상품이 생산되고, 그렇게 생산된 상품은 그 상품으로부터 가장 큰 만족을 얻는 소비자들에 의해 소비된다. 완전경쟁시장에서는 이런 방식으로, 최소의 비용으로 최대의 효과가 나도록 자원배분이 이루어지는 것이다.

따라서 완전경쟁시장에서는 개인과 기업은 자신의 특수한 이해관계를 중심으로 경제문제를 이해하고 자신의 사적인 이익을 극대화하거나 손실을 극소화하는 선택을 하면 될 뿐 개인들이 의식적으로 사회적 공익을 추구할 필요가 없다는 것이다. 그렇다면 이러한 시장경제에서는 정부가 공익이라는 미명 하에 개인들의 사적 이익추구에 간섭할 필요도 없다. 이렇게 개인과 기업들이 시장에서 가능한 한 자유롭게 경제활동을 할 때, 시장의 조절 기능이 작동하여 사회적으로 가장 효율적인 결과를 자연스럽게 이끌어낸다는 생각이 바로 시장주의이다. 그렇다면 완전경쟁시장 하에서는 최소한의 질서를 유지하는 야경국가와 개인의 경제적 자유를 최대한 보장하는 자유방임형laissez-faire 시장경제가 이상적인 정치 경제체제라는 결론에 도달하게 된다.

그러나 아담 스미스의 '보이지 않는 손'의 마술은 완전경쟁적인 이상적인 시장구조 하에서만 작동한다는 것을 우리는 자주 망각한다. 모든 정보가 완벽하게 공유되고, 모든 거래가 시장을 통해서 이루어지며, 한 개인 또는 일부 집단이 시장을 좌지우지하는 영향력을 행사할 수 없는 '공정한 경쟁'이 이루어지는 이상적인 시장구조를 완전경쟁시장이라고 한다. 완전경쟁시장은 개념적으로는 명료하지만 이러한 특성을 두루 갖춘 완벽한 시장은 현실 세계에는 존재하지 않는다. Joseph Stiglitz(1989)가 "보이지 않는 손이 보이지 않는 이유는 많은 경우 그런 손이 없기 때문이다"라고 한 까닭이 여기에 있다. 시장에서 아담 스미스의 '보이지 않는 손'이 제대로 작동하지 않는 상황을 우리는 시장의 실패라고 부른다. 시장 실패를 해소 내지 완화하기 위해서는 시장을 적절히 보완하는 차원에서 정부의 개입이 요구된다.

그러나 하나 더 기억해야 할 것은 완전경쟁적인 이상적인 시장이 흠결 없이 작동하여 시장의 실패가 전혀 없는 상태에서도 자본주의 시장경제에서는 여전히 상대적 빈곤이라는 부작용이 생긴다는 사실이다. 문제를 일으키는 요인은 시장경제를 효율적으로 이끌어주는 핵심적인 메커니즘인 '경쟁' 바로 그 자체이다. 경쟁을 통해 자원배분이 효율적으로 이루어지는 과정에서 승자와 패자가 갈리게 되는 것은 피할 수 없는 경쟁의 속성이기 때문이다. 경쟁에 이기지 못하고 시장에서 퇴출된 기업들, 낮은 소득 때문에 생존에 필요한 필수품마저 제대로 구매할 수 없는 소비자들, 이들이 경쟁의 아픔을 껴안아야 하는 자본주의 시장경제의 패자들이다. 시간이 흐르고 경쟁이 계속되어감에 따라 경쟁에서 낙오한 패자들이 쌓여가고, 부와 소득은 경쟁에서 승리한 소수의 손에 집중되어 간다. 왕성한 경쟁을 매개로 효율성을 유지하는 시장경제에서 상대적 빈곤의 심화는 피할 수 없는 숙명인 것이다.

이 문제를 방치하여 소득과 부의 집중이 심해지면 다수의 국민들이 구매력을 상실하여 내수기반이 취약해지며, 거리에는 노숙자들이 넘쳐나고, 범죄율이 치솟고, 다수의 빈곤층과 소수의 부유층 간의 갈등이 격화되는 등 사회적 정치적 경제적 불안이 극에 달하게 된다. 또한 경쟁에 살아남은 기업들이 진입장벽을 만들면 경쟁의 양과 질이 퇴행하게 되어 시장의 건전성이 훼손된다. 시장을 장악한 소수기업 간의 담합이 이루어지면 경쟁은 죽고 시장은 존재의 이유를 잃게 된다. K. Marx는 자본주의 시장경제에 내재된 이러한 자기 파괴적 위험성을 《자본론》에서 경고한 바 있다.

그 이후 시장경제체제가 존속하기 위해서는 경쟁에서 낙오한 사람들을 보호하고 이들이 재기하여 다시 경쟁의 장에 되돌아 올 수 있도록 도와야 한다는 인식이 확산되었다. 경쟁에 낙오한 사람들을 보호함으로써 사회적 정치적 안정을 도모함과 동시에, 경쟁에 낙오한 사람들이 다시 일어나서 경쟁의 장으로 되돌아온다면 시장에서의 경쟁이 더욱 활발하고 건강해진다. 따라서 복지제도와 정책은 선택의 문제가 아니라 자본주의체제를 유지하고 더욱 건강하게 만들기 위해 반드시 필요한 부분이다.

현재 지구상에 존재하는 모든 자본주의 시장경제는 그 구체적인 형태에는 차이가 있지만 시장경제에 사회주의적인 요소인 복지제도를 결합시킨 혼합체제의 성격을 갖고 있다. 역설적으로 자본주의는 내재적 모순 때문에 붕괴한다는 Marx의 예언의 힘과 설득력 때문에 자본주의가 살아남게 된 것이다.

(2) 상대적 빈곤과 복지정책

상대적 빈곤을 해결하기 위해서는 우선 저소득층의 부족한 소득을 보전해주는 정책과 소득계층 간 이동성을 높이는 정책을 동시에 사용하여야 한다. 저소득층의 부족한 소득을 보전해주는 가장 직접적인 방법은 소득이 높은 사람들에게 많은 세금을 거둬 소득이 낮은 사람들에게 나누어 주는 방법이다. 누진율에 따라 소득 상위계층이 부담하는 세금의 크기가 달라진다. 현재 우리나라에서는 소득수준이 기초생계비에 못 미치는 가구, 저소득 독거노인 가구 등이 지원대상이다.

저소득층은 불확실성에 더 많이 노출되는 경향이 있다. 따라서 각종 사회적 보험 제도를 통해 저소득층을 보호하지 않을 경우 상대적 빈곤의 문제가 더 심화될 수 있다. 질병과 부상은 저소득층의 취업 및 생계유지를 더욱 어렵게 하는 요인이다. 저소득 계층을 위한 보건 및 의료서비스가 제공되어야 하며, 의료보험료의 감면 내지 면제가 필요하다. 연금제도는 은퇴 후 노년층의 빈곤화를 예방하는 효과가 있다. 비정규직이 상대적으로 많은 저소득층은 실업의 위험에 더 크게 노출되어 있다. 실업보험제도의 시행은 실업 기간 동안 소득을 일정 수준 보전해줌으로써 실업의 충격을 줄이는 역할을 한다.

저소득층의 소득을 보전해주는 정책은 상대적 빈곤의 문제를 즉각적으로 완화시키는 효과는 있으나 본질적이고 심층적인 해결책은 아니다. 상대적 빈곤의 문제를 완화시키는 더욱 본질적인 해결책은 소득계층 간 이동성social mobility을 높이는 정책이다. 자본주의 시장경제의 속성상 상대적 빈곤을 완전히 제거하는 것은 불가능하지만, 빈곤계층과 상위 소득계층 간의 순환이 이루어진다면 빈곤 문제의 심각성이 훨씬 덜해지고, 경쟁이 활성화되고 공정해짐으로써 시장경제체제 자체도 더욱 건강해질 수 있다. 이를 위해서는 저소득층이 중산층으로, 중산층이 고소득층으로 상향 이동하는 길이 열려 있어야 하며, 반대로 고소득층도 경쟁에서 낙오하면 중산층이나 저소득층으로 추락할 수 있는 가능성이 열려 있어야 한다.

소득계층 간 이동성을 높이는 가장 중요한 수단은 교육기회를 균등하게 제공하는 것이다. 능력 있는 저소득층 자녀들이 교육을 제대로 받지 못하는 일이 없도록 저소득층 교육비용을 정부가 부담하는 정책이 필요하다. 이러한 정책이 없다면 부와 빈곤의 대물림이 구조화되는 부작용이 생길 수 있다. 소득계층 간 이동성을 높이는 또 다른 중요한 수단은 저소득층의 금융자원에 대한 접근성을 높여 주는 것이다. 저소득층은 담보, 보증인 등을 제시하기 어려운 환경에 처해 있다. 제도 금융권에서는 저소득층에 대한 대출은 회수 가능성이 낮다는 잘못된 인식을 갖고 있어 담보나 보증인이 없다면 저소득계층이 제도 금융권에서 금융자금을 얻기는 쉬운 일이 아니다. 저소득층 경제주체들이 전업 또는 창업을 통해 소득을 높일 수 있는 기회를 포착하였음에도 불구하고 자금의 부족으로 이 기회를 실현시키지 못한다면 이 또한 계층간 소득격차를 영구화하는 요인이 될 것이다. 따라서 제도 금융권 내에 저소득층 경제주체들의 전업 및 창업을 지원하는 전담 부서를 설치하여 운영하는 것을 의무화하거나 정부가 직접 이들을 지원하는 금융기관을 설립하여 운영할 필요가 있다. 이와 더불어 저소득계층 간의 형성된 비제도권 금융조직도 활성화시킬 필요가 있다.

3. 빈곤 문제에 대한 경제학적 접근의 현황과 과제

1) 후진국 절대 빈곤 문제에 대한 연구의 현황과 과제

20세기 후반에 유일하게 빈곤을 성공적으로 탈피한 것은 소수의 동아시아국가들과 최근의 동남아시아 국가들뿐이었으며, 이들을 제외한 대부분의 후진국들은 여전히 빈곤의 고통에 신음하고 있다. 지금까지의 경제이론들은 후진국의 빈곤 문제 해결에 큰 도움이 되지 못했다고 보는 것이 솔직한 평가일 것이다. 따라서 후진국 경제개발에 대한 경제학 이론들로부터 배워야 할 것은 실패의 교훈인데 가장 큰 교훈은 후진국 경제개발은 매우 어렵고 복잡한 문제여서 지나치게 단순화되고 일반화된 접근방식으로는 해결의 실마리를 찾기 어렵다는 것이다.

구조주의 경제발전론자들은 선진국들이 기술과 자금을 제공하고 시장이 제대로 작동하지 않는 상황에서 후진국 정부가 적극적인 역할을 하면 산업화를 통한 경제개발이 쉽게 이루어질 것으로 낙관하였다. 그러나 각종 원조와 경제개발정책들로 인해 후진국의 상황이 더욱 악화되는 사례가 속출하였다.

구조주의적 경제개발전략이 실패한 원인은 '시장의 실패' 보다 훨씬 무섭고 심각한 폐해를 일으키는 '정부의 실패' 였다. 경제개발을 위한 막대한 원조물자와 각종 이권과 재원을 배분할 수 있는 권한이 정부에 주어지자 정권에 막대한 이권이 붙게 되었으며 이로 인해 치열한 권력투쟁이 전개되었다. 권력을 한번 잡으면 놓지 않기 위해 폭력적인 독재를 휘두르는 일이 빈번했고 심지어 내전으로 비화되기도 하였다. 경제개발에 투입될 국가적 역량이 정치적 권력투쟁에 쏟아부어졌다. 정부 조직을 이용하여 미숙한 시장을 대체한다는 생각이 너무 순진한 것이었음이 드러난 셈이다.

구조주의적 경제발전이론이 문제점을 드러내자 자연스럽게 자율적인 시장의 힘을 통해 경제발전을 추구하는 신고전학파적 접근방식이 관심을 끌게 되었다. 그러나 한 가지 분명한 사실은 시장경제체제가 경제발전을 견인할 만큼 성숙해지기 위해서는 많은 노력과 시간이 소요되며 시장이 제대로 작동하지 않은 경제에서 시장에 너무 많은 역할을 더 맡길 경우 긍정적 효과보다 부작용이 더 심각하게 나타날 수 있다는 것이다. 시장경제로 체제를 전환한 동유럽의 여러 나라들이 체제 전환 이후 20여 년이 지난 지금도 많은 어려움을 겪고 있는 것을 보면 시장경제에만 맡겨서는 후진국의 빈곤 문제가 쉽게 풀리지 않는다는 사실이다. 그러나 동시에 기억해야 할 것은 시장의 힘을 과소평가하고 무분별한 정부의 개입으로 시장을 무력화 시키는 정책 또한 경제발전을 가로막는다는 것이다.

대부분의 개발도상국들이 빈곤의 늪에서 헤어나지 못하고 있을 때 성공적으로 지속적인 고성장을 이루어낸 동아시아의 몇몇 국가들에 이목이 집중된 것은 당연한 일이다. 동아시아 국가들의 경제개발정책은 신고전학파의 시장주의정책과 구조주의적인 정부의 개입이 절묘하게 결합된 독특한 사례들이다. 동아시아 국가들의 공통적인 특징은 정부가 경제발전에 대한 확고한 의지를 가지고 있었으며, 정책, 특히 산업정책을 입안하고 집행하는 관료들이 특정 이해집단에 휘둘리지 않고 자율성을 유지함으로써 올바른 방향을 제시할 수 있었고, 정부가 개입하더라도 경쟁적 시장에 준하는 규율discipline이 작동하도록 민간 기업들에게 적절히 동기를 부여하여 효율성의 훼손을 최소화했다는 것이다.

그러나 이러한 설명은 성공한 국가들의 유사한 공통점을 찾아 그 공통적인 특징 때문에 이들이 성공할 수 있었다고 설명하는 사후적인 합리화의 성격이 강하다. 제도론적 접근이 더욱 설득력을 얻기 위해서는 정치적 권력을 쥔 리더, 정책을 입안 집행하는 관료, 투자와 생산을 직접 담당하는 기업, 그리고 소비자이면서 동시에 유권자인 일반 시민들 간의 정치·경제적 역학관계에 대한 모형을 구축할 필요가 있다. 이러한 모형을 통하여 동아시아의 리더들이 경제성장을 최우선과제로 생각하였던 이유, 자율권을 가진 관료들이 개인적 이익보다 국가적 이익을 추구하는 정책을 입안하고 집행한 이유, 기업들이 정부의 정책을 신뢰하고 적극적으로 협조한 이유, 시민들이 정치적 자유를 일부 희생하면서도 권위주의적 개발독재정부를 지지한 이유 등에 대한 설명이 제공되어야 할 것이다. 이러한 설명을 가능하게 하는 모형이 제시될 때 다른 나라에서는 왜 경제개발이 성공적으로 이루어지지 못하는지 동아시아의 사례를 모방하기 위해서는 어떤 전제 조건이 만족되어야 하는지 등에 대한 논의가 가능할 것이다.

결국 구조론적 접근, 신고전학파적 접근, 그리고 제도주의적인 접근 방식 모두가 빈곤에 신음하는 후진국 경제가 어떻게 빈곤을 탈피할 수 있는지에 대한 효과적인 방안을 제시하지 못하고 있다. 이 접근방식들의 공통점은 정부가 집계한 거시통계를 바탕으로 상황을 인식하고 판단하며, 거시경제학 모형을 통해 후진국의 경제상황을 이해하고 발전 전략을 제안한다는 것이다.

일찍이 1940~1950년대에 P. T. Bauer는 거시통계와 거시경제학적인 접근방법의 유용성에 대해 의문을 제기하고 미시적인 데이터의 수집과 미시경제학적 분석에 기초한 후진국 개발전략 수립의 필요성과 중요성을 강조한 바 있다. 그러나 약 반 세기 동안의 시행착오를 거친 후에야 후진국의 경제상황을 제대로 알아야 한다는 공감이 경제학자들 사이에 넓게 형성되었다.

1990년대부터 후진국의 경제주체들에 대한 체계적인 데이터 수집이 이루지고 이 데이터를 이용하여 이들의 소비, 저축, 직업선택, 금융거래, 및 네트워크의 활용 등에 대한 분석이 이루어지고 있다. 또한 관찰된 사실들을 설명할 수 있는 이론적 모형을 구축하는 연구들도 활발히 진행되고 있다. 이러한 최근의 연구 조류는 기존의 연구방법에 비해 크게 진화한 것이라고 볼 수 있으며 이런 연구결과들이 축적되어 감에 따라 후진국의 실태에 대한 이해가 점점 깊어지고 있다.

그러나 이런 연구들은 빈곤을 해결할 수 있는 효과적이고 구체적인 정책 대안이나 경제개발 전략을 제안할 수 있는 수준까지 발전하지는 못했다. 이런 연구에 많은 시간이 걸리는 것도 한 가지 이유지만 더 심각한 이유는 경제개발 문제에 대한 학제간 연구가 충분히 이루어지고 있지 않기 때문이기도 하다.

경제발전은 매우 포괄적이고 복잡한 문제라는 사실이 과거의 경험으로부터 명백히 드러난 이상 후진국들이 절대 빈곤의 사슬을 끊고 지속적인 성장궤도에 들어서는 선순환의 메커니즘을 구축하기 위해서는 학문간 융합적인 연구가 지금보다 훨씬 더 유연하면서도 적극적으로 이루어질 필요가 있다. 경제학만으로 경제발전의 문제를 해결할 수 있다는 천진한 때로는 오만한 생각을 버리고 다른 학문분야와의 협력을 적극적으로 모색하여야 한다. 후진국이 성공적으로 발전하기 위해서는 그 나라의 정치, 경제, 행정, 교육, 환경, 보건·의료, 농·축산 기술, 공학적 기술 등이 적절하게 조화를 이루어가며 발전하여야 한다. 따라서 정치학, 경제학, 행정학, 생태학, 환경공학, 의학, 생물학, 농학, 공학 등 분야 간의 다양한 융합적 연구가 이루어질 필요가 있다.

학문간 협력이 이루어지지 않고 각 학문분야별로 독자적인 연구와 정책제안 그리고 그 정책의 집행이 이루어질 경우 뜻하지 않은 부작용이 일어날 수 있다. 예를 들어 생산성 증가나 일자리 확보에 대한 대책 없이 보건의료 인프라에 대한 투자를 시행할 경우 인구의 폭발적인 증가로 인해 빈곤의 문제가 더욱 악화될 수 있다. 또한 평균 수확량은 크지만 수확량의 변동성이 큰 신품종의 곡물을 보급할 경우 수확량의 변동에 의해 발생하는 위험요소를 효과적으로 분산할 수 있는 거래, 계약, 또는 조직을 만들어 놓지 않으면 경제주체들의 후생수준이 오히려 낮아질 수도 있다. 농업생산성을 높이는 새로운 영농기술을 보급하려는 경우 이 신기술을 실현하기 위해 필요한 비료, 종자, 기계 기구 등

지속적인 경제 발전을 위한 선순환 메커니즘

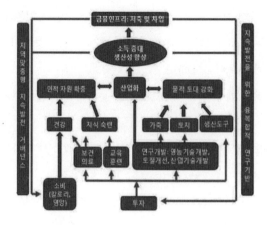

투입요소를 구매하는 데 필요한 자금을 어떻게 조달할 것인지, 수확이 늘어나면 어떤 경로를 통해 판매하여야 더 높은 수익을 얻을 수 있는지에 대한 종합적인 검토와 전략이 필요하다.

　더 본질적이고 어려운 문제는 지속적 경제발전을 뒷받침할 수 있는 거버넌스를 구축하는 것이다. 경제정책의 성공적인 집행은 권력자와 정부 관료들의 강력한 의지 없이는 불가능한 일이다. 그리고 정치적 리더, 관료, 그리고 기업인들 간의 상호작용이 이루어지는 틀을 투명하게 유지하고 그 속에서 상호작용이 국가목표와 일관된 방향으로 이루질 수 있어야 한다.　정치, 행정, 경제를 아우르는 시스템의 구축은 그 나라의 역사적, 문화적, 사회적 배경과 현재 그 나라가 처해 있는 상황을 종합적으로 고려하여 이루어져야 할 것이다. 정치적 리더의 입장에서 개인적 이해관계와 국가적 차원의 이해관계가 상충되지 않도록, 관료들이 설정된 국가적 목표 달성을 위해 성실히 일할 수 있도록, 그리고 일부 기업들의 이해관계가 국가적 이해관계보다 우선시 되는 일이 없도록 하는 정치, 경제 환경을 조성하고 거기에 맞는 거버넌스가 구축되어야 한다.

또한 시장과 정부의 역할분담 문제 역시 고민하지 않을 수 없다. 사유재산, 개인의 자율적 의사결정, 경쟁이라는 시장경제의 기본 틀이 훼손되지 않는 범위 내에서 정부는 시장이 제대로 작동하지 못하는 부분을 보완하는 역할을 수행해야 한다는 것이 일반적인 규범일 것이다. 그러나 그 방법과 형태 그리고 개입의 강도는 각 국가가 처해 있는 정치, 경제, 문화, 사회, 및 생태환경의 특성에 따라 달라질 수밖에 없다. 성공사례를 답습하기보다는 상상력과 창의력을 발휘하여 각 나라의 상황에 맞는 정부와 시장의 역할에 대한 전략을 찾아야 할 것이다.

이 모든 것들이 대상 국가나 대상 지역의 특성에 대한 종합적인 이해 없이는 불가능하며 따라서 여러 다양한 학문 간의 유기적인 융복합 연구가 반드시 필요하다. 빈곤에 시달리는 후진국에 경제발전의 계기를 마련해주는 데 그치지 않고 그 나라 경제발전의 전 과정을 지속적으로 추적하고 관리하면서 각 단계에 맞는 제도, 조직, 목표 및 정책 수단을 조정해나가기 위해서는 사회과학 내의 여러 분야는 물론이고, 사회과학과 보건·의료과학, 생태학, 생명과학, 공학 등을 아우르는 폭넓은 융복합 연구의 체계가 확립되어야 한다.

후진국이 빈곤을 딛고 일어서 정상적인 경제발전의 궤도에 진입하기 위해서는 막대한 재원이 투입되어야 한다. 예를 들어 각종 사회 간접자본의 확충, 농업 생산성을 높이기 위한 투자, 산업시설 구축을 위한 투자, 주민들의 역량을 향상시키기 위한 교육, 질병과 기아를 퇴치하기 위한 지원 등 여러 가지 필수적인 사업들이 동시다발적으로 진행되어야 한다. 그러나 대다수 국민들이 절대 빈곤에 허덕이는 후진국이 자체적으로 막대한 재원을 마련하는 것은 불가능한 일이다. 따라서 선진국을 중심으로 한 국제사회의 지원이 필수적이다. 선진국의 정부와 민간단체들이 후진국에 대해 원조와 지원을 제공하고 있지만 원조와 지원이 체계적으로 이루어지지 못하고 있는 실정이다. 이는 장·단기 목표가 명확히 설정되지 않아 어디에 우선순위를 두어야 되는지를 알지 못하는 문제(21세기에 들어서면서 UN은 MDG: Millennium Development Goals을 발표하였지만 설정된 목표가 구호에 가깝다는 비판이 일고 있다. http://www.un.org/millenniumgoals에서 MDG의 구체적인 내용을 찾아볼 수 있다), 그리고 장·단기 목표가 명확히 설정되어 있다 하더라도 그 목표를 효과적으로 실현할 수 있는 수단과 방법을 잘 알지 못하는 문제, 각국의 정부, 국제기구, 비정부단체NGO 및 다국적기업 등의 역할분담과 협력체계 구축의 문제 등이 복잡하게 얽혀 있기 때문이다. 국제적 역할분담과 협력을 효과적으로 이루어낼 수 있는 방법과 틀이 무엇인지에 대한 연구도 매우 시급하게 필요한 부분이다. 이 방면의 연구를 위해서는 기존의 ODA 및 민간 원조가 어떤 성과를 거두었는지, 그리고 문제점과 부작용은 무엇이고 개선책은 무엇인지에 대한 포괄적인 연구가 진행되어야 한다(이 주제에 대한 국제학술회의가 Economic Development and Impact Evaluation이라는 제목으로 2010년 11월에 KDI 주최로 열려 16개의 논문이 발표된 적이 있다. 최근 이 분야 연구가 활발해진 것은 다행스러운 일이다).

2) 산업사회의 상대적 빈곤 문제에 대한 연구가 나아갈 방향: 시장주의와 복지주의 간의 소모적 논쟁과 생산적 논쟁

어떤 나라든지, 특히 선진국일수록 어떤 복지제도를 어떤 강도로 할 것인지에 대한 의견대립과 갈등이 있다. 그러나 이념적인 성격을 띤 복지에 대한 논쟁은 무의미하고 소모적일 뿐이다. 일부 극단적인 시장지상주의자들은 마치 복지정책이 경제발전과 체제유지에 불필요한 요소이고 단순히 가난한 자들을 위한 시혜일 뿐이라는 잘못된 생각을 바탕으로 논의를 전개한다. 이들의 눈에 패자를 보호하는 복지정책은 자원의 낭비이며 성공적인 기업과 개인에게 더 많은 자원을 집중시켜서 이들의 능력발휘를 통해 더 많은 소득이 창출될 수 있도록 하는 것이 가장 좋은 정책이다. 그러나 소득분배의 집중이 심화되어 임계치를 넘어서면 사회적 불안, 정치적 갈등, 내수시장의 붕괴 등으로 인해 시장경제의 존립기반이 흔들릴 수 있다. 따라서 극단적인 시장주의자들의 정책처방을 따를 경우 시장경제는 붕괴의 길로 들어설 수밖에 없다. 극단적인 시장주의는 시장경제의 종말을 불러온다.

일부 극단적인 복지주의자들은 '균등한 복지'가 국가경제의 목표가 되어야 한다고 주장한다. 정책의 우선순위가 효율과 성장보다는 평등한 복지에 맞춰져야 한다는 주장이다. 그러나 이런 주장을 하는 사람들은 1980년대 말부터 1990년대 초에 걸쳐 소련을 비롯한 동구권이 사회주의를 포기하고 자본주의 시장경제 체제로 전환하였던 역사적 사건을 기억할 필요가 있다. 사회주의 체제야말로 평등과 복지라는 이념을 근간으로 만들어진 경제체제이다. 그러나 능력 있는 사람, 열심히 일하는 사람에 대한 차별화된 적절한 보상이 이뤄지지 않는 사회주의 체제에서는 사람들은 누구나 적당주의에 빠져 열심히 일하지 않게 되며 힘들이지 않고 남의 등에 업혀가려는 사회주의 병이 만연하게 된다. 이것이 사회주의가 몰락한 가장 중요한 이유이다.

시장경제도 사회주의경제도 홀로 설 수 있는 지속 가능한 체제가 아니라는 것은 역사적 경험을 통해 명백히 드러난 사실이다. 그럼에도 불구하고 체제선택의 문제를 현실적 생존의 문제보다는 이념적 문제로 인식하고 접근하는 것은 어리석은 일이다. 이념적 관점에서 출발한 시장주의와 복지주의 간의 논쟁은 평행선을 그을 뿐 합의점을 찾아내는 것은 불가능한 일이다.

시장주의와 복지주의 간에 생산적인 논의가 이루어지기 위해서는 시장과 복지가 합쳐진 혼합체제만이 존속 가능하다는 점을 인정하고 이 두 가지 체제의 특성들을 어떻게 조합하는 것이 바람직한지에 대해 논의의 초점이 맞춰져야 한다. 이를 위해서는 우선 인간의 윤리의식에 대한 성찰이 필요하다. 사람들은 살아남아야 한다는, 같은 값이면 남보다는 내가 살아남아야 한다는 생존본능의 지배를 받는다. 따라서 사람들은 일반적으로 공익과 개인의 이익이 충돌할 때 개인의 이익을 우선시 하는 경향이 있다. 인간의 이러한 본능적 행태를 인정한다면 경제체제의 바탕은 사유재산과 경쟁의 결과에 따라 보상이 주어지는 시장경제체제여야 한다는 결론에 도달할 수 있다. 열심히 일한 결과가 '우리 것'이 되기보다는 '내 것'이 될 때 사람들은 최선을 다해 열심히 일할 것이기 때문이다.

사회주의적 이상은 '각자 능력에 따라 최선을 다해 일하고 거기서 얻어진 결과는 모든 사람이 균등하게 나눠 갖는다'는 원리를 바탕으로 한다. 그러나 결과의 균등한 분배가 보장된다면 많은 사람들은 자신의 능력을 최대한 발휘하여 최선을 다해 일하지 않을 것이다. 내가 열심히 일하든 그렇지 않든 내 몫이 별로 달라지지 않기 때문이다. 사회주의의 이상은 인간의 윤리의식이 지금보다 훨씬 높은 수준으로 진화하여 자발적으로 공익을 사익보다 우선시 할 수 있을 때라야 실현 가능한 것이다.

따라서 인간의 본능과 그것의 지배를 받는 윤리의식을 감안할 때 자본주의 시장경제를 경제체제의 바탕으로 삼는 것이 현실적인 선택이다. 단, 사유재산제도, 개인의 자율, 그리고 '공정한 경쟁'이 굳건히 지켜지는 시장경제 체제를 기반으로 삼아야 한다.

그 다음 단계의 논의는 시장경제 체제가 갖는 부작용인 상대적 빈곤의 문제를 해소하기 위해, 어떤 복지제도를 어떤 강도로 도입할 것인지에 초점이 맞춰져야 한다. 시장주의자들은 시장경제를 존속시키기 위해서는 복지제도가 반드시 필요하다는 것을 인정해야 하며 복지주의자들은 결과의 균등한 배분이 체제의 목적이 될 수는 없다는 점을 인정해야 한다. 이러한 공감대 위에 복지제도의 미비로 상대적 빈곤이 심화되지 않는, 그리고 사후적 분배를 지나치게 강조한 복지제도로 인해 시장경제의 틀을 깨지 않는 범위 내에서 복지제도를 확충해나가는 방법을 함께 고민해야 한다.

이 하한선과 상한선 사이에 어느 정도가 가장 적정한 수준의 복지인지에 대해서는 일률적인 답을 찾을 수 없다. 여기에 주관적인 가치관과 판단이 개입될 수 있으며 따라서 다양한 의견이 있을 수밖에 없다. 이 문제는 본질적으로 논쟁거리이며 모든 사람이 동의하는 답을 찾을 수 없다. 각자의 의견은 상대적인 것일 뿐 절대적인 기준이 될 수 없다. 이 문제에는 하나의 정답이 있고 자신의 의견이 정답이라고 착각하는 경우 생산적인 논의와 합의도출이 불가능해진다. 서로 다른 의견의 차이를 인정하고 그 차이의 속성을 면밀히 검토하여 조정이 가능한 부분부터 의견을 수렴해가는 식으로 접근하는 것이 이 문제의 해결을 위한 가장 생산적인 방법이 될 것이다.

참고문헌

Amsden, Alice H., *Asia's next giant : South Korea and late industrialization*, Oxford University Press, 1989

Banerjee, A., Duflo, E. *The Experimental Approach to Development Economics*, Annual Review of Economics 1, pp.151-178, 2009

Bauer, P. T., *The Rubber Industry*, Harvard University Press, 1948

———— , *West African Trade*, Cambridge University Press, 1954

———— , *Economic Analysis and Policy in Underdeveloped Countries*, Duke University Press, 1957

———— & Yamey, B. S., *The Economics of Under-developed Countries*, University of Chicago Press, 1957

Bell, D., *The Coming of Post-Industrial Society: A Venture in Social Forecasting*, Harper Colophon Books, 1974

Binford, M., Lee, T., Townsend, R., *Sampling Design for an Integrated Socioeconomic and Ecological Survey by Using Satellite Remote Sensing and Ordination*, PNAS 101(31), pp. 11517-11522, 2004

Clark, C., *The National Income, 1924~31*, MacMillan, 1932

Clark, C., *Conditions of Economic Progress*, MacMillan, 1957

Clark, C. and Haswell, M. R., *Economics of Subsistence Agriculture*, MacMillan, 1964

Clark, C., *Starvation or Plenty?*, Taplinger, 1970

Hirschman, A., *The Strategy of Economic Development*, Yale University Press, 1958

Hirschman, A., A Dissenter's Confession: "*The Strategy of Economic*

Development Revisited. In Pioneers in Development. edited by Meier, G. M. and Seers, Oxford University Press, pp. 87-111, 1984

Johnson, Chalmers., *MITI and the Japanese Miracle: the Growth of Industrial Policy, 1925-1975*, Stanford University Press, 1982

KDI, *Economic Development and Impact Evaluation*, KDI, 2011

Krugman, P., *The Myth of Asia's Miracle*, Foreign Affairs 73 (6), pp.62-78, 1994

Lewis, A., *Economic Development with Unlimited Supplies of Labor*, Manchester School of Economic and Social Studies, 22(2), 1954

Lewis, A., *The Theory of Economic Growth*. Allen and Unwin, 1955

Lucas, R. E., Jr., *On the Mechanics of Economic Development*, Journal of Monetary Economics 22, pp. 3-42, 1988

Marx, K., *Capital: A Critique of Political Economy*, vol.2, Book2. Edited by F. Engles, Progress Publisher, 1971

Myrdal, Gunnar., *Asian Drama: An Inquiry into the Poverty of Nations*, 3 vols., Pantheon, 1968

Myrdal, G., *The Challenge of World Poverty*, Pantheon, 1970

Myrdal, G., *International Inequality and Foreign Aid. In Pioneers in Development*, edited by Meier, G. M. and Seers D, Oxford University Press, pp. 151-165, 1984

Romer, P., *Increasing Returns to Scale and the Long-run Economic Growth*, Journal of Political Economy 94, pp.1002-1037, 1986

Rosenstein-Rodan, P. N., *Problems of Industrialization of Eastern and South-Eastern Europe*, Economic Journal. June-September 1943.

Rosenstein-Rodan, P. N. (edited), *Capital formation and Economic*

Development, MIT Press, 1964

Rostow, W. W., *The Stages of Economic Growth: A Non-Communist Manifesto*, Cambridge University Press, 1960

Sen, A., *Development as Freedom*, Anchor Book, 1999

Smith, A., *An Inquiry into the Nature and Causes of the Wealth of Nations (with Introduction by Max Lerner)*, Random House, 1965

Solow, R., *A Contribution to the Theory of Economic Growth*. Quarterly Journal of Economics, 70(1), pp. 65-94, 1956

Solow, R., *Technical Change and the Aggregate Production Function*, Review of Economics and Statistics, 39(3), pp. 312-320, 1957

Stiglitz, J., *Markets, market Failures, and Development*, AEA Papers and Proceedings. pp.197~203, 1989

Townsend, R., *Microenterprise and macropolicy. Advances in Economics and Econometrics : Theory and Applications*, Seventh World Congress 2, eds. David Kreps and Kenneth F. Wallis, Cambridge University Press, pp.160-209, 1996

Townsend, R., *Financial Structure and Economic Welfare: Applied General Equilibrium Development Economics*, Annual Review of Economics 2, pp. 507-546, 2010

Townsend, R., *Financial Systems in Developing Economies: Growth, Inequality and Policy Evaluation in Thailand*, Oxford University Press, 2011

UN http://www.un.org/millenniumgoals

Wade, Robert., *Governing the Market: Economic Theory and the Role of Government in East Asian industrialization*, Princeton University Press, 2004

World Bank, *The East Asian Miracle: Economic Growth and Public*

Policy, Oxford Press, 1993

Young, A., *The Tyranny of Numbers: Confronting the Statistical Realities of the East Asian Growth Experiences*, Quarterly Journal of Economics 110 (3), pp. 641-680, 1996

5장

기업의 사회적 책임과 사회적 기업

최종원, 최병현

1. 서론

본 장에서는 빈곤 문제에 관하여 경영학 연구에서 어떠한 접근과 노력을 기울여 왔는가에 대해서 살펴보고자 한다. 필자들이 처음 이 글에 대한 집필의뢰를 받았을 때의 느낌처럼, 이 글을 읽고 있는 많은 독자들도 경영학이라는 학문분야에서 빈곤 문제가 다소 생소하고 직접적인 관련성이 없는 주제처럼 느껴질 것이다. 그 이유는 경영학이 기업의 조직과 관리 운영에 대한 학문 분야로, 기업의 주인인 주주 shareholder들의 부를 어떻게 하면 극대화할 수 있을까를 주된 목표로 삼고 있다는 점이 경영학에 대한 일반적인 통념이었기 때문이다. 이처럼 전통적인 경영학 이론에서 기업이 주주의 이윤 추구 활동을 위해 존재하는 조직으로 간주되면서 기업의 사회적 역할도 좋은 제품과 서비스를 소비자 혹은 고객에게 더욱 효과적이고 효율적으로 제공하기 위해 노력하는 것 자체로 충분하다고 믿어져 왔다.

하지만 최근 주주의 이윤추구 활동을 넘어서서, 세계적 빈곤 문제 해결에도 기업의 역할과 기능이 강조되고 있다. 이는 기업이 사회적 문제를 해결하는데도 일부 몫을 담당해야 하는 사회적 책임Corporate Social Responsibility:CSR과 밀접한 관련성을 맺고 있다. 즉, 기업이 단순히 재화나 서비스 제공을 통한 주주의 이윤추구 활동에만 몰입하는 조직 차원을 넘어 사회에 대한 윤리적, 사회적, 환경적인 책임을 감당해야 하는 조직으로 확대되고 있는 것이다. 이처럼 기업의 목표가 이윤추구와 사회적 책임이 함께 강조되면서, 경영학 분야에서 기업의 사회적 책임과 관련된 다양한 연구가 진행되었다.

본 글에서는 빈곤에 관한 경영학 연구를 기업의 사회적 책임 연구틀 안에서 재조명하고 향후 연구 방향을 모색하는 데 그 목적을 둔다. 빈곤 문제를 해결하는데 경영학적 연구가 향후 어떻게 기여할 것인가는, 결국 기업이 빈곤 문제 해결과 같은 사회적 책임을 어떻게 인식하고 해결하고자 노력을 기울이느냐에 대한 문제 인식에서부터 출발하는 것이라 생각한다. 이와 같은 인식의 틀 안에서 기업의 사회적 책임과 관련된 기존 연구를 분류해 보면 크게 네 가지 분야로 구분된다(그림 1).

그림 1. 빈곤에 관한 경영학적 접근 프레임워크

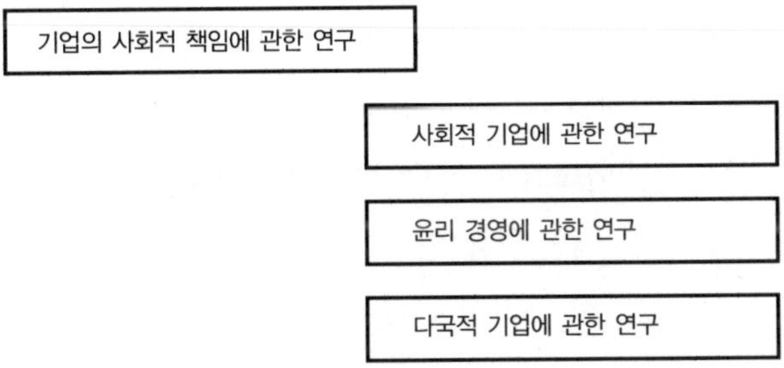

기업의 사회적 책임에 관한 연구

사회적 기업에 관한 연구

윤리 경영에 관한 연구

다국적 기업에 관한 연구

첫째, 사회적 책임과 관련하여 기업의 성과에 어떠한 영향을 미쳤는가를 살펴본 연구들이다. 이 연구의 부류는 사회적 책임이 기업의 재무적 성과에 미치는 영향에 관해서는 서로 다른 연구 결과를 보인다. 사회적 책임을 잘 수행한 기업들은 높은 재무적 성과를 보인다는 긍정론적인 연구와, 오히려 부정적인 영향을 미친다는 부정론적인 연구가 주를 이루는 가운데 사회적 책임은 재무적 성과와 어떠한 관련성도 보이지 않는다는 연구도 일부 존재한다.

둘째, 사회적 기업에 관한 연구이다. 이는 주로 사회적 책임의 범주 내에서 연구가 진행되다가 사회적 기업에 대한 관심이 높아지면서 사회적 기업에 초점을 맞춘 연구로 확장되어 진행되고 있다. 사회적으로 소외되고, 경제적으로 빈곤한 계층을 위해 헌신하는 기업들은 그렇지 못한 기업들에 비해 브랜드 가치, 명성 등에 긍정적인 영향을 미친다는 연구가 주를 이루고 있다.

셋째, 윤리 경영에 관한 연구를 들 수 있다. 이는 사회적 기업과 마찬가지로 이해관계자Stakeholder에게 윤리적 기업으로 인정받는 기업들은 브랜드 가치가 향상되고 기업가치가 높아질 수 있다는 결과를 보이고 있다. 특히 기업의 이윤 추구만을 지향하고, 도덕적이고, 윤리적이지 못한 기업은 지속성장sustainable growth의 관점에서 오래 생존하기 어렵다는 것이 일반적인 결과로 나타나고 있다.

마지막으로 다국적 기업들이 해외로 진출하면서 현지 국가의 빈곤 문제 등 사회, 경제적 발전에 노력한 다국적 기업들의 현지 진출에 관한 연구 들을 들 수 있다. 대다수의 다국적 기업들은 초반에 생산기지 이전, 판매 시장의 확보 차원에서 해외에 진출하게 된다. 진출한 이후에는 현지화를 위해 현지의 사회, 경제적인 문제에 동참하게 된다. 특히 후진국의 경우 사회적 인프라의 부족, 빈곤층에 의한 사회적 문제의 발생 등 극복되어야 할 문제가 산적해 있다. 이러한 후진국의 문제 점들에 대해 다국적 기업들은 다양한 활동을 전개하게 된다. 빈곤 문제 해소를 위한 다국적 기업들의 대표적인 활동을 든다면 무료 진료소, 급식소의 설치, 도로 등 인프라의 구축 등을 들 수 있다.

지금까지 빈곤 문제에 대한 경영학적 접근 프레임워크를 살펴보았다. 이제부터 그 프레임워크를 구성하고 있는 각각의 연구 분야에 대해 지금까지의 연구 결과를 정리하고자 한다. 본 글에서는 빈곤 문제와 관련하여 기업들이 전개하고 있는 사회적 활동과 성과 간의 관계를 살펴본다. 이를 통해 빈곤 문제와 관련된 과거 연구 결과들을 검토하고, 새로운 연구 방향성을 모색해보고자 한다.

2. 빈곤의 경영학 연구

1. 기업의 사회적 책임 활동에 관한 연구

1.1. 기업의 사회적 책임 활동과 기업의 재무적 성과

기업의 사회적 책임 활동과 재무적 성과에 대한 논점은 크게 긍정론, 부정론, 무관련론으로 구분된다. 즉 사회적 책임 활동이 기업의 재무적 성과에 긍정적인 영향을 미친다는 견해와 부정적인 영향을 미친다는 견해가 서로 대립하고 있으며, 양자간에는 아무런 관련성이 없다는 연구도 존재한다. 긍정론 내에서도 인과관계의 방향성에 대한 두 가지 엇갈린 견해가 있다. 하나는 사회적 책임 활동이 재무적성과에 긍정적 영향을 미친다는 견해이고, 다른 하나는 반대로 재무적성과가 사회적 책임 활동에 영향을 미친다는 인관관계의 방향성을 달리하는 견해이다.

1.1.1. 긍정론적 관점

사회적 책임 활동이 기업의 재무적 성과에 긍정적인 영향을 미친다는 대표적인 이론으로는 이해관계자 이론Stakeholder theory이 있다. 이해관계자 이론은 "조직의 부organizational wealth는 모든 이해관계자들과의 관계로부터 창출된다"는 명제 하에서 출발한다. 따라서 상호 이익을 위해 이해관계자들과의 관계를 효과적으로 관리하는 것이 조직 성공을 위한 핵심적인 요소라는 것이다. 본 이론은 기업이 지속적인 부를 창출할 수 있는 능력은 주요 이해관계자들과의 관계에 의해서 결정된다고 본다. 따라서 장기적 기업 가치를 창출하고 유지하기 위해서는 효과적인 이해관계자 관리가 필요하다는 견해이다. 결국 기업은 기업을 둘러싼 대표적인 이해관계자인 투자자, 채권자들에 대한 관계에서의 관리를 넘어선 사회적 이해관계자들까지 고려하여야만 장기적인 기업가치를 높일 수 있다는 이론이다.

긍정론적 관점의 대표자들은 Freeman(1984)과 Carroll(1999) 등이 있으며, 그들은 이해관계자 이론에 입각하여 기업의 사회적 역할을 강조한다. 20세기에 접어들면서 자본주의가 발달하였고 기업의 규모가 증대되면서, 기업이 사회에 미치는 영향력과 파급효과가 커져갔다. 결국 이에 상응하는 기업의 사회적 책임 또한 커지게 된다. 기업이 사회적 요구를 외면할 경우에 이는 장기적인 관점에서 볼 때, 결국 사회전체의 비용을 초래하게 되며 이는 다시 기업에게 막대한 비용 증가로 되돌아오게 된다는 것이다. 따라서 기업의 사회적 책임 활동은 기업의 발전을 위해서 반드시 필요하다는 견해이다. Carroll(1979, 1991)의 피라미드 모형은 기업은 일차적으로 경제적 책임을 지고 있을 뿐만 아니라, 사회제도의 주요 구성원으로서 추가적인 법적, 윤리적, 자선적 책임에 의해 사회에 이익을 환원해야 할 책임도 지니게 된다고 주장하였다.

이해관계자 이론과 더불어 사회효과설Social impact hypothesis, 선의경영이론Good management theory이 있다. 사회효과설이란 이해관계자이론에 입각하여 사회적 책임 활동을 잘 하는 기업은 외부의 평가가 개선되어 긍정적인 재무적인 성과가 나타난다는 가설이다. 이와 유사하게 선의경영이론은 사회적으로 선한 기업이 결국 좋은 경영성과를 가져온다는 이론이다.

앞서 기술한 이해관계자 이론과 사회효과설, 선의경영이론처럼 기업의 사회적 책임 활동이 재무적 성과에 영향을 미치게 된다는 논점과 다른 견해도 존재한다. 즉 사회적 책임 활동이 재무적 성과에 영향을 미치고 있는 것이 아니라, 재무적성과가 사회적 책임 활동에 영향을 미치는 것이라는 주장이다. 이와 같이 양자 간의 인과관계의 방향을 다르게 보는 대표적인 가설이 여유자원설Slack resource hypothesis 또는 여유자금설이다.

여유자원설은 전기의 재무적 성과가 좋은 기업은 자원 또는 자금의 여유를 지녀서 더 많은 사회적 책임 활동을 수행한다는 견해이다. 즉 기업이 경영성과가 좋아야 여유자원이 생겨서 사회적 책임 활동을 수행할 수 있다는 견해이다. 이 시각에서는 "선행이 기업의 성과를 가져오는 것doing good enables doing well이 아니라, 기업의 성과가 실제에 있어 기업의 선행을 가져오는 것doing well enables doing good"이다. 이 같은 시각은 이전 기간의 기업의 재무적 성과는 이후의 사회적 책임 활동에 정(+) 방향의 영향을 미친다는 연구들에 기초한다(McGuire, Sundgren, and Schneeweis, 1988; Preston and O' Bannon, 1997; Waddock and Graves, 1997). 이러한 주장을 전개하는 연구들은 기업의 사회적 책임을 광범위하게 측정하면서 이러한 관계를 주장하는데, 기본적으로 제시하는 바는 이윤을 많이 갖는 기업이 여유자원을 더 지닐 수 있고, 여유자원을 갖는 기업은 사회적 공헌 등을 포괄해서 전반적인 사회적 책임을 위한 노력들을 기울이는 데 더 용이하다는 것이다.

긍정론적 관점에서 이해관계자 이론, 사회효과설, 선의경영이론, 여유자원설에 입각하여 사회적 책임 활동과 재무적 성과간의 정(+)의 관련성이 있음을 검증한 다수의 실증연구들이 있다. Cochran and Wood(1984)는 기업의 사회적 책임 활동과 경영성과와의 관계를 검증하였으며, 사회적 책임 활동과 재무적 성과와의 사이에 정(+)의 관계가 있음을 발견하였다. Berman(1999) 등은 이해관계자론에 입각하여 기업 사회책임활동과 기업의 회계적 성과 간에 정(+)의 관련성이 있음을 제시하였다.

Ulmann(1985)은 기업의 사회적 책임 활동은 기업의 재무적 성과에 기초한다는 여유자원이론의 시각에서, 이 두 변인의 기본적 관계의 틀 속에서 이해당사자의 중요성이 두 변인의 관계 정도에 영향을 주는 속성으로 존재하는 것이라고 설명한다. 즉 재무적 성과라는 기본 조건 내에서 이해당사자의 중요성 및 요구 등에 따라서 기업사회 공헌의 비중은 다양하게 변화되어질 수 있다고 설명한다. 한편 Ulmann(1985)의 주장을 토대로 기업의 재무적 성과와 사회적 책임 활동과의 관계에 있어 시간적 간격을 두고 그 관계를 검증하고자 했던 Roberts(1992)의 연구 역시 이 둘의 관계에서는 정적인 방향의 관계가 있음을 보고한다. 구체적으로 기업의 이전 기간의 재무적 성과, 사회공헌에 대한 전략적 접근, 이해당사자의 권력과 같은 세 변수가 기업의 사회공헌의 정도를 결정하는 핵심적 선행 변수임을 밝혔다. 그는 기본적으로 이들 변수의 시간적 관계에서 동시적 효과가 아닌 선행 효과가 존재함을 주장하였다. 유사한 시각에서 Preston and O'Bannon(1997)은 1982년부터 1992년까지의 67개의 미국 기업의 자료를 기초로 명성을 이용하여 측정된 사회적 책임 활동의 성과와 수익을 중심으로 하여 측정된 재무적 성과의 관계를 검증하였다.

Pava and Kausz(1996)는 사회적 기준을 충족한 기업들이 그렇지 못한 기업들과 비교할 때 최소한의 평균적인 재무성과를 상회하는 것으로 나타났다고 보고했다. 환경적 성과 및 주가, PER, PBR, ROA 등 다양한 재무적 성과 측정치를 이용하여 환경적 성과가 양호한 기업과 통제집단을 비교함으로써 환경적 성과가 높은 집단의 재무적 성과가 높음을 보고하였다.

Waddock and Grave(1997)은 선의경영이론과 여유자본이론에 입각하여 기업의 사회적 책임 활동과 재무적 성과간의 관련성을 검토하였다. 그들은 기업의 사회적 책임 활동에 대한 측정치로 KLD(Kinder, Lydenberg, Domini and Co.)지수를 이용하였으며, 부채비율, 매출액, 자산, 종업원 수를 통제한 후에 총자산영업이익률ROA, 자기자본순이익률 ROE, 매출액순이익률ROS과의 관련성을 검토하였다. 분석결과 전기의 재무적 성과는 당기의 사회적 책임 활동과 관련성이 있고, 전기의 사회적 책임 활동은 당기의 재무적 성과와 관련성이 있음이 나타났다. 즉 양자 간에는 상호 의존적 관계로서 상호호혜적 순환 또는 선순환 virtuous circle을 이룬다고 그들은 주장하였다.

McGuire et al.(1998)은 상장기업을 대상으로 1977년에서 1984년까지의 Fortune의 기업 평판 서베이 자료를 이용하여, 기업의 재무적 성과와 기업의 사회적 책임 활동 간의 관련성을 실증적으로 분석하였다. 분석결과 기업의 이전 기간의 사회적 책임 활동이 기업의 당기 회계적 수익에 영향을 미치고 있음이 관찰되기보다는, 기업의 이전 기간의 회계적 수익이 기업의 당기 사회적 책임 활동에 영향을 미치고 있음이 보다 뚜렷하게 나타났다. 또한 기업의 명성과 ROA, 총자산은 정(+)의 관련성을, 영업이익, 성장성 및 부채비율은 부(-)의 관련성을 지님을 보였다. 즉 높은 재무적 성과와 낮은 위험을 지닌 기업일수록 사회적 역할이 크므로, 재무적 성과가 사회적 책임 활동에 영향을 미치는 것으로 보는 것이 반대의 경우보다 타당하다고 주장하였다. 그리고 기업의 사회적 책임 활동은 재무적 성과 중 증권시장에서의 수익보다는 회계적 수익에 의해 보다 큰 영향을 받고 있음을 보였다.

Seifert, Morris, and Bartkus(2004)도 Fortune의 자료를 대상으로 구조방정식 모형을 이용하여 회사의 여유자원과 기업의 자선활동과의 관계를 실증적으로 분석하였다. 분석결과 회사가 갖는 여유자원slack resources, 특히 현금 흐름cash flow이 기업의 자선활동에 정(+)의 영향을 미치지만 기업의 자선활동은 기업의 재무적 성과에 영향을 미치지 못함을 보였다. 이 연구는 기업의 사회적 책임 활동과 같은 사회를 위한 기업의 선행을 결정짓는 요인은 기업 여유자금의 전조라 볼 수 있는 기업의 재무적 성과임을 강조한다.

Tsoutsoura(2004)는 사회적 책임 활동의 대용변수로서 KLD 사회성과지수와 Domini 400, 재무적 성과의 대용변수로서 ROA, ROE, ROS를 사용하여 정(+)의 상관관계가 있음을 주장하였다. Scholtens(2008)는 시차분포distributed - lag 모형과 그랜저 인과Granger causality 검정으로 사회적 책임 활동과 주가수익률간의 관계를 분석하여, 재무적 성과는 사회적책임활동과 관련성이 있음을 보였다.

국내의 실증연구들도 다수 존재한다. 신민식, 심상헌(2001)은 '경제정의기업상' 수상기업을 대상으로 장기 주식성과를 분석하였다. 분석결과 '경제정의기업상' 을 수상한 기업은 다른 통제기업에 비해 장기적으로 주가가 크게 상승하는 것으로 나타났다. 또한 최초 수상 후 3년 이내에 중복 수상한 기업의 주가는 더 크게 상승하는 것으로 나타났다.

위평량(2006)은 1990년부터 2000년까지 11년 연속 상장된 346개의 제조업체를 대상으로 기업의 사회적 책임 활동과 기업가치와의 관계를 분석한 결과 사회적 책임 활동은 기업가치에 유의한 정(+)의 영향을 미치고, 기업가치와 사회적 책임 활동 간의 관계에 있어서 사회공헌의 규모에 따라 다르게 영향을 준다고 하였다.

김창수(2010)는 사회적 책임 활동을 왕성하게 수행하는 기업의 특성과 이런 활동이 기업가치 증가에 기여하는지를 분석한다. 변수들의 내생성 문제를 교정한 모형을 통해 기업 가치와 사회적 책임 활동은 관련성이 높고, 최대주주 또는 대주주의 지분이 높은 기업이 사회적 책임 활동을 수행하는 경우 기업가치 증대효과가 높다는 분석결과를 보였다.

장지인·최현석(2010)은 사회적 책임 활동이 기업의 이해 관계자들 간 발생할 수 있는 갈등을 경감시키거나 방지할 수 있다는 전제를 바탕으로, 기업의 사회적 책임 활동과 기업가치의 관계를 실증 분석하였다. 그들은 사회적 책임 활동은 비용이 아니라 투자이고, 궁극적으로 제고하는 전략적 수단임을 주장하였다. 허미옥·정기한(2010)은 사회적 책임 활동이 기업 가치에 영향을 미치는 과정에서 기업 명성이 매개 역할을 할 수 있음을 주장하였다.

1.1.2. 부정론적 관점

기업의 사회적 책임을 부정하는 관점은 신고전학파경제학neo-classical economics에서 나타난다. 신고전학파경제학은 기업이 최대이익을 추구하는 과정에서 이미 충분한 사회적 책임을 수행하고 있다고 본다. 기업의 본질적 사회적 책임이라는 것은 사회가 필요로 하는 용역이나 재화를 생산하고 분배하는 경제적 역할을 능률적으로 수행하는 것일 뿐, 새롭게 사회적인 책임을 의식할 필요가 없다는 것이다. 즉 기업에게 주어진 역할은 최대이익을 추구하는 기업의 본연의 역할에 충실하는 것이며 사회의 제반 문제들에 신경을 쓴다는 것은 그만큼 불필요한 비용을 증가시켜 주주들에게 돌아갈 혜택을 감소시키는 것으로 본다. 이러한 비용은 제품가격에 전가되며 가격이 올라 결국 고객에게도 피해가 돌아가고 이는 다시 경쟁력 상실로 인한 일자리 창출에 악영향을 주게 된다는 것이다. 결국 주주의 이익을 극대화하는 것이야말로 기업의 최대 역할이라는 관점이다(Schwartz, 1996; Himmelstein, 1997).

부정론적 관점의 대표자들은 Friedman(1962, 1970), Stone(1975), Davis(1973) 등이 있다. 그들은 기업의 사회적 책임 활동이 이윤이나 주주가치 극대화에 지장을 초래하고, 궁극적으로 이해관계자들의 이익을 저해시키는 결과를 가지고 온다고 주장하였다. 즉 기업이 주주 이외의 사회적 집단에 봉사한다면 그러한 집단에 대한 권력을 기업이 인정하게 되고 그 결과 주주의 손실이 될 뿐만 아니라, 국가에 의한 기업통제가 증대되어 자유기업체제 그 자체를 동요시키게 되는 결과를 초래한다는 것이다. 다시 말해 경영자가 빈곤 등 사회문제에 관여하는 등의 주주의 이익 이외의 것에 봉사하게 된다면 이는 단기적으로는 경영자의 무책임한 권력을 증대시키게 되고 장기적으로는 정부에 의한 기업통제를 초래하게 된다는 것이다.

결국 부정론은 기업의 활발한 사회적 책임 활동이 기업가치의 저하와 주주의 피해를 가져온다는 관점이며, 주요 가설로서 경영자기회주의managerial opportunism 가설과 상반관계trade-off 가설 등이 존재한다 (Friedman, 1970; Moore, 2001).

경영자기회주의 가설은 사회적 책임 활동 관련 최종 의사결정은 경영자에 의해 이루어지고, 경영자는 주주보다 자신의 이익을 추구함으로써 사회적 활동과 관련하여 주주와 경영자간에 이해상충이 발생할 수 있다는 것이다(Weidenbaum and Vogt, 1987; Willianson, 1967). 재무적 성과가 좋은 기업은 사회에 환원하기보다 경영자의 이익이 되는 단기적 사업에 투자하게 되어 사회적 책임 활동과 재무적 성과 간에는 부정적인 관계가 형성된다는 것이다(Preston and O' Bannon, 1997). 상반관계 가설은 기업의 재무적 성과와 사회적 성과는 관련이 없고, 상호 독립적 또는 역의 관계라는 것이다.

사회적 책임 활동과 재무적 성과간 부(-)의 관계를 보고하는 연구에는 Vance(1975), Moore(2001), Brammer et al.(2005) 등이 있다. Vance(1975)는 Moskowitz의 기업평판 자료를 이용하여 주가를 비교하고, Business and Society Review의 자료를 이용하여 기업의 사회적 성과와 주가의 관련성을 분석하였다. 분석 결과 모두 사회적 책임 활동과 재무적 성과간 부(-)의 관계가 있는 것으로 나타났다.

Moore(2001)는 EIRIS(영국의 CSP 평가회사)에서 추출한 정보와 척도 분석법으로 영국의 수퍼마켓 산업분야를 대상으로 기업의 재무적 성과와 사회적 책임 활동과의 관계를 종단면적 자료를 활용하여 실증적으로 분석하였다. 분석결과, 기업의 재무적 성과와 사회적 책임 활동의 관계는 부(-)의 관계를 지니게 된다고 주장하였다. 이와 유사한 연구로는 Brammer et al.(2005)의 연구를 들 수 있다. 그는 EIRIS의 사회적 성과 구성요소와 FTSE index 의 451개 기업을 분석하여 기업의 재무적 성과와 사회적 책임 활동 간에는 부(-)의 관계가 있다고 주장하였다.

1.1.3. 무관련론적 관점

기업의 사회적 책임 활동과 재무적 성과 간에는 어떠한 관련성도 존재하지 않는다는 무관련론적 관점의 연구들도 존재한다. Alexander and Buchholz(1978)는 사회적 책임 활동과 재무적 성과간의 관련성을 보고하였던 Moskowitz(1972)와 Vance(1975)의 연구가 분석기간이 짧고

위험을 조정하지 않은 자료를 사용하여 도출된 결과임을 비판하였다. 그들은 1970년에서 1974년의 월별수익률 자료를 사용하여 양자간의 관련성을 재분석해본 결과, 기업의 사회적 책임 활동과 주가 또는 위험조정수익률 간에 어떠한 유의적 관련성도 존재하지 않는다는 결과를 주장하였다.

Griffin and Mahon(1997)는 기업의 사회적 책임 활동과 기업의 회계적 성과 사이에는 통계적으로 어떠한 유의적인 관계를 찾을 수 없음을 보고하였다. 그들은 다양한 산업 영역은 각기 다른 속성을 지닐 수 있기 때문에, 분석시 산업통제가 반드시 필요하다고 지적하였다. 또한 그들은 화학 산업에 한정하여 다양한 성과 자료를 토대로 기업의 사회적 책임 활동과 재무적 성과의 관련성에 대한 분석을 하였다. 그러나 양자 간의 관련성을 발견할 수 없었다.

Rowely and Berman(2000)은 사회적 책임 활동은 이해관계자의 행동에 의해 결정되고, 재무적성과는 운영효율성에 의해 결정되는 것이므로 양자 간에는 어떠한 연관성도 존재할 수 없다는 주장을 하였다. 또한 그들은 기업의 사회적 책임 활동을 이해하기 위해서 이해관계자들이 사회적 책임 활동과 관련된 요인들의 메커니즘을 이해할 필요가 있음을 제안하였다.

Backhaus et al.(2002)과 Turban and Greening(1997)은 사회적 성과와 재무적 성과간의 긍정적인 관련성을 단정하기 어렵다고 주장하고 있다. 이러한 결과는 주로 독립변수인 사회적 성과척도들이 윤리경영 변수로서의 대표성을 갖지 못하는 문제에 기인한다고 지적된다(Ullman, 1985: Aupperle. 1985: Griffin and Mahon, 1997).

Pava and Krausz(1996)도 Ullmann(1985)과 같이 기업의 사회적 성과와 재무적 성과의 관계에 대한 기존의 연구 결과를 검토하였다. 그들의 분석 결과에 따르면 21개의 연구 가운데 12개는 정적인 관계가 있었으나 8개는 어떤 관련성도 없고, 1개의 연구는 부정적인 관계를 보이고 있다고 주장하면서 기업의 사회적 책임과 재무적 성과와는 전혀 일관된 분석결과를 발견하기 어렵다고 주장하였다.

Margolis and Walsh(2003)는 1972년부터 2002년까지 30여년에 걸친 실증연구들을 분석하면서 기업의 사회적 성과와 재무적 성과간의 관계를 분석한 109개 연구 가운데 54개가 긍정적 관계, 7개가 부정적 관계, 28개가 무관계성, 나머지 20개가 불명확한 관계로 나타났다고 지적하였다. 이러한 기업의 사회적 성과와 재무적 성과간의 관계에 대한 연구결과는 비록 수적으로는 정(+)의 관계가 다수이지만, 아직 일관성 있는 결론이 도출되었다고 결론내리기에는 어려운 문제가 있다고 볼 수 있다(Griffin and Mahon, 1997).

1.2. 기업의 사회적 책임 활동과 기업의 비재무적 성과

기업의 사회적 책임 활동과 비재무적 성과간에 관련성을 검토한 연구들도 다수 존재한다. 기업의 사회적 책임 활동과 비재무적 성과간의 관련성에 관한 연구는 크게 두가지 흐름을 보이는 데, 하나는 사회적 책임 활동이 고객(소비자)의 태도, 신뢰, 충성도, 인식변화에 영향을 미친다는 주장(Murray and Vogel, 1997; Lantos, 2001; 한은경 · 류은아, 2003; 김립인, 2007; 윤각 · 조재수, 2007; 허미옥 등, 2008)과 다른 하나는 조직 내부의 프로세스 및 구성원에 영향을 미친다는 주장(McElroy, 2001; 지성구, 2006; 이영찬 · 이승석, 2008)이다.

Murray and Vogel(1997)은 기업의 사회적 책임 활동이 소비자의 구매행동에 직접적으로 영향을 미치지는 않지만, 인식변화에서 점차 태도를 변화시키고 행동을 변화시키는 방향으로 장기적인 영향을 주는 것으로 설명하였다. 즉 기업의 사회적 책임 수행으로 인한 기업의 이익은 즉각적이고 뚜렷하게 나타나는 것은 아니지만, 장기적으로 비재무적인 형태로 나타난다고 보았다.

McElroy(2001)는 기업의 사회적 책임 활동이 기업 내부의 비즈니스 프로세스나 구성원들에게 미치는 영향 등에 대한 연구를 수행하였다. 그는 기업이 각종 이해관계자들에 대한 사회적 책임 활동을 제대로 수행함으로써 조직 구성원들의 조직신뢰와 몰입을 가져오고 이는 개인 및 조직 단위의 학습을 통한 지식의 교환과 결합을 활발하게 하여 혁신역량을 제고시킨다고 주장하였다.

Lantos(2001)는 전략적인 사회적 책임 활동이 공익 증진 및 기업이미지를 향상시키고 기업의 구성원과 소비자들의 기업에 대한 충성심을 향상시킨다고 주장하였다. Klein and Dawar(2004)은 기업의 사회적 책임 활동이 소비자의 브랜드와 제품평가에 긍정적인 영향을 미친다고 주장하였다.

한은경 · 류은아(2003)는 기업의 사회적 책임 활동이 기업에 대한 선호도 및 소비자의 구매의도에 긍정적인 영향을 미치고, 사회적 책임 활동을 하는 기업과 사회적 책임 활동을 하지 않는 기업 간의 선호도와 구매의도에 차이가 있다는 것을 보고하였다. 또한 기업경영과 사회적 책임 활동을 선후관계가 아니라, 동시에 추구해야 하는 것으로 인식하여 사회적 책임 활동을 지속적으로 확대시켜야 한다고 주장하였다.

김립인(2007)은 기업의 사회적 책임 활동이 소비자 태도, 제품평가, 기업지지와 신뢰에 미치는 영향에 대해 실증 분석을 수행하였다. 특히 사회적 책임 활동을 소비자 보호, 환경보호, 사회공헌, 지역 · 문화 사업, 경제적 책임활동의 다섯 분야로 구분하여 각 분야별 활동이 기업에 대한 소비자의 태도에 미치는 상대적 영향 효과에 대해 집중적으로 살펴보았다. 연구 결과 소비자보호활동, 환경보호활동, 사회책임활동, 지역·문화사업 활동은 소비자 태도에 긍정적인 영향을 미치는 것으로 나타났으나, 경제적 책임활동은 효과가 없는 것으로 확인되었다. 각 분야별 활동 내용의 상대적 효과에 대해서는 소비자보호 활동이 다른 사회적 책임 활동보다 기업에 대한 소비자태도에 가장 많은 영향을 미치는 것으로 분석되었다.

지성구(2006)는 국내 서비스 기업에서 사회적 책임 활동과 종업원의 조직신뢰와 서비스몰입에 미치는 영향을 구명하고자, 서비스 공기업 및 사기업에 근무하는 구성원 417명을 대상으로 분석한 결과, 서비스 기업의 사회적 책임 활동은 조직신뢰와 서비스몰입에 정(+)의 영향을 미치는 것으로 나타났다.

윤각·조재수(2007)는 기업의 사회적 책임 활동이 기업명성에 긍정적인 영향을 미치며, 기업명성을 경유해서 브랜드태도, 투자의도, 취업추천의도에 긍정적인 영향을 미친다고 밝혔다.

이영찬, 이승석(2008)은 기업의 사회적 책임 활동은 혁신역량을 매개로 하여 조직성과에 정(+)의 영향을 미치는 것뿐만 아니라, 종업원과 NGO/NPO 그리고 노동단체에 대한 사회적 책임 활동은 조직성과에 직접적인 영향을 미친다고 주장하였다.

허미옥(2008) 등은 기업의 사회적 책임 활동이 기업이미지에 미치는 영향과 그로 인한 고객신뢰, 고객몰입, 고객충성도에 미치는 영향에 대해 살펴보았다. 연구결과 기업의 사회적 책임 수행은 소비자로 하여금 기업에 대한 좋은 이미지를 갖게 하여 고객 신뢰와 몰입에도 긍정적인 영향을 미치며, 이것은 고객 충성도로 연결된다고 주장하였다.

2. 사회적 기업에 관한 연구

　사회적 기업이란 소외계층의 지원 사업, 지역 사회 개발 등 공공의 목적을 지향하면서도 상업적 이윤 창출을 통하여 사회적 활동을 지속적으로 추구하는 조직이라고 정의할 수 있다. Social Enterprise London(1996)은 사회적 기업이란 사회적 목적을 갖는 사업의 형태라고 정의하면서 사회적 경제 성장의 한 부분이라 규정하고 있으며, 정선희 (2003)는 영리적인 기업 활동을 통해 수익을 창출하고 창출된 수익은 사회적 목적을 위해 환원하는 기업을 사회적 기업이라 정의하고 있다.

　오늘날 실업의 증가, 경기침체와 산업구조의 변화, 사회서비스에 대한 수요 증가 등으로 인한 새로운 일자리의 필요성이 대두됨에 따라 최근 우리사회에서 실업해결을 위한 대안으로서, 기업의 사회의 책임 활동에 대한 중요한 이슈로서 사회적 기업에 대한 논의가 활발하게 이루어지고 있다.

2.1. 사회적 기업의 현황

　사회적 기업은 유럽, 미국 등 선진국에서 1970년대부터 활동하기 시작하였으며, 영국에는 55,000여 개의 사회적 기업이 다양한 분야에서 활동 중이며, 전체 고용의 5%, GDP의 1%를 차지하고 있다. 국내에서는 노동부가 주관하여 시행되고 있으며, 2007년 7월 1일부터 시행된 '사회적기업육성법'에 의하면 사회적 기업은 취약계층에게 사회서비스 또는 일자리를 제공하여 지역주민의 삶의 질을 높이는 등의 사회적 목적을 추구하면서 재화나 서비스의 생산 및 판매 등 영업활동을 수행하는 기업으로 정의되고 있다.

　사회적 기업이 되기 위해서는 조직형태, 조직의 목적, 의사결정구조 등이 사회적기업육성법이 정한 인증요건에 부합해야 하고, 사회적 기업육성위원회의 심의를 거쳐야 하며, 인증된 사회적 기업에 대해서는 인건비 및 사업주부담 4대 사회보험료 지원, 법인세·소득세 50% 감면 등 세제지원, 시설비 등 융자지원, 전문 컨설팅 기관을 통한 경영, 세무, 노무 등 경영지원의 혜택이 제공된다.

우리나라에서 사회적 기업은 사회적 목적 유형에 따라 크게 네 가지 형태로 운영되고 있다. 첫째, 일자리 제공형으로 이는 사회적 기업의 주된 목적이 취약계층에게 일자리를 제공하는 것으로 전체 근로자 중 취약계층의 고용비율이 30%이상인 경우이다. 둘째, 사회서비스 제공형으로 취약계층에 사회서비스를 제공하는 것이 주된 목적이며 전체 서비스 수혜자 중 취약계층의 비율이 30%이상인 경우이다. 셋째, 혼합형으로 취약계층 일자리 제공과 사회서비스 제공의 두 가지 목적을 추구하면서 근로자 중 취약계층 비율과 전체 사회서비스 수혜자 중 취약계층 비율이 각각 30%이상인 경우이다. 마지막으로 사회적 목적의 실현 여부를 취약계층 고용비율과 사회서비스 제공 비율로 판단하기 곤란하여 사회적기업육성위원회 심의를 걸쳐 노동부장관이 목적의 실현여부를 판단하는 경우 기타(지역연계)형 사회적 기업으로 분류한다.

2008년 노동부의 사회적 기업 성과분석 자료에 의하면 일자리 제공형이 43.4%로 가장 많고 다음은 혼합형이 28.6%로 나타나고 있으며, 기타(지역연계)형은 그 비율이 큰 폭으로 감소하고 있는데 이는 기타형의 경우 다른 유형과는 달리 사회적 목적 실현 정도를 계량적으로 파악하기 어려운 점이 다소 작용한 것으로 해석된다. 이러한 결과들로부터 추론해 볼 때 우리나라 사회적 기업은 취약계층에 대한 사회서비스 제공보다 취약계층을 노동시장으로 유인하는 노동통합형 사회적 기업이 대세를 이루고 있음을 알 수 있다. 사회적 기업에 대한 관심과 참여도가 점차 높아지면서 2010년 7월 노동부로부터 사회적 기업으로 인증 받은 기업이나 단체는 355개에 달하고 있다.

2.2. 사회적 기업의 성과

최근 들어 사회적 기업의 성과에 대한 연구들도 수행되고 있다. Haugh(2005)는 사회적 기업의 성과는 기업 수준에 머무는 것이 아니라 지역 경제와 거시경제에도 영향을 미친다고 주장하였다. 또한 OECD(2003)에 의하면 사회적 기업은 고용창출, 소득 증대, 서비스제공 확대, 지역 소득 보존력 강화, 전시효과 및 동기부여효과 등을 통해 지역사회 발전에 기여할 수 있으며, Borzaga and Santuari(2003)은 사회적 기업이 복지개혁에 기여, 자원의 재분배, 고용창출 등의 기능을 한다고 주장하였다.

곽선화(2009)는 2007년 인증 사회적 기업의 성과를 분석한 결과 사회적 기업의 총 수입 중 66.5%인 443억원이 사회적 기업 스스로의 영업활동을 통해 창출되었고 당기순이익의 90.5%인 41억 1천여 만원을 사회적 목적을 위해 재투자한 것으로 나타났다. 또한 사회적 기업에 종사하는 유급근로자는 2007년 말 기준 2,539명(2008년 6월 기준 3,220명)이고 이 중 55.3%인 1,403명(2008년 6월 기준 1,836명)은 취약계층으로 나타나 사회적 기업은 취약계층을 위한 일자리 제공에 기여한 것으로 나타나고 있다. 2007년 6월의 고용규모(총 유급근로자 2,083명, 취약계층 근로자 1,040명)과 비교할 때 2008년 6월에는 총 고용규모가 전년 동월대비 54.6%증가한 것으로 나타나고 있다. 특히 취약계층 고용은 동기간 중 76.5%가 증가한 것으로 나타나 사회적 기업은 취약계층의 노동시장 통합에 더 크게 기여한 것으로 분석되었다.

2.3. 사회적 기업의 특성

사회적 기업의 특성을 요약하면 다음의 세가지로 요약할 수 있다. 첫째, 사회적 기업은 취약계층에 일자리를 제공하며 사회서비스를 제공하는 등 사회적 목적을 추구한다. 둘째, 사회적 기업은 일반 영리기업처럼 영업활동을 통하여 이윤을 창출하며, 영업활동 과정에서 창출된 이익을 사업자체나 지역사회에 재투자하여 사회적 목적에 사용한다. 셋째, 사회적 기업은 근로자, 서비스 수혜자, 지역 사회 인사, 주주 등 이해관계자들이 참여하여 민주적으로 의사 결정한다는 특징을 가지고 있다.

이와 같은 특성을 가진 사회적 기업은 창출된 이익의 재투자를 통해 사회적 투자확충을 통한 지역경제 발전과 지역사회 통합으로 지역사회 활성화에 기여하며, 지속 가능한 일자리 제공, 사회서비스 확충, 기업의 사회공헌, 윤리 경영과 윤리적 시장을 확산시키는 등 사회 전반에 걸쳐 여러 가지 역할을 담당하고 있다.

사회적 기업의 특성에 관한 연구로는 Gonzales(2007)의 연구를 들 수 있다. 그는 사회적 기업의 가장 큰 특징이 국가, 시장, 민간의 하이브리드 경제조직이라고 언급하였다. 또한 Defourny(2001)는 사회적 기업은 사회적 기업가, 자원봉사자, 유급 근로자, 소비자, 외부 지원 단체, 정부기관 등의 다양한 이해관계자들이 존재하며, 이익산출보다는 공동체 또는 구성원을 위한 활동 목적을 지닌다고 주장하였다. 또한 그는 시장 자원과 함께 공동체로 배정되는 비상업적 자원을 동원하여 자율적인 조직으로 민주적으로 참여하는 특성을 지닌 조직이라 정의하였다.

김성기(2009)는 우리나라 사회적 기업의 특성에 관한 쟁점을 분석한 결과, 사회적 기업은 경제적 활동이 사회적 목적에 통합된 생산성,

시장을 포함한 공공 및 시민사회 자원을 확보하는 지속가능성, 자본소유에 의하지 않는 의사결정의 민주성이라는 특성을 가지고 있으며, 이세 가지 특성의 조화와 균형에 의해서 사회적 기업의 이상형이 구성된다고 주장하였다. 따라서 사회적 기업의 성공은 사회적 가치와 경제적 가치라는 이중적인 가치를 창출해내는 데 달려 있다고 언급하였다.

장종익(2010)은 사회적 기업은 자발적으로 절제된 소유권, 재화 및 서비스의 생산 및 공급에 있어서 투입요소소유자들의 기여방식의 다양성, 기업 성과측정 기준의 다원성, 다중이해관계자에 의한 지배구조 등의 조직 특성을 가지고 있다고 주장하였다.

3. 윤리경영에 관한 연구

기업의 사회적 책임관점에서 살펴 볼 경영학 연구의 또 다른 분야는 윤리경영에 관한 연구이다. 윤리경영moral management은 경영 활동에 있어 기업윤리를 최우선 가치로 생각하며, 투명하고 공정하며 합리적인 업무 수행을 추구하는 경영방식이다. 이익 극대화가 기업의 목적이지만 기업의 사회적 책임도 중요하다는 의식과 기업이 윤리적 책임을 다함으로써 주주, 고객, 종업원, 경쟁자, 정부, 지역 사회 등 이해관계자들에게 신뢰를 얻을 있도록 기업 경영을 하는 것이다.

Auilar(1994)는 윤리적 기업을 "기업 활동에 관한 의사결정을 하거나 실천에 옮길 때에 이해관계자의 권익과 기업의 경제적 이익의 균형을 취함으로써 종업원, 고객, 공급업자, 주주들의 존경과 신임을 얻는 회사"라고 정의하였다. 최창명, 김성수(2005)는 윤리경영이란 기업경영이라는 상황에서 나타나는 태도와 행동의 옳고 그름, 선과 악을 구분해 주는 판단 기준 또는 도덕적 가치에 관련된 경영행동이나 의사결정의 원칙이나 지침이 될 수 있다고 언급하였다. 따라서, 윤리경영은 기업의 경영활동과 관련하여 기본적인 전제조건이며 구성원과 조직 활동의 기준이 되는 개념이라 할 수 있다.

3.1. 윤리경영 기업의 현황

전국경제인연합회(2009)의 윤리경영 현황 및 CSR 추진실태 조사결과에 의하면 139개 회사(매출액 상위 200대 기업 중 전경련 회원사), 조사대상 기업 중 95%가 윤리경영헌장을 채택하고 있으며, 2005년 이후 윤리경영헌장의 채택비율은 지속적으로 증가하고 있어, 이는 윤리경영헌장의 도입이 정착단계에 들어선 것으로 평가되고 있다.

윤리경영헌장에서 중요시하고 있는 내용은 내부업무수행기준 및 규정준수, 공정거래 및 법률준수라고 응답한 기업이 88.8%에 달해, 윤리경영헌장이 기업의 세부업무지침으로서의 성격을 가지는 것으로 분석되었다.

윤리경영교육의 시행 여부에 대한 조사 결과에서도 시행비율이 2005년 이후 꾸준히 증가세를 보이고 있으며 조사 대상 기업중 92%의 기업이 윤리경영교육을 시행하고 있는 것으로 나타나 대부분의 기업이 윤리경영, CSR활동 확산과 정착을 위한 실천적 노력을 하고 있는 것으로 분석되었다.

또한, 이해관계자 소통을 위한 제도로 CSR전담부서를 설치 · 운영하고 있는 기업은 70%로 나타났으며, 구체적으로 간담회, 설명회, 지속가능성보고서, 설문조사, 고객의견청취 등의 방법과 기업홈페이지를 통한 CSR활동 현황 열람 및 의견제시 등의 이해관계자 참여기회 제공 등을 운영하는 것으로 나타났으며, 전담부서 설치 후 CSR활동 추진

성과가 개선된 것으로 보고하였다. 기업의 사회적 책임에 대한 이해관계자 요구가 증가하면서 이에 대한 체계적인 대응을 위해 전담부서의 설치가 증가하고 있는 것으로 파악되었다.

전반적으로 국내 기업의 CSR 활동을 위한 기본적인 제도와 시스템은 정착단계에 이른 것으로 판단되나 양적 발전을 토대로 내실을 기해야 할 전환기를 맞이하였고, 기업의 핵심역량과 연계된 사회문제에 대해 관심을 가지고 지속적이고 전략적인 CSR 활동이 필요한 것으로 판단된다.

3.2. 윤리경영 기업의 성과

기업의 사회적 책임 활동과 성과 간의 관련성에 관한 연구와 마찬가지로 기업의 윤리경영과 기업의 재무적 또는 비재무적 성과간의 관련성을 검증한 연구들이 다수 존재한다. 연구결과도 사회적 책임 활동과 기업의 성과를 다룬 연구들과 유사하게, 기업의 윤리적 활동과 기업의 성과간의 관련성에 대한 결론들이 서로 차이를 보이고 있다.

Epstein(1994) 등은 투자자들이 단기적 이익보다 기업의 윤리적 행동에 근거한 의사결정을 선호한다는 연구결과를 통하여 기업에 대한 긍정적 이미지가 투자결정에서 중요한 영향을 미치고 있음을 발견하였다. Davidson(1994) 등과 Gunthorpe(1997)은 뇌물수수, 탈세, 공공계약 위반과 같은 불법적 사례에 대한 주식시장의 반응을 통하여 기업의 윤리수준과 재무적성과 간에 유의적인 상관관계가 있음을 밝혔다. Rao와 Hamilton(1996)은 1989년에서 1993년까지 월스트리트 저널에서 보도된 기업의 비윤리적인 행동이 주식시장에서의 기대치보다 낮은 기대수익률과 강한 상관관계가 있음을 제시하였다. Cummings(2000), Waddock and Graves(1997)과 Westphal(1999)은 기업의 윤리적 의사결정과 기업의 재무적 성과 간에 양(+)의 상관관계가 있는 것으로 보고하였다. 즉 기업이 사회적 책임을 수행하는 데 비용이 수반되나, 윤리경영을 통해 직원들의 사기와 생산성을 높여 재무적 수익증가를 가져와 발생된 비용을 충분히 상쇄시킨다는 것이다. 이와 달리 Bartlett and Preston(2000)는 종업원들이나 투자자들이 윤리적 의사결정에 대해 회의적인 시각을 갖고 있다는 지적을 하였다. 이는 사회적 책임 수행에 따른 비용이 기업으로 하여금 원하지 않는 불안정한 재무상황에 빠지게 할 우려가 있으므로(Aupperle, Carroll, and Hatfield, 1985), 단기적 현금흐름을 중시하는 일반 주주나 투자자들이 부정적 입장을 취한다는 데 근거한다.

Verschoor(1998)는 윤리적 의사결정을 강조하는 경영진의 몰입과 이해의 정도가 사회적 책임과 재무적 성과에 강한 상관관계가 있다고 보고하였다. 또한, Wimbush and Shepard(1994)와 Bardi(2001)는 기업의 윤리적 풍토ethical climate와 기업의 성과간에 정(+)의 관련성이 있음을 보고하였다. Vitell and Davis(1990)는 최고경영층이 윤리적 행동을 지원할 때, 그리고 자신들이 기업내부에서 윤리적 행동과 성과간의 관계를 인지할 때 직원들의 직무 만족도가 늘어난다는 것을 발견하였다. Bartels(1998) 등도 윤리적인 문제가 제기되는 이슈에 있어서 조직의 윤리풍토와 성과 간에 상관관계가 높게 나타난다고 주장하였다.

기업의 윤리경영과 성과와의 관련성에 대한 국내연구도 2000년대에 접어들면서 보다 활발하게 진행되어 왔다. 박헌준(2001) 등이 1998년 경실련이 발표한 기업의 윤리수준을 의미하는 KEJI 자료를 활용하여 동기간의 재무성과와의 관련성을 분석하였다. 종속변수로는 총자산순이익률, 유동비율, 그리고 부채비율을 재무적 성과변수로 사용하였다. 기업활동의 건전성·공정성·사회봉사 및 소비자보호·환경보호만족도, 그리고 경제발전기여도 가운데 기업의 윤리적 책임에 해당하는 건전성과 공정성을 윤리수준에 대한 측정치로 사용하였다. 이들의 연구에서는 기업 활동을 건전하게 수행할수록 기업의 총자산순이익률과 유동비율에 정(+)의 영향을 주어 기업의 수익성과 단기상환능력이 좋아질 수 있고, 아울러 기업경영활동을 건전하고 공정하게 할수록 기업의 장기부채의 상환능력이 좋아지고 타인자본에 대한 의존도가 낮아질 수 있다고 결론짓고 있다. 그러나 기업윤리변수 상호작용효과를 살펴본 결과는 기업의 공정성과 건전성의 상호작용이 기업성과에 유의적인 영향을 미치지 않은 것으로 나타났다.

이학종, 이종건(2000)은 기업이 사회적 법규와 규범을 준수하고 경영이 윤리적으로 이루어 질 때, 조직 구성원들은 보람을 느끼게 되고, 조직몰입도가 강화되어 직무만족도가 높아지며, 그러나 회사의 방침이나 규정의 준수를 강조할수록 조직 구성원의 직무만족도가 떨어진다고 주장하였다. 이진수(2004)는 기업의 경영철학 및 경영이념으로서 윤리경영은 일시적 효과나 전시효과에서 벗어나 윤리 경영이 오늘날 기업의 경쟁력과 지속적인 발전과 관련 있다고 주장하였다.

홍길표(2002)는 KEJI의 평점과 한국신용평가㈜의 KIS신용평점을 비교분석하였다. KEJI는 이미 윤리경영에 의한 사회적성과 결과를 측정하는 지표로서 사용되고 있지만, 이 지표의 타당성 및 신뢰성, 그리고 객관성을 검증하기 위한 방법의 하나로서 실질적으로 산업현장에서 사용되는 경제적 가치 척도의 하나인 KIS평점을 대비하여 분석하였다. 이 분석 또한 윤리경영 성과측정 및 실증적인 자료가 부족한 가운데 시도된 한국기업의 윤리경영과 기업의 성과 측정의 하나이다. 연구과제는 사회적 성과가 좋은 기업은 신용도 또한 좋은 기업인가, 또는 사회적으로 존경받는 기업은 경제적으로도 그 가치를 믿을 만한 기업인가를 확인하고자 진행되었다. KEJI평점은 1999년도 1년의 결과를 KIS평점(안정성, 유동성, 수익성, 성장성, 활동성지표의 평점)와 비교하였다. 결과는 두 평점 간에는 통계적으로 유의한 상관관계를 보여주었다. 아울러 다중회귀분석의 결과를 종합하면 특히 중형 기업군의 경우 지배구조나 자본구조의 건전성 측면에서 사회적 성과가 높은 기업이 경제적으로도 신뢰할만한 기업일 가능성이 높다는 결과를 제시하고 있다.

김헌(2002)은 KEJI평가 기업을 대상으로 우리 기업들이 11년간 사회적 책임(윤리경영)을 충분하게 해왔는지에 대한 기술적 분석descriptive analysis을 중심으로 진행하였다. 경제위기는 국내기업들의 사회적 성과(윤리경영)를 단기간에 급속하게 저하시킨 바 이는 윤리경영이 기업의 경제적 성과와 매우 크게 연관되어 있음을 의미한다고 하였다. 또는 국내기업들이 여전히 이윤추구라는 절대 명제 아래 윤리경영을 등한시하고 있다고도 해석한다. 대기업과 중소기업의 분류분석에 있어서는 외형적으로는 대기업들의 KEJI가 높게 나타나지만, 건전성과 공정성 측면 등에서는 그 반대의 양상을 나타내고 있어서 윤리경영에 대한 현실인식을 잘 반영하고 있다.

위수일(2005)와 박재린(2003) 등은 경영자의 윤리적 행동이 기업이미지 향상과 조직구성원의 기업에 대한 자부심을 고취시키는 것으로 보고하였다. 조직구성원의 기업에 대한 자부심은 작업능률 향상과 자신이 수행해야 할 모든 업무에 더 많은 관심을 가짐으로써 품질향상과 생산성 향상에 기여하는 것으로 나타났으며, 기업이미지 향상은 고객의 충성도를 이끌어내 판매증가로 연결되고 이는 기업의 재무성과에 긍정적으로 작용하는 것으로 나타났다.

문현주(2007)는 윤리경영 도입과 회계투명성과의 관계를 살펴보고자 재량적 발생액을 회계투명성의 대리변수로 사용하여 분석한 결과,

윤리경영을 도입한 기업이 그렇지 못한 기업에 비해 경영자의 재량적 회계선택이 약함이 나타났고, 윤리경영 도입효과를 도입 전과 후로 구분하여 분석한 결과 도입 전에 비해 도입 후의 재량적 발생액이 더 작게 나타났다. 이는 경영자가 기회주의적인 회계선택을 활용하여 이익을 조정하는 이익조정행위가 약하다는 것을 의미하고 윤리경영 도입이 회계투명성을 개선시키는 효과가 있다고 주장하였다.

3.3. 윤리경영 기업의 특성

윤리경영 기업의 특성은 크게 네 가지로 나눌 수 있다. 첫째로, 윤리경영 기업은 구성원 개개인의 참여를 적극 유도한다. 윤리경영을 잘 실천하는 기업은 내부적으로 부정부패가 없는 경영구조를 만드는 것을 넘어서 구성원 개개인 스스로가 실천의 주체임을 인식하도록 하고 있다. 둘째, 윤리경영 기업은 윤리경영을 위한 구체적인 시스템을 갖추고 있으며, 장기적인 관점에서 기업문화의 하나로 정착시키기 위해 노력하고 있다. 셋째, 윤리경영 기업은 자사뿐만 아니라 거래 상대방, 협력업체의 윤리상황을 파악하고 이를 관리하기 위해 적극 노력한다. 넷째, 문제가 발생했을 때, 윤리경영 기업은 이를 감추지 않고 능동적으로 대처한다.

최근에 이러한 윤리경영 정착을 위해 기업이 갖추어야 할 특성에 대한 연구가 활발하게 이루어지고 있다. 윤리경영 기업의 특성에 관한 연구로 고준(2007)은 조직 구성원들의 자발적인 참여와 의사소통의 중요성을 언급하였고, 사전에 철저한 준비와 구성원들이 공유하려는 조직문화로의 융화 노력이 필요하다고 지적하였다.

박헌준, 이종건(2002)은 기업의 특성에 따른 윤리경영의 실천 방안으로 경영자의 윤리적 경영철학을 전제, 윤리경영 풍토조성을 위한 기업환경의 개선, 경영자들은 투명성과 책임성을 확보할 수 있도록 기업지배구조를 개선, 정부 차원에서의 윤리경영 풍토 조성 및 정착을 위한 법과 제도의 지속적인 개선 등 다섯 가지를 거시적인 차원에서 제시하였다.

이원우, 지은실(2006) 윤리경영을 저해하는 요소를 제거해야 하고, 윤리경영에 필요한 인적, 물적 자원의 부족요인을 제거하기 위해 기업 내부에 윤리경영을 실천하고 교육할 수 있는 인재를 육성하여 윤리경영 전담 부서 및 교육인력풀을 만들 수 있는 인프라를 구축하고 외부 측면에서는 국내 윤리사업을 활성화 하여 윤리경영에 대한 컨설팅 및 서비스 그리고 교육을 받을 수 있는 환경을 만들어가야 한다고 주장하였다.

권보경(2007) 등의 연구에서는 경영자의 윤리적 리더십과 윤리규범의 제정, 윤리교육 및 윤리담당 전담조직의 운영이 기업의 정성적인 성과에 긍정적으로 영향을 미치는 것으로 나타났으며, 특히, 한국신용평가정보원의 자료에 의하면, 윤리경영 규범을 제정하고 전담조직을 운영하는 기업은 그렇지 않은 기업보다 영업이익률 면에서 월등히 앞선 것으로 나타나 기업윤리와 기업성과 사이에 직접적인 관련이 있음을 보여주고 있다(한국신용평가정보원, 2002). 김동훈(2006) 등은 경영성과에 영향을 미치는 요인으로 윤리경영이념의 실천 정두에 달려있다고 나타났다. 윤리경영이념의 실천은 구체적으로 내부경영활동의 투명성과, 외부 경영활동의 공정성, 기업의 사회적 윤리와 책임을 다하는 건전성과 지역사회 발전을 위해서 기여하는 지역사회 공헌도로 나타난다는 결과를 발표하였다. 박계홍(2005)의 경우에도 윤리 경영의 실천 정도를 중요한 영향요인으로 추출하였다. 이와 비슷한 연구결과는 황진욱(2006) 등에서도 나타나는데, 이들의 연구에서는 구체적으로 윤리경영의 공정성과 투명성이 기업의 재무성과에 가장 큰 영향을 미친다는 사실을 실증 분석하였다.

4. 다국적 기업의 현지 활동에 관한 연구

21세기 기업 경영의 가장 두드러진 특성을 든다면 국경을 초월한 글로벌화를 들 수 있다. 무한경쟁 시대에 글로벌 기업들은 자국 시장의 한계를 극복하기 위해 세계시장으로 무대를 확대해나갔다. 그 가운데 후진국에 진출하여 사회적 인프라의 구축부터 사회공헌까지 후진국가의 경제발전에 기여해온 다국적 기업의 역할은 매우 중요하다.

우리나라 경제 발전에서도 크게 기여했듯이 많은 글로벌 기업들은 글로벌화의 첨병으로서 각국에 진출하여 현지에 맞는 니즈를 개발하여 생산과 판매활동을 전개하고 있고 그 국가의 고용창출에도 크게 기여하고 있다. 그러한 면에서 다국적 기업의 글로벌 국가 경제에 미치는 영향은 크다고 할 수 있다. 특히 우리나라 80, 90년대 경제 발전단계에서도 나타나듯이 다국적 기업의 저개발국가 진출은 글로벌 빈곤 문제 해결에 지대한 영향을 미친 점은 부인하기 어렵다. 이처럼 다국적 기업의 해외 진출은 해당 국가에 긍정적인 효과는 물론 부정적인 효과를 동시에 미친다.

우선 긍정적인 측면을 살펴본다면 자본이나 기술과 같은 생산요소는 물론 국제 수지, 고용의 개선은 물론 선진 경영시스템의 도입 등 기업 환경 내지 경제 전반에 긍정적인 영향을 미친다. 특히 다국적 기업의 현지 투자는 초반에는 생산 기반 확충에 따른 고용이 창출되고 이는 해당 국가의 경제성장의 밑거름이 된다. 그리고 현지국이 어느 정도 성장궤도에 오르게 되면 선진 기술의 이전 등으로 자생력을 갖출 수 있을 정도의 차별적인 경쟁력을 갖추게 된다.

그러나 부정적인 효과도 간과해서는 안된다. 다국적 기업의 후진국 진출은 다국적 기업들의 입장에서 나름대로의 혜택이 있기 때문이다. 먼저 해당국가의 생산자원이 해외로 유출될 수 있다. 특히 사회적 인프라가 부족한 상황하에서 인프라를 구축해주는 대가로 국가의 많은 자원을 요구하는 경우가 있다. 이 경우 해당국가의 부가 해외로 유출될 수 있다. 또한 다국적 기업들의 초기 현지화 단계에서는 현지 로컬업체에 대해 출자, 제휴 등을 통해 경영에 간섭할 경우 자국의 자생적인 경쟁력에 부정적 효과를 미칠 수 있다. 또한 다국적 기업들의 글로벌 경영을 통한 진출 국가의 경제, 환경은 물론 고유의 주권에까지 심각한 영향을 미치는 경우도 있다. 특히 후진국의 경우에는 인권, 환경 침해 문제가 점차 심각하게 제기되고 있는 정도이다.

박병일(2010)은 다국적 기업의 지식 이전 능력 소유 여부와 현지 피인수 기업의 학습 효과에 관한 연구를 통해서 다국적 기업의 지식 이전에 관한 변인들을 실증 분석하였다. 그 결과 현지 피인수 기업의 기술 습득을 견인하는 요인으로 관련 지식의 보유, 인수기업의 적극적인 경영참여, 외국인 전문가 파견 등이 주요 변수로서 나타났다. 이 연구는 다국적 기업의 현지화 과정에 있어서 현지 기업 및 문화 등이 크게 영향을 미칠 수 있음을 시사해주고 있다. 기업의 현지화와 관련해서 국내의 연구는 신만수(1998), 김용규(2000), 이승영, 김현철(2007), 박영렬, 최순규 등(2007), 신만수, 김주희(2008) 등이 있다. 이들의 연구를 종합해보면 현지화의 개념을 명확히 설정하고, 실제 사례와 기존 연구 모델을 확장하여 현지화에 성공할 수 있는 변인들을 도출하였다. 이처럼 다국적 기업의 현지화 문제는 현지의 빈곤 문제를 직접적으로 관련

시키지 않았지만 현지의 상황에 따라 기술 이전과 학습 효과가 달라
질 수 있다는 점을 강조하고 있다.

4.1 다국적 기업이 후진국에 미친 영향에 관한 연구

다국적 기업의 후진국 진출에 따른 영향에 관한 연구는 크게 두 그
룹으로 구분할 수 있다. 우선, 다국적 기업은 후진국의 경제 개발과 성
장에 긍정적인 영향을 끼쳤다는 연구가 있다. 또 다른 측면은 후진국
의 진출이 오히려 인권, 환경 문제 등 오히려 부정적인 영향을 미쳤다
는 연구가 있다.

김원배(1987)는 다국적 기업이 우리나라 국제수지에 미친 영향을
실증 분석하였다. 그 결과 우리나라의 경우 국제 수지에 플러스 효과
를 보인 것으로 나타났다. 그러면서 다국적 기업에 의한 국제수지가
플러스 효과를 지니려면 도입외자의 생산성이 외자의 배당률보다 높
고 생산품의 수출과 수입대체효과가 기계 시설 혹은 원자재의 수입효
과보다 크게 하여 외화사용을 절약하거나 외화 수입을 증대시켜야 한
다고 강조하였다.

반면 Joseph Yu(1990)는 다국적기업과 비다국적기업을 포함하는
74개 기업과 선진국과 개도국을 포함하는 37개 국가들을 대상으로 다
국적 기업의 투자활동이 국가별 상황에 따라 어떠한 영향을 미쳤는가
를 분석하였다. 변수로는 국제적 활동경험, 시장규모, 지리적 근접도,
정치적 안정도 등을 활용하였다. 그 결과 국제적 활동 경험과 시장규
모, R&D 집약도, 지리적 근접도 등은 긍정적인 영향을 미치는 것으로
분석되었으나 나머지 변수들은 부정적인 영향을 미치는 것으로 분석
되었다. Moore(1993)는 독일 제조업의 1980년부터 1985년까지의 해외
직접투자 결정요인을 분석한 결과 해당국가의 GDP와 투자국과 현지

국의 성장률의 차이, 현지국의 관세율은 직접투자에 정의 영향을 미치고 나머지 변수는 부정적인 효과를 미치는 것으로 분석하였다.

4.2 다국적 기업의 현지화 전략

중국, 인도, 브라질, 러시아 등 이른바 신흥시장Emerging Market은 다국적 기업에게 새로운 성장 기회를 제공하는 시장으로 인식되면서 다국적 기업들의 치열한 격전지가 되고 있다. 그러나 이들 시장은 선진국 시장과 다른 특성을 지니고 있기 때문에 옳바른 현지화 전략이 필요하다는 시각이 지배적이다. 이를 반영하여 경영학 분야에서도 해외시장의 현지화 전략에 관한 연구가 상당 수 존재한다. 현지화 전략의 성공 실패 사례들이 많이 보고되고 있다. 특히 인도시장에서의 코카콜라의 현지화 사례는 우리에게 많은 시사점을 제시해주고 있다. 코카콜라는 인도의 광대한 시장을 겨냥하여 콜라 맛의 현지화에 노력하였다. 라이벌인 펩시는 합작법인을 통해 이미 탄탄한 판매망과 브랜드 인지도를 확보하고 있어 현지화는 더욱 어려운 상황이었다. 코카콜라는 현지판매망과 인지도를 강화하기 위해 인도의 로컬기업들을 적극적으로 인수합병하기 시작했다. 코카콜라가 신속한 시장 개척을 위해서는 바틀링 업체를 인수하는 것이 급선무였고 이를 위해 막대한 투자를 단행하였다. 그럼에도 불구하고 시장점유율은 좀처럼 늘어나지 않았다. 하지만 더욱 공격적인 경영을 위해 투자 규모를 지속적으로 늘려갔다. 그러나 2003년 2월에 다시 위기상황을 맞게 된다. 인도의 환경 운동 단체가 코카콜라 등 12개 음료제품에서 농약이 허용 기준치를 넘어 치명적인 수준이라고 발표한 이후였다. 코카콜라는 잔류 농약 문제의 발단이 된 바틀링 공장을 폐쇄하는 등 적극적인 대처에 나서고, CSR 활동도 지속적으로 전개하였으나 코카콜라 불매운동으로 번지는 등 걷잡을 수 없는 사태로 확대되었다. 이 사례는 특히 후진국, 신흥시장에서 다국적기업에 대한 경계심이 크다는 점을 시사해주고 있다.

최근 인도시장에서 코카콜라가 경험한 사태와 유사한 사건들이 중국시장에서도 많이 보고되고 있다. 중국의 경제 사정이 점차 나아지면서 중국 정부의 다국적 기업에 대한 사회적 책임에 관한 요구가 거세지고 있는 것이다. 1970년대 후반부터 90년대 중반까지는 중국 경제가 낙후된 시기로서 빈곤 극복을 위한 다국적 기업에게 다양한 특혜를 부여하면서 기술 도입을 위한 정부차원의 노력이 전개되었다. 이 시기에는 기업의 사회적 책임보다는 경제 발전을 위한 다양한 외자기업에 특혜를 부여했던 시기로서 기업의 유일한 목적은 이익을 창출하여 극심한 경쟁 환경에서 생존하는 것으로 자선, 환경 문제 등에는 신경을 쓰지 못했고, 성장 및 고용 창출에 급급했던 중국정부도 기업에 별다른 제재를 가하지 못했다. 그에 따라 정경유착과 부패, 불법행위, 환경오염 등이 극심했던 시기였다. 1990년대 중반이후에는 시장 경제 질서가 확립된 가운데 어느 정도 경쟁력을 갖춘 기업이 등장하면서 기업의 사회적 책임에 대한 요구가 강해지기 시작했다.

중국에서 사회적 책임에 대한 관심은 자국기업보다는 다국적 기업 등에 집중되어 있다. 그 이유는 세계적인 기업들의 대부분이 이미 중국에 진출해 있고 수출의 절반 이상을 다국적 기업들이 차지하고 있는 등 다국적 기업의 영향력과 비중이 그 어느 국가보다도 크기 때문이다. 대표적인 글로벌 기업인 P&G, 도요타 자동차 등이 중국에서 불법 행위, 품질불량 등으로 고전한 것을 보더라도 쉽게 이해되는 바이다.

정상은(2007)은 중국에 진출에 있는 다국적 기업의 사회적 책임에 관한 연구를 통해 다국적 기업의 빈곤 지역 지원 등 사회 공헌활동에 대한 투자규모와 효과가 반드시 일치하지 않고 있음을 밝혀냈다. 다국적 기업의 후진국 지원 활동도 시기와 전략을 잘 고려해야 한다는 점을 시사해주는 것이다.

김주태, 김장훈(2010)은 우리나라 시장에 진출한 다국적 기업의 성과와 현지화 수준을 분석하였다. 그 결과 다국적 기업의 현지화 정도는 현지 시장의 특성과 자회사 역량 특성을 동시에 고려해야 하고, 글로벌 시장에 비해 현지 시장의 차별화 수준을 제대로 고려하는 것이 매우 중요한 것으로 나타났다.

5. 빈곤의 경영학 연구의 문제점과 발전 방향

지금까지 빈곤 문제에 관한 경영학의 연구 분야들을 살펴보았다. 이를 토대로 빈곤 문제에 대한 경영학 연구의 문제점과 미래 연구의 발전 방향을 제시해보고자 한다.

첫째, 경영학 분야에서는 빈곤 문제에 대한 접근은 '기업의 사회적 책임'이라는 하나의 큰 틀 안에서 재인식되고 논의되어져야 할 것이다. 앞서 살펴본 바와 같이, 경영학 연구에서 수행된 사회적 책임, 사회적 기업, 윤리경영, 다국적 기업의 현지 활동 등에 관한 연구 등으로 구분된 연구들은 대부분 서로의 선행연구들이 뚜렷한 구분 없이 중복되는 경우가 많다. 특히 사회적 책임 활동과 윤리경영 활동은 같은 측정치를 사용한 연구임에도 불구하고 서로 다른 연구로 분류되기도 한다. 예를 들어 환경투자를 많이 하는 기업에 대한 연구를 수행한 어느 경영학자는 이를 사회적 책임 활동으로 구분하고, 다른 경영학자는 윤리경영 활동으로 구분하고 있다. 사회적 기업이나 다국적 기업의 현지 활동 역시 기업의 사회적 책임 활동의 연장선으로 보고 해석하는 것이

보다 올바른 접근으로 판단된다. 결국 빈곤에 관한 경영학적 접근은 '기업의 사회적 책임'이라는 큰 틀 안에서 하나의 맥락으로 접근하고 논의되어지는 것이 보다 타당하고 발전성이 더 높을 것으로 보인다.

둘째, 사회적 책임 활동과 윤리경영 연구의 경우에 연구 설계와 연구 방법론에 대한 구체적인 재논의가 필요하다. 앞서 제시된 바와 같이, 사회적 책임 활동과 윤리 경영에 대한 경영학적 연구들은 다양한 연구결과들이 보고되고 있다. 어떤 하나의 결론이 도출되지 못한 채 혼재된 결과들을 보인다. 이러한 가장 큰 원인은 연구 설계에서 기인한 것으로 보인다. 사회적 책임 활동이나 윤리경영 활동 등이 기업 성과에 미치는 영향에 대한 연구결과들은 일관성 있는 결론을 나타내기 보다는 표본과 변수측정에 따라 다른 결과와 해석이 나타나고 있다. 따라서 이를 해소할 수 있는 보다 타당성 있는 변수의 측정과 연구방법론 도출이 필요하다. 특히, 변수측정은 실무적인 측면에서 사회적 책임 활동과 윤리경영 등을 보다 적절히 측정할 수 있는 현실성 있는 척도의 개발 연구가 필요하다.

셋째, 사회적 기업과 관련된 연구는 구체적인 수익모델을 마련하기 위한 노력이 요구된다. 사회적 기업은 수익모델이 취약하고 사회적 인지도가 미흡해 지속가능한 성장 기반 확보가 어려운 실정이다. 따라서 사회적 기업이 기부금 등의 외부지원에 의존하지 않고 자체적인 영리활동을 수행해 독자적으로 자립하면서 취약계층에게 일자리를 제공하고 공공의 이익을 추구할 수 있도록 구체적이고 현실적인 수익모델을 개발해내는 것이 무엇보다 중요하다. 이에 대한 학계와 실무의 연구가 필요한 시점이다.

넷째, 지금까지의 다국적기업의 후진국 진출에 관한 연구는 기술이전 효과에 관한 연구, 현지화의 요건에 관한 연구 등 국가별로 다국적 기업의 현지화 효과 등에 관한 연구가 주를 이루었다. 반면 빈곤 문제와 관련하여 다국적 기업들이 어떤 활동을 전개하고 그것의 수용도가 어느 정도 있었는지 등 후진국의 입장에서 접근하는 노력이 부족하였다. 향후 빈곤 문제와 관련하여 후진국들이 어떠한 경로를 통해서 경제 성장을 이루게 되었고, 더 나아가 다국적 기업 중심의 일방적인 연구보다는 후진국과 공생의 관점에서 빈곤의 문제에 대한 접근이 필요하다. 그리고 다국적 기업의 측면에서 후진국 진출의 성공 요인 등을 분석, 연구하는 차원에서 벗어나 전세계적으로 상생, 공생하는 차원에서 후진국의 빈곤 문제는 다뤄져야 하고 이에 대한 경영학 분야의 연구가 더욱 활성화되어야 한다.

6. 결론

경영학 분야에서 연구의 중심이 되고 있는 기업은 재화나 용역을 생산하여 주주들의 이익을 보호하고 더 높은 기업가치를 추구하는 것이 가장 중요한 역할임은 부인하기 어렵다. 그러나 현재를 살아가는 많은 사람들은 기업이 사회에 대하여 더 큰 책임을 부담해야 된다고 믿고 있다. 이와 같은 믿음에서 세계적 빈곤을 해결하기 위해 기업이 사회적 책임 활동을 수행해야 한다는 주장들도 존재한다. 이러한 주장들은 기업과 사회적 책임, 사회적 기업, 윤리 경영, 다국적 기업의 해외 진출 등 경영학 분야의 다양한 연구결과를 뒷받침하고 있다.

기업의 사회적 책임 활동과 관련된 많은 경영학적 연구들은 기업은 윤리적, 사회적, 환경적으로 책임 있는 방법으로 사업을 운영할 사회적 책임을 지니고 있다고 주장한다. 또한 기업이 사회적 책임 활동을 수행하면, 이는 새로운 고객들을 창출하고 추가적인 매출을 올릴 수 있다는 결과들도 다수 발견되고 있다.

기업의 사회적 책임이 부각되면서 사회적 기업, 윤리 경영에 대한 소비자들의 관심이 커지고 있다. 소비자들은 사회적 기업, 윤리 기업이 생산한 제품을 더욱 선호한다. 그렇기 때문에 기업들은 사회적 공헌 활동을 통해 지속 성장을 하고자 하는 동기가 커지게 된다. 특히 전 세계적으로 글로벌화의 진전으로 국제적 협업, NGO 활동 등이 보편화되면서 빈곤층, 고령자, 장애인 등에 대한 부족한 서비스를 기업이 담당하면서 사회적 가치를 실현하는 동시에 수익 창출을 꾀하는 사회적 기업이 사회에 견실하게 뿌리내릴 수 있는 토대가 강화되고 있다. 국내에는 사회적 기업 진흥원 출범으로 사회적 기업을 체계적으로 지원하는 전담조직이 탄생했으며 정부의 지원정책에 힘입어 사회적 기업 수도 크게 늘어나고 있다. 게다가 사회적 가치를 추구하려는 대학생들이 늘고 있고, 기업들도 사회적 기업 설립에 나서면서 사회공헌활동을 강화하고 있다.

하지만 기업들이 빈곤 문제 해결을 위한 사회공헌활동에만 매진할 수 없다. 기업의 둘러싼 많은 이해관계자들이 있기 때문에 지속적으로 성장할 수 있는 수익모델을 기본적으로 확보하는 것이 더욱 중요하다. 그렇기 때문에 많은 글로벌 기업들은 빈곤 문제 해결을 위한 사회 공헌 활동과 더불어 그를 통한 지속적인 수익 창출 노력을 동시에 벌이고 있다.

우리나라 대표적 그룹인 삼성은 2011년 사회적 기업인 희망네트워크를 출범시켰다. 희망네트워크는 취약계층의 아동 및 청소년을 위한 공부방에 지도교사를 파견하는 사회적 기업이다. 이에 앞서 LG, 현대기아차그룹, SK 등 많은 기업들이 빈곤 등과 같은 사회적 문제 해결을 위해 다양한 사회공헌 활동을 전개하고 있다. 이처럼 대기업을 중심으로 한 사회적 기업 활성화 노력과 함께 대학가 젊은이들을 중심으로 사회적 기업에 대한 열기가 뜨겁다.

높은 연봉을 받는 직업을 갖는 데 열중하기보다는 사회적인 일을 통해 봉사를 하려는 젊은 청년이 늘어나고 있다. 실제로도 사회적 기업을 연구하고 실제 사업을 펼치는 동아리들이 생겨나고 있으며 정부가 주최하는 관련행사에 참여하는 대학생들의 열기도 뜨겁다. 지난해 모임이 시작된 SEN(Social Enterprise Network)은 연세대 학생들이 중심이 되어 사회적 기업을 연구하는 활동을 활발히 전개하고 있다.

빈곤 문제 해결 등 사회적 가치 실현과 영업을 통한 이익 창출이라는 다소 상충돼 보이는 두 마리 토끼를 잡아야 하는 사회적 기업은 짧은 기간에 큰 폭의 성장을 하기에는 근본적인 장애요인들이 많다. 그러나 사회적 기업이 존속하기 위해서는 정부의 재정지원에 의존하기보다는 수익모델 개발 등 지속적인 혁신노력을 해나가야 한다.

세계적인 다국적 기업들은 빈곤 국가의 생활수준을 높이기 위해 다양한 활동을 전개하고 있다. 그러나 아직까지 다국적 기업이 빈곤 문제에 깊이 관여하여 성과를 창출하는 사례는 그리 많지 않다. 다국적 기업들이 중남미, 아프리카 등 일부 국가에서 많은 성과를 거두었음에도 불구하고 아직도 국가적으로 혹은 국민들이 체감할 수 있는 수준의 성과는 거두지 못하고 있는 실정이다.

빈곤의 원인은 다양하지만 다국적 기업들도 각국의 빈곤에는 어느 정도 책임이 있다. 그 이유는 다국적 기업들이 빈곤 국가에 실질적으로 도움이 되는 사회공헌 활동에 매진할 수 없다는 점을 들 수 있다. 다국적 기업들이 새로운 환경에서 사업을 하기 위해서는 어느 정도 이익을 희생하면서 노력해야 하지만 각 지역별로 좋은 성과를 기대하는 현재의 경영시스템에서는 성과를 해치면서까지 빈곤국가의 사회적 문제를 해결하는 데 치중하기 어렵다는 한계를 가지고 있다.

하지만 다국적 기업들이 빈곤 문제 해결을 위해 취할 수 있는 행동은 두 가지 정도를 들 수 있다. 첫째로 빈곤 국가의 산업을 발전시켜 고용을 창출하고 소득 수준을 높여 생활수준을 향상시키는 방안이다. 둘째, 빈곤국가의 사회적, 경제적 시스템을 업그레이드시켜 생활수준을 향상시키는 방안을 들 수 있다. 대표적인 사례가 빈곤국가의 교육 개선과 환경개선을 통해 빈곤으로부터 탈피시키려는 시도이다.

본 글에서는 빈곤 문제에 관한 경영학의 연구 분야들을 살펴보았다. 이를 토대로 빈곤 문제에 대한 경영학 연구의 문제점과 미래 연구의 발전 방향을 제시한 결과를 요약하면 아래와 같다.

첫째, 경영학 분야에서 빈곤 문제에 대한 접근은 '기업의 사회적 책임'이라는 하나의 큰 틀 안에서 재인식되고 논의되어져야 할 것이다. 빈곤에 관한 경영학적 접근은 사회적 책임, 윤리 경영, 사회적 기업, 다국적 기업의 현지 활동 등으로 구분되어 전개되어 왔다. 그러나 서로 간의 선행연구가 유사하고 유사한 측정치를 함께 사용하고 있음이 나타났다. 그럼에도 불구하고, 서로 다른 분야에서 다른 해석을 하고 있다. 따라서 '기업의 사회적 책임'이라는 큰 틀 안에서 하나의 맥락으로 접근되고 논의되어지는 것이 보다 타당하고 발전성이 더 높을 것으로 보인다.

둘째, 사회적 책임 활동과 윤리경영 연구의 경우에 연구 설계와 연구 방법론에 대한 학계에서의 구체적인 논의와 연구가 필요하다. 앞서 제시된 바와 같이, 사회적 책임 활동과 윤리경영에 대한 경영학적 연구들은 다양한 연구 결과를 보고하고 있다. 어떤 하나의 결론이 도출되지 못한 채 혼재된 결과들을 보인다. 이러한 가장 큰 원인은 연구 설계에서 기인한 것으로 보인다. 사회적 책임 활동이나 윤리경영 활동 등이 기업 성과에 미치는 영향에 대한 연구결과들은 일관성 있는 결론을 나타내기보다는 표본과 변수측정에 따라 다른 결과와 해석이 나타나고 있다. 따라서 이를 해소할 수 있는 보다 타당성 있는 변수의 측정과 연구방법론의 개발이 필요하다.

셋째, 사회적 기업과 관련된 연구는 구체적인 수익모델을 마련하기 위한 노력이 요구된다. 사회적 기업은 수익모델이 취약하고 사회적 인지도가 미흡해 지속가능한 성장 기반 확보가 어려운 실정이다. 따라서 사회적기업이 기부금 등의 외부지원에 의존하지 않고 자체적인 영리활동을 수행해 독자적으로 자립하면서 취약계층에게 일자리를 제공하고 공공의 이익을 추구할 수 있도록 구체적이고 현실적인 수익모델을 개발해내는 것이 무엇보다 중요하다.

넷째, 지금까지의 다국적기업의 후진국 진출에 관한 연구는 기술 이전 효과에 관한 연구, 현지화의 요건에 관한 연구 등 국가별로 다국적 기업의 현지화 효과 등에 관한 연구가 주를 이루었다. 향후 빈곤 문제와 관련하여 후진국들이 어떠한 경로를 통해서 경제 성장을 이루게 되었고, 더 나아가 다국적 기업 중심의 일방적인 연구 보다는 후진국과 공생의 관점에서 빈곤의 문제에 대한 접근이 필요하다. 그리고 다국적 기업의 측면에서 후진국 진출의 성공 요인 등을 분석, 연구하는 차원에서 벗어나 전세계적으로 상생, 공생하는 차원에서 후진국의 빈곤 문제는 다뤄져야 하고 이에 대한 경영학 분야의 연구가 더욱 활성화되어야 한다.

이제까지 살펴본 바와 같이 경영학 분야에서 빈곤 문제를 직접적으로 다루지는 않았지만 기업의 사회적 책임 활동의 범주 내에서 간접적으로 연구가 진행되어 왔다고 할 수 있다. 기업의 지속가능한 경영이 점차 강조되는 상황에서 이제는 기업이 사회의 빈곤 문제 해결에 적극 나서야 하고 그러한 활동을 잘하는 사회적 기업들이 더 높은 성과를 거둘 수 있는 환경이 조성되어야 한다. 다국적 기업들이 후진국의 빈곤 문제 해결에 동참하고 후진국의 발전 과정에서 나타나는 성과가 기업들의 성과로 이어지는 선순환적인 고리가 소개되고 사회의 발전모델로 제시될 수 있어야 한다. 기업의 사회적 책임이 강조될수록 빈곤 문제에 대한 기업의 관심은 더욱 커질 것이고, 빈곤 문제와 관련된 기업의 연구는 다양한 각도에서 진행될 전망이다.

참고문헌

고준, 글로벌 기업의 윤리경영 현황과 한국 기업의 나아갈 방향, 《전문경영인연구》, 10(1): 129-155. 2007

곽선화, 인증사회적 기업의 성과 분석과 과제, 《사회적 기업 연구포럼》. 2009

권보경 외, 기업윤리 실천체계와 경영자의 윤리적 리더십이 시민 조직 행동에 미치는 영향 연구, 《POSRI 경영연구》, 7(3): 70-87. 2007

김동훈 외, 윤리경영의 실천체계: 아주그룹 사례를 중심으로, 《소비문화연구》, 9(4): 241-260. 2006

김립인, 기업의 사회적 책임 활동이 소비자 반응에 미치는 영향: 분야별 활동내용과 상대적 효과를 중심으로, 《고객만족경영연구》, 9(1): 209-224. 2007

김성기, 사회적 기업 특성에 관한 쟁점과 함의, 《사회복지정책》, 36(2): 139-166. 2009

김용규, 사회주의국가에서의 한국가전기업의 현지화, 《경영교육연구》, 3:(2) 17-31. 2000

김원배, 다국적기업이 한국의 국제수지에 미친 효과분석, 《무역학회지》, 12: 139-153. 1987

김주태 · 김장훈, 한국시장에 진출한 다국적기업 자회사의 성과와 현지화 수준: 국내에 진출한 해외 자회사 사례를 중심으로, 《Working paper》, 1-22. 2010

김창수, 기업의 사회적 책임 활동과 기업가치, 《한국증권학회지》, 38(4): 507-545. 2010

김헌, 전환기 한국기업의 사회적 성과 평가, 새로운 경쟁력 기업의 사

회적성과 경제정의연구소편,《예영커뮤니케이션》, 234-259. 2002

문현주, 윤리경영과 재량발생액과의 관계,《회계저널》, 16(1): 81-106. 2007

박계홍 · 송광영, 윤리경영과 조직유효성과의 관계에 있어서 신뢰의 역할,《대한경영학회》, 49: 649-680. 2005

박영렬 · 최순규 · 송윤아 · 이승훈, 한국진출 다국적기업의 CEO선정 요인에 관한 연구,《무역학회지》, 32(1): 17-36. 2007

박병일, 다국적기업의 지식이전 능력 : 한국 내 피인수기업에 대한 실증분석,《국제경영리뷰》, 14(2): 143-177. 2010

박재린 외, 기업윤리론 : 21세이 윤리경영의 시대,《무역경영사》, 2003

박헌준 · 이종건, 기부와 환경보호 : 기업의 사회공헌활동과 재무적 성과간의 관계에 관한 실증적 연구,《인사 · 조직연구》, 10(1): 95-133. 2002

박헌준 · 이종건 · 김범성, 왜 기업은 윤리적이어야 하는가? 기업윤리와 기업성과,《기업윤리연구》, 3. 2001

신만수, 해외 자회사의 경영현지화와 성과의 관계,《고려대학교 노동문제연구소 기타간행물》, 191-221. 1998

신만수 · 김주희, 해외 진출 한국 기업의 현지화와 조직성과와의 관계: 이머징국가 비교연구,《국제지역 연구》, 12;(1) 225-247. 2008

신민식 · 심상헌, 기업의 사회적 성과가 주가에 미치는 영향,《Journal of Business Research》, 16(3): 197-218. 2001

윤각 · 조재수, 기업의 사회적 책임 활동의 효과에 관한 연구: 멀티 스테이크홀더 관점을 중심으로,《광고학연구》, 18(5): 241-255. 2007

이승영 · 김현철, 다국적기업의 현지화를 위한 경영문화 연구,《통상정보연구》, 9(4): 375-393. 2007

이영찬 · 이승석, 기업의 사회적 책임 활동이 혁신역량 및 성과에 미치는 영향,《사회적기업연구》, 1(1): 93-117. 2008

이용탁, 사회적 기업의 BSC모형 개발에 관한 연구, 《사회적 기업연구》. 창간호, 2008

이원우 · 지은실, 한국기업의 윤리경영 특성 및 실천현황에 대한 연구, 《사회과학논총》, 8: 285-310. 2006

이승영 · 김현철, 다국적기업의 현지화를 위한 경영문화 연구, 《통상정보연구》, 9:4 375-393. 2007

이진수, 한국경영자의 윤리의식과 윤리경영 현황에 관한 연구, 《기업경영연구》, 11: 1-16. 2004

이학종 · 이종건, 조직구성원의 윤리풍토에 대한 지각과 조직효율성 간의 관계에 관한 실증적 연구, 《기업윤리연구》, 2: 107-129. 2000

위수일, 한국기업의 윤리경영 정착화 방안, 《한국경영교육학회 경영교육논총》, 37: 149-177. 2005

위평량, 상장기업의 사회공헌과 기업가치 관계에 대한 실증연구, 《Journal of Business Research》, 21(4): 97-125. 2006

장종익, 사회적 기업의 조직적 특성에 관한 신제도경제학적 고찰, 《사회경제평론》, 34: 173-205. 2010

장지인 · 최현섭, 기업의 사회적 책임과 재무 성과와의 관계, 《경영학연구》, 3(5): 1461-1487. 2010

장지인 · 최헌섭, 기업의 사회적 책임과 재무성과와의 관계, 《대한경영학회지》, 23(2): 633-648. 2010

전국경제인연합회, 윤리경영 현황 및 CSR 추진실태 조사, 2009

정상은, 다국적기업의 중국 내 사회적 책임(CSR) 활동 분석, 《국제지역연구》, 1(1): 221-252. 2007

정선희, 사회적 기업. 《다우》, 2003

지성구, 서비스기업의 사회적 책임 활동이 종업원의 조직신뢰와 서비

스몰입에 미치는 영향,《대한경영학회지》, 19(5): 1867-1893. 2006

최창명 · 김성수, 윤리경영의 운영과 리더에 대한 신뢰가 조직몰입에 미치는 영향,《국제 · 경영연구》, 12(2): 89-119. 2005

한은경 · 류은아, 기업의 사회적 책임 활동이 구매의도에 미치는 영향에 관한 연구,《광고연구》, 60: 155-177. 2003

허미옥 · 신재익 · 정기한, 기업의 사회적 책임, 이미지, 관계품질 그리고 고객충성도 간의 관계,《한국비영리연구》, 7(2): 161-202. 2008

허미옥 · 정기한, CSR성과와 기업가치에 관한 연구: 기업명성의 매개효과를 중심으로.《산업경제연구》, 23(2): 749-771. 2010

홍길표, 기업의 사회적 성과 향상을 통한 기업가치 증진, 새로운 경쟁력, 기업의사회적성과,《경제정의 연구소편》, 261-285. 2002

Alexander, G. & Buchholz, R., *Corporate Social Responsibility and Stock Market Performance*, Academy of Management Journal, 21(3): 479-486, 1978

Auilar, F. J., *Managing Corporate Ethics*, Oxford University Press. 1994

Aupperle, K., Carroll, A., & Hatfield, A., *An Empirical Investigation of the Relationship between Corporate Social Responsibility and Profitability*, Academy of Management Journal, 28(2): 446-463, 1985

Bartlett, A. & Preston, D., *Can ethical behavior really exist in business?*. Journal of Business Ethics, 23(2): 199-209. 2000

Bartels, L. K., Harrick, E., Martell, K., & Strickland, D., *The relationship between ethical climate and ethical problems within human resource man-agement.* Journal of Business Ethics, 17: 799-804. 1998

Berman, S. L., Wicks, A. C., Kotha, S., & Jones, T. M., Does Stakeholder Orientation Matter? The Relationship between Stakeholder Management Models and Firm Financial Performance, Academy of management

Journal, 42(5): 488-506. 1999

Borzaga, C. & Santuari, A., *New Trends in the Non-profit Sector in Europe: The Emergence of Social Entrepreneurship*, in OECD. The Non-Profit Sector in a Changing Economy, OECD: 31-59. 2003

Brammer, S. & Brooks, C. & Pavelin, S., *Corporate Social Performance and Stock Returns*, Financial Management, 35(3): 97-116. 2005

Carroll, A., *A Three-Dimensional Conceptual Model of Corporate Performance*, The Academy of Management Review, 4(4): 497-505. 1979

───────, *The Pyramid of Corporate Social Responsibility: Toward the Moral Management of Organizational Stakeholders*, Business Horizons, 34(4): 39-48. 1991

───────, *Corporate Social Responsibility.* Business and Society. 38(3): 268-295. 1999

Cochran, P. & Wood, R., *Corporate Social Responsibility and Financial Performance.* Academy of Management Journal, 27: 42-65. 1984

Cummings, L, S., *The Financial Performance of Ethical Investment Trusts: An Australian Perspective*, Journal of Business Ethics, 25: 79-92. 2000

Davidson, W. N., Worrell, D. LIII., & Lee, C. I., *Stock market reactions to announced corporate illegalities*, Journal of Business Ethics, 13(12): 979-987. 1994

Davis, K., *The Case For and Against Business Assumption of Social Responsibilities.* Academy of Management Journal, 16: 312−322. 1973

Defourny, J(Eds.), *The Emergence of social enterprise*, 1-28. 2001

Epstein, M. J., McEwen, R. A., & Spindle, R. M., *Shareholder preferences concerning corporate ethical performance*, Journal of Business Ethics,

26(3): 245-257. 1994

Freeman, E., *Strategic Management: A Stakeholder Approach*, MA, Pitman. 1984

Friedman, M., *Capitalism and Freedom*, Univ. of Chicago Press. 1962

———— , *The Social Responsibility of Business is to Increase Its 75 Profits*. New York Times Manazine, 32(September 13): 122-126. 1970

Gonzales, V., *Globalization, Welfare Reform and the Social Economy: Developing and Alternative Approach to Analyzing Social Welfare Systems in the Post-Industrial Rea*, Journal of Sociaology & Social Welfare, 34(2). 2007

Griffin, J. & Mahon, J., T*he Corporate Social Performance and Corporate Financial Performance Debate: Twenty-Five Years of Incomparable Research*, Business and Society, 36(1): 5-31. 1997

Gunthorpe, D. L., *Business ethics: A quantitative analysis of the impact of unethical behavior by publicly traded corporations*, Journal of Business Ethics, 16(5): 537-543. 1997

Haugh, H., *A research Agenda for Social Entrepreneurship*, Social Enterprise Journal, 1(1): 1-12. 2005

Klein, J. & Dawar, N., *Corporate Social Responsibility and Consumer's Attributions and Brand Evaluations in a Product-Harm Crisis*, International Journal of Research in Marketing, 21: 203-217. 2004

Lantos, G. P., *The boundaries of strategic corporate social responsibility*, Journal of Consumer Marketing, 18(7): 595-630. 2001

Margolis, J. & Walsh, J., *Misery Loves Companies: Rethinking Social Initiatives by Business*, Administrative Science Quarterly, 48(2): 268-305. 2003

McElroy, M. W., *Social Innovation Capital*, Draft, Macroinnovation Associates, Windsor, VT: 1-14. 2001

McGuire, B., Sundgren, A., & Schneeweis, T., *Corporate Social Responsibility and Firm Financial Performance*, Academy of Management Journal, 31(4): 854-872. 1988

Moore, G., *Corporate Social and Financial Performance: And Investigation in the U.K. Supermarket Industry*, Journal of Business Ethics, 34(3): 299-315. 2001

Moskowitz, M., *Choosing Socially Responsible Stocks.* Business and Society Review, 10(1): 71-75. 1972

————, *Profiles in Corporate Social Responsibility: The Ten Worst and the Ten Best.* Business and Society Review, 13: 29-42. 1975

Murray, K. B. & Vogel, C. M., *Using a Hierarchy of Effects Approach to Gauge the Effectiveness of CSR to Generate Goodwill towards the Firms: Financial versus Nonfinancial Impacts*, Journal of Business Research, 38: 141-159. 1977

OECD, the Non-Profit Sector in a Changing Economy. 2003

Orlitzky, M., Schmidt, F., & Rynes, S., *Corporate Social and Financial Performance: A Meta-Analysis*, Organization Studies, 24(3): 403-441. 2003

Pava, L. & Krausz, J., *The Association between Corporate Social-Responsibility and Financial Performance: The Paradox of Social Cost*, Journal of Business Ethics, 15(3): 321-357. 1996

Preston, E. & O'Bannon, P., *The Corporate Social-Financial Performance Relationship: a Typology and Analysis*, Business and Society, 36(4): 419-429. 1977

Rao, S. M. & Hamilton, J. B., *The effect of published reports of unethical III conduct on stock prices*, Journal of Business Ethics, 15(12): 1321-1330. 1996

Rowley, T. & Berman, S., *A Brand New Brand of Corporate Social Performance*, Business and Society, 39(4): 397-418. 2000

Scholtens, B., *A Note on the Interaction between Corporate Social Responsibility and Financial Performanve*, Ecological Economics, 68(1): 46-55. 2008

Social Enterprise London. (1996).

Tsoutsoura, M., *Corporate Social Responsibility and Financial Performance, Working Paper Series*, UC Berkeley, Center for Responsible Business. 2004

Turban, D. B. & Greening, D. W., *Corporate social performance and organizational attractiveness to prospective employees*, Academy of Management Journal, 40: 658-672. 1997

Ullmann, A., *Data in search of a theory: A critical examination of the relationships among social performance, social disclosure, and economic performance*, Academy of Management Review, 10: 540-577. 1985

Vance, S., *Are Socially Responsible Firms Good investment Risks?*, Management Review, 64(8): 18-24. 1975

Verschoor, C. C., *A Study of the link between a corporation's financial performance and its commitment*, Journal of Business Ethics, 17(13): 1509-1516. 1998

Vitell, S. J. & Davis, D. L., *Ethical beliefs of MIS professionals: The frequency and opportunity for unethical behavior*, Journal of Business

Ethics, 9(1): 63-70. 1990

Waddock, S. & Graves, S., *The Corporate Social Performance-Financial Performance Link*, Strategic Management Journal, 18(4): 303-319. 1997

Weidenvaum, M. & Vogt, S., *Takeovers and stockholder: winners and losers*, California Management Review, 29(4): 157-168. 1987

Westphal, J. D., *Collaboration in the boardroom: Behavioral and performance consequences of CEO-board social ties*, Academy of Management Journal, 42(1): 7-24. 1999

Willianson, O., *The Economics of Discretionary Behavior: Managerial Objectives in a Theory of the Firm*, Chicago, Markham. 1967

Wimbush, J. C. & Shepard, J. M., *Toward understanding of ethical climate: Its relationship to ethical behavior and supervisory influence*, Journal of Business Ethics, 13: 637-647. 1994

6장
유럽 복지제도의 발전과 한국에 주는 교훈*

백인립

1. 사회복지란 무엇인가

먼저 이 글을 시작하기 전에 이 글의 주제인 '사회복지' 라는 용어 자체에 대해 간략히 소개하도록 하겠다. 세상에서 사회복지에 대한 용어 정의만큼 혼란스러운 것도 없다. 시대와 국가를 달리하여 사회복지 자체에 대한 서로 다른 개념 규정을 해왔고, 동시대 한 국가 안에서도 학자마다 이견이 심했기 때문이다. 사회복지의 한자어 표현은 '社會福祉' 이다. 이 단어의 의미를 풀어쓰면 '사회적으로 심신이 안녕하고 평안한 상태' 이다. 영어 표현은 'social welfare' 인데, 이 또한 '사회적으로 잘 되는 것 혹은 잘 지내는 것(well (잘) + fare(되다, 지내다)' 정도의 평범한 의미를 제공한다. 사회복지에 대한 현재의 혼란스러운 용어 정의는 결국 사회복지라는 용어 그 자체의 애매모호함에서 비롯되었다고 해도 과언이 아닐 것이다. 따라서 본 글에서는 기존의 애매모호한

---

* 이 절의 내용은 '한국사회복지조사연구' 2013년 특별호에 실릴 예정인 저자의 논문 '사회복지학의 정체성' 의 주요 내용을 발췌, 요약한 것임을 밝힌다

논의들을 되풀이하기보다는 우리가 살고 있는 자본주의 체제의 근본 속성과 정치경제학적 시각에서 해석된 저자의 사회복지에 대한 정의를 소개하기로 하겠다.

우리가 살고 있는 자본주의 사회의 근본핵심은 시장이다. 생산수단을 소유하지 못한 사람들은 자신의 노동력을 팔아 임금을 받고 생산에 임하게 된다. 그렇게 생산된 상품은 다시 임금 등의 지출을 통해 소비되고, 이처럼 상품판매를 통해 회수된 돈은 다시 생산에 투여된다. 이러한 생산과 소비의 순환구조를 생각할 때 보통 '재화' 만을 가정하기 쉬우나 현대 자본주의에서는 '서비스' 또한 매우 중요한 상품으로서의 입지를 구축하고 있다. 전통 사회에서는 서비스라는 것이 기본적으로 가족 내에서 제공되어 왔다. 하지만 오늘날 여성들의 사회진출이 확대되면서 돌봄, 육아 서비스 등의 전통적 가족서비스 또한 매우 핵심적인 자본주의의 상품이 되었다. 즉 이러한 가족서비스를 가족 내에서 제공할 수 없다면 일차적으로는 자본주의 시장에서 돈을 주고 서비스 제공자를 구입하여야 됨을 의미한다.

우리의 일상에서 접하는 모든 재화와 서비스는 등가교환의 원리에 입각하여 화폐교환을 통해 시장에서 생산되고 시장에서 분배된다. 이는 자본주의의 원칙적 규율이며 자본증식의 근본법칙이다. 하지만 문제는 재화와 서비스의 분배를 순수한 시장에만 맡기면 항상 왜곡이 일어난다는 점이다. '보이지 않는 손' 에 의해 수요와 공급이 자동조절된다고 여겨지는 시장의 실제 모습은 전혀 다른 결과를 낳아 왔다. 임금노동자를 탄생시키며 영국에서부터 시작된 산업자본주의의 200년 역사를 되돌아 볼 때 어느 나라를 막론하고 대중의 빈곤, 실업, 질병 등의 사회문제는 늘상 존재해 왔다. 즉 순수한 시장력에 의한 분배는 항상 치명적인 문제점을 노출해 왔다는 의미이다. 따라서 시장 이외의 다른 사회기제들이 시장에 개입하여 이러한 사회문제들에 대해 대처하게 되는데, 이는 결국 시장에서 생산되고 분배된 또는 분배되어야 할 재화와 서비스의 재분배를 의미한다. 즉 '보이지 않는 손'에 의한 분배distribution를 '보이는 손'에 의한 재분배redistribution를 통해 항시적으로 보완하고 수정해 왔음을 의미한다.

시장을 통한 재화와 서비스 분배의 결과를 사회적인 재분배를 통해 보완하고 수정하고 교정하는 기제로서 종교집단과 같은 자선단체와 NGO 등을 떠올릴 수 있지만 무엇보다도 핵심적인 역할을 수행하는 주체는 '국가'다. 사회적 재분배와 관련된 국가의 직접적 역할에 대한 논의는 차지하고 기타 사회단체들의 활동에 있어서도 국가의 재정적 지원 없이는 불가능함은 이 자리에서 굳이 논의할 필요가 없을 것이다. 국가는 자신에게 주어진 역할과 관련하여 다양한 모습facet을 지니고 있다. 경제발전에 몰두하는 얼굴도 있고, 전쟁을 수행하는 워페어warfare의 안면도 지니고 있다. 이러한 국가의 여러 가지 야누스적 얼굴 중 자본주의 체제에서 재화와 서비스의 재분배를 수행하는 국가의 모습을 우리는 '복지국가'라 부른다.

자본주의 국가의 한 양상인 복지국가가 사회적 재분배를 실시하는 가장 근본적인 이유는 착취체제인 자본주의 시스템을 유지하고 재생산하기 위함이다(Poulantzas, 1975). 자본주의 체제는 생산수단의 사적소유와 생산의 사회적 성격 간의 모순(Marx, 1975)으로 인해 자본축적 과정에서 항시적인 불안전성을 내포하고 있다. 특히 개별 자본가의 이윤에 대한 개인적 탐욕에서부터 비롯되는 노동자계급에 대한 무한착취는 사회 전체적으로 볼 때 건강한 노동력 재생산이라는 필수적인 조건을 심각하게 위협하게 된다. 따라서 국가는 자본주의 체제의 안정적 운용이라는 자신의 과업을 수행하기 위해 이처럼 태생적으로 불안정한 노동력 재생산 과정에 개입할 수밖에 없게 된다(Neusüss & Müller, 1970. 60-70; De Brundhoff, 1978). 노동계급의 안정적 유지와 재생산을 위해 개입하는 대표적인 복지국가의 제도로서 노동자와 그 가족이 질병, 실업, 노령 등의 사회적 위험에 처했을 때 지급하는 사회급여를 들 수 있고, 이러한 급여들은 자본주의 국가의 '축적accumulation 기능'이라 일컬어진다(O'connor, 1973. 6). 이처럼 국가가 노동력을 보호함으로써 자본일반 즉 전체 자본의 장기적인 이익과 재생산에 기여하는 기능과 더불어 복지국가는 고령자와 중증장애인과 같은 노동능력이 없는 사람들을 부양하는 역할도 수행하고 있다. 비록 복지국가의 사회급여가 이윤생산과 직접적인 관련성은 없지만, 사회적 하모니를 위해 실행하는 비노동인구에 대한 이러한 역할을 자본주의 국가의 '정당화legitimation기능'이라 명명한다(O'connor: 1973: 7). 이러한 논의들에 기반하여 고프Gough는 복지국가를 '자본주의 사회에서 노동력의 재생산을 수정하고 비노동인구를 유지하는 국가권력의 사용'이라 정의한 바 있다(Gough, 1979. 44-45).

　본 저자는 상술한 맑스주의자들의 논의를 종합하여 복지국가를 '자본주의 체제의 재생산과 유지를 위한 자본주의 국가의 한 양상으로서, 노동인구를 대상으로 노동생산성의 향상과 노동력 재생산의 조건을 보장하고, 비노동인구를 부양하는 국가권력의 사용'으로서 정의하고자 한다(백인립, 2000. 44). 이처럼 복지국가의 체제유지적 기능에 입각한 저자의 입장은 최근에 한국에서 회자되고 있는 복지국가에 대한 이상형적 입장, 즉 공민권civil right, 정치권political right, 사회권social right으로 이어지는 시민권citizenship right의 구현체로서 복지국가에 대한 사민주의적 입장(Marchall, 1975; Pierson, 1998)과는 분명 구별된다. 복지국가는 노동에 대한 자본의 착취체제를 안정적으로 유지 및 재생산하기 위한 자본주의 국가의 여러 활동 중 한 측면일 뿐이다.

　복지국가가 노동력의 재생산 조건을 보장하고 비노동인구를 부양하기 위해 시장에서 분배된 재화와 서비스를 다시 재분배하는 활동과 관련하여 한 가지 주목해야할 사실은, 재화와 서비스에 대한 사회적 재분배에 있어서 그 영역에 대한 분명한 한계선이 존재한다는 점이다.

그림 1. 자본주의 시장에서 생산되는 〈재화와 서비스〉 그리고 사회적 '재분배'의 범위

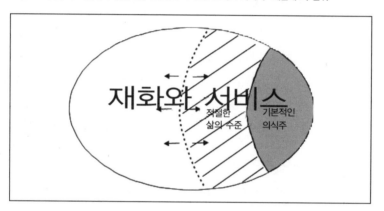

　위의 그림은 시장에서 생산되고 분배되는 재화와 서비스 중 사회적으로 개입가능한 즉 재분배 가능한 영역을 표시하고 있다. 만일 시장의 모든 재화와 서비스에 대해 사회적으로 개입한다면 이는 사회주의 체제를 의미한다. 우리가 살고 있는 자본주의 체제에서 이러한 식의 사회적 개입은 불가능하다. 따라서 그 재분배 영역에 대한 일정 정도의 사회적 합의가 존재하는데 일단 빈곤한 자의 기본적인 의식주 즉 '기본적인 욕구충족'과 관련된 영역에 대해서는 사회적 재분배를 관대히 허락하는 경향이 있다. 그리고 선진 자본주의 국가들에서는 '적절한 삶의 수준'을 유지하기 위한 재화와 서비스의 영역에 대해서도 사회적 개입이 확장되는데, 그 영역을 어디까지로 설정할 것인가는 사

회세력간의 투쟁을 통해 결정된다고 볼 수 있다. '적절한 삶의 수준' 유지를 위한 재화와 서비스로서 의료와 교육 관련 상품들이 대표적으로 거론될 수 있고, 이것들을 순수 시장의 분배에 맡길지 혹은 사회적인 권리로서 제공할 지는 사회세력들, 무엇보다도 부르주아지와 프롤레타리아트 간의 투쟁 속에서 결정되어진다. 자본가 계급에 대한 노동자 계급의 투쟁 속에서 노동자 계급이 정치적 우위를 차지했던 스웨덴의 경우 '적절한 삶의 수준' 유지를 위한 재화와 서비스의 사회화는 그 어느 나라보다도 확정되어 왔다. 반대로 노동자 계급의 정치적 동원에 실패한 미국의 경우는 사회적 재분배를 여전히 '기본적인 욕구충족'의 영역에 한정시키는 경향이 있다.

물론 여기서 논의되는 노동자 계급의 정치적 동원과 투쟁은 사회주의 체제 건설을 목표로 한 것이 아닌 자본주의를 인정한 상태에서 자본주의 체제 내에서 사회권을 확보하기 위한 사민주의적 전략임을 분명히 할 필요가 있을 것이다. 또한 여기서 한 가지 첨언한 필요가 있는 사안은 상술했던 착취체제에 근거한 자본주의 사회를 유지하고 재생산하기 위한 자본주의 (복지)국가의 자발적 재분배 행위와 노동자 계급의 사회권 확보 투쟁과의 관계성이다. 이 둘 간의 관계성을 그림 1에서 풀어보면 자본가 계급에 대한 노동자 계급의 정치적 우위에 상관없이 자본주의 국가라면 체제유지를 위해 기본적인 욕구충족선 주변까지는 사회적 재분배를 실시한다는 것이다. 즉 자본축적을 안정적으로 보장하고 최소한의 사회적 하모니를 유지하기 위해 필요한 재화와 서비스의 재분배 경계가 그림 1의 기본적인 욕구충족선 주변이라는 의미이다. 반면 이러한 자본주의 구조structure의 요구를 넘어 그림 1의 적절한 삶의 수준선까지 국가의 재분배가 확장될 수 있는 가장 큰 원동력은 노동계급의 실천praxis이었다. 사민주의 운동에 몰두했던 노동자

계급은 자본주의 착취체제를 스스로 인정했기 때문에 경제 층위 instance에서의 생산수단의 소유를 중심에 둔 기본적인 불평등은 양해할 수밖에 없었다. 단 정치적 층위에서의 부르주아지와 프롤레타리아트 간의 투쟁 속에서 노동계급이 정치적 우위를 장기간 지속할수록 스웨덴의 경우처럼 사회적 재분배를 적절한 삶의 수준선까지 폭넓게 확장시킬 수 있었다. 하지만 사회적 재분배를 적절한 삶의 수준까지 폭넓게 확장했다고 해서 자본주의 국가성이 부정되는 것은 아니다. 사민주의 진영은 복지국가를 착취체제를 넘어선 인권의 구현체인 양 환영으로 뒤덮고 있지만, 작금의 어떤 복지국가도 자신의 활동을 자본 일반의 이윤확대와 자본축적을 침해하는 선까지 확대한 경우는 없다. 다시 말해 복지국가는 노동에 대한 자본의 착취체제를 안정적으로 유지 및 재생산하기 위한 자본주의 국가의 여러 활동 중 한 측면일 뿐이고, 노동계급의 정치적 선전善戰에 따라 그 활동의 폭이 자본증식을 침해하지 않는 한에서 조금 더 넓어질 뿐인 것이다.

복지국가의 확장과 관련하여 구조와 실천 간의 변증법적 관계에 대해서는 결론부분에서 GDP 대비 사회지출을 중심으로 좀 더 구체적으로 설명하도록 하겠다.

이상의 논의를 총합해본다면 사회복지 관련 용어들이 다음과 같이 정리될 수 있을 것이다. 우리는 '사회복지'를 '자본주의 체제에서 원칙적으로는 시장에서 분배되어야 할 재화와 서비스이지만 인간의 기본적인 욕구충족과 적정한 삶의 수준에 이르기 위해 필요한 재화와 서비스 영역에 한정하여 사회적으로 개입, 수정, 보완하여 재분배 하는 것'으로 규정해 볼 수 있을 것이다. 그리고 이러한 정의에 근거하여 '복지'를 '인간의 기본적인 욕구충족과 적정한 삶의 수준에 이르기 위해 필요한 재화와 서비스'로서 규정해 볼 수 있다.* 또한 사회복지의 실행자로서 여러 사회단체를 거론할 수 있지만 가장 영향력이 있는 기구는 국가이고, 국가가 지닌 여러 모습 중 사회복지를 시행하는 자본주의 국가의 양상을 '복지국가' 라 규정할 수 있다. 이러한 복지국가의 사회복지적 행위는 자본주의 체제의 재생산과 유지를 목표로 한 것으로서, 구체적으로는 노동인구를 대상으로 노동력 재생산 조건을 보장하고, 비노동인구를 부양하게 된다. 그리고 복지국가의 체제 유지적 기능을 위한 활동반경은 기본적인 욕구충족선 주변이지만, 노동계급의 정치적 선전에 따라 적절한 삶의 유지를 위한 선까지 사회적 재분배 경계가 확장될 수 있다. 더불어 복지국가의 사회복지적 행위는 '복지정책' 또는 '사회정책' 으로 표현되며, 이러한 복지국가의 사회복지정책을 통해 형성된 제도적 틀을 '사회복지제도' 라 일컫는다. 또한 복지국가의 사회복지적 행위와 내용은 '사회복지법' 에 의해 규정된다.

현대의 복지국가는 인간의 기본적인 욕구충족과 적절한 삶의 수준에 이르기 위해 필요한 재화와 서비스의 직접적인 재분배를 넘어 그 재화와 서비스의 재분배와 간접적으로 관련된 영역에 대해서도 '예방적 차원'에서 자신의 활동범위를 넓혀왔다. 직접적인 재분배의 대표적인 제도로서 사회보험, 공공부조, 사회서비스 등으로 구성된 '사회보장제도' 를 거론할 수 있다. 사회보장제도란 '대중을 사회적 위험social risks으로부터 보호하는 공공정책 또는 제도' 로서 규정할 수 있고, 사회보장제도의 개별 영역은 개별 사회적 위험 즉 작업장 사고, 노령, 실업, 질병, 요양, 유족, 최저생계 등에 의거하여 구분되고 형성된다. 이러한

---

*저자의 이러한 복지에 대한 규정과 관련하여 미국에서 발전한 사회사업적 개입 또한 여기에 포괄될 수 있느냐는 논란의 여지가 있을 수 있다. 저자의 복지에 대한 규정이 우선적으로 '시장의 실패' 에 초점을 맞추고 있지만, '근로자' 의 정신건강, 우울, 알코올 남용, 가정폭력 무엇이든간에 소위 미국에서 강조되는 원조적인 사회사업적 개입 또한 자본주의 체제라면 '원칙적으로' 시장에서 개인이 필요에 의해 구입하여야 하는 것이다. 이는 자본주의 태동 시의 누구도 거역할 수 없는 근본원칙이었지만, 역사적 발전의 특유성에 의거 이러저러한 시장의 역할이 국가의 임무로 전이되어 왔음은 더 이상 논박할 필요가 없을 것이다.

사회보장제도가 주로 시민들이 사회적 위험에 노출되어 노동시장 밖으로 나온 경우 작동되는 복지제도들로 구성되어 있다면, 이를 사전에 예방하고 시장 분배기능의 안정적 유지와 노동자의 장기적 시장 적응을 추구하는 제도로서 '노동정책' 또는 '노동시장정책'을 대표적으로 거론할 수 있다. 노동(시장)정책은 다시 '노동 규제regulation 정책'과 '노동 지원support 정책'으로 구분가능하며, 노동 규제 정책에는 노동3권, 고용보호, 임금협상규제, 최저임금제, 근로기준법 등이 포함되고 노동 지원정책에는 일자리 창출, 직업 훈련 및 재훈련 제도 등이 포괄될 수 있을 것이다. 이 외에도 사회복지정책에 포함될 수 있는 사회제도로서 저출산·고령화로 인해 그 중요성이 더욱 강화되고 있는 가족정책(아동수당, 유급출산휴가 제도, 보육서비스, 출산장려책 등), 아동의 전인적 교양 배양과 유능한 차세대 노동력 재생산의 의미가 중첩되어 있는 교육정책(의무교육제도, 무상교육, 학자금 대출 등), 그리고 임금노동자가 구입하기에는 고가로 책정된 상품인 주택에 대한 지원책으로서 주택정책(임대주택제도, 주택건설 대부, 주택개량 대부 등)을 거론할 수 있을 것이다. 이처럼 현대 복지국가의 사회복지정책은 직접적인 재분배를 넘어 시장을 통한 분배 왜곡의 사전 예방과 시장 분배 기능의 안정적 유지를 위한 활동까지 그 영역이 확장되어 있다. 실제로 미국이나 한국과 같이 시장의 자유를 중시하는 국가에서는 '사회복지social welfare'라는 명칭 하에 사회보장제도 정도만을 복지국가의 영역으로 한정하는 반면, 스웨덴과 독일처럼 사회권이 발전한 국가들에서는 '사회정책social policy'이라는 이름하에 상술한 5가지 영역 모두를 복지국가의 활동으로서 규정하고 있다.

이상으로 설명한 사회복지 관련 용어들에 대한 설명을 정리해보면 다음과 같다.

도식 1. '사회복지'와 관련된 용어에 대한 정의

> 복지 : 인간의 기본적인 욕구충족과 적정한 삶의 수준에 이르기 위해 필요한 재화와 서비스
>
> 사회복지 : 자본주의 시장이 아닌 사회를 통한 복지의 재분배
>
> 복지국가 : 사회복지를 시행하는 자본주의 국가의 한 양상. 좀 더 구체적으로는 '자본주의 체제의 재생산과 유지를 위한 자본주의 국가의 한 양상으로서, 노동인구를 대상으로 노동생산성의 향상과 노동력 재생산의 조건을 보장하고, 비노동인구를 부양하는 국가권력의 사용'으로 정의될 수 있음
>
> 사회(복지)정책 : 복지국가의 행위. 노동(시장)정책, 사회보장정책, 가족정책, 주택정책, 교육정책 등으로 구성됨
>
> 사회보장제도 : 대중을 사회적 위험으로부터 보호하는 공공정책 또는 제도. 개별 사회적 위험 즉 작업장 사고, 노령, 실업, 질병, 요양, 유족, 최저생계 등에 의거하여 개별 사회보장 제도들이 형성됨.

2. 연구대상 및 연구방법

현재 한국에서 벌어지고 있는 정치·사회적 논쟁 가운데 가장 뜨거운 것 중의 하나가 사회복지와 관련된 사안들일 것이다. 보편적 복지, 무상급식, 반값 등록금 등의 용어들은 시민들의 사회복지 확장에 대한 열망을 절실히 표현하고 있다. 이처럼 21세기 초반 한국에서 국가의 복지정책에 대한 관심이 치솟은 이유는 무엇보다도 급속한 경제성장에 비해 매우 뒤쳐져 있는 사회분야의 미숙에서 찾아볼 수 있을 것이다. 이 글의 6장에 위치한 표 8을 보면 2만불 시대에 스웨덴은 자신의 GDP 중 29%를 사회복지를 위해 썼고, 프랑스는 25%를 사용하였으며, 하물며 복지후진국인 미국 또한 13%를 지출했다. 이에 반해 한국은 7%에도 못 미치는 수준으로 복지비를 사용하면서 역대 선진국

중에서 그 전례를 찾아볼 수 없는 매우 빈약한 복지국가를 지니고 있다. 즉 한 나라의 경제수준에 비해 턱없이 미발전된 사회시스템을 보유하고 있음을 의미한다. 이러한 현실을 돌아볼 때 왜 현재 한국에서 시민들 사이에 사회복지 확대에 대한 열망이 우후죽순 격으로 자라고 있는지를 충분히 이해할 수 있다.

따라서 이러한 현실에 발맞추어 본 글에서는 한국 복지국가가 실제로 얼마나 발전하였고, 앞으로 어떤 길을 가게 될 것인가에 대해 진단해 보고자 한다. 그리고 한국 사회복지 발전 정도에 대한 진단에 앞서 그 진단을 위한 자료와 근거로서 선진 유럽 복지국가의 발전과정과 발전정도를 분석해보도록 하겠다.

선진 유럽 복지국가 중 에스핑-안데르센(Esping-Andersen, 1990. 1999.)의 복지유형론에 근거하여 보수주의 레짐의 대표로서 독일, 사민주의 레짐의 전형으로서 스웨덴 그리고 자유주의 레짐 국가로서 영국을 선발하였다. 그리고 이 3개 국가의 복지제도를 분석함에 있어서 주요 초점은 사회보장제도에 맞추어질 것이고, 사회보장제도 중에서도 '사회보험'과 '의료보장제도'를 중심에 두게 될 것이다.

선진 복지국가의 발전경로를 분석함에 있어서는 빈곤 문제 시기(19세기), 노동문제 시기(20세기 초반), 중산층문제 시기 즉 재분배문제 시기(20세기 중반) 그리고 신사회위기와 복지국가 재편의 시기(20세기 후반부터 현재)라는 4가지 시기적 구분을 사용하고자 한다. 이러한 복지국가 발전과정에 대한 4가지 구분은 기본적으로 독일 사회학자인 카우프만(Kaufmann, 2005. 25)의 의견을 따른 것이고, 마지막 시기적 구분인 '신사회위기와 복지국가 재편의 시기'는 저자에 의해 첨가된 것이다. 그리고 카우프만은 앞의 3가지 시기적 구분을 논의하면서 독일에만 초점을 맞추었기 때문에 빈곤 문제 시기를 1880년대 이전, 노동문제 시기를 1880년대부터 1919년 바이마르 공화국 설립 이전 그리고 재분배문제 시기를 바이마르 공화국 이후시기로 구분하였다. 하지만 이는 순전히 독일에만 초점을 맞춘 구분이었기 때문에 유럽 제국들에 공통적으로 적용할 수 있는 시기들로 본 저자가 재규정하였다.

① 빈곤 문제 시기(19세기)

사회보험이 본격적으로 도입되기 시작한 19세기 말 이전의 사회정책의 핵심대상은 궁핍pauperism이었다. 유럽 제국들에서 19세기 초중반 봉건제가 종말을 맞고 자본제가 구축되면서 농노들이 프롤레타리아화 되기 시작하였고, 이 과도 시기에 다수의 민중들은 빈곤의 나락에 떨어질 수밖에 없었다. 따라서 이 시기 구빈법poor law 등을 통해 빈곤자들에게 최소한의 수준에서 경제적 지원을 하는 것이 복지국가 사회정책의 목표였다.

② 노동문제 시기(20세기 초반)

20세기 초반에 들어서면 유럽 국가들에서 사회보험이 도입되기 시작한다. 사회보험은 기본적으로 저소득 노동자의 문제를 해결하기 위한 것이었다. 20세기에 들어서면 자본주의 체제가 그 안정성을 확보하면서, 민중들도 임금노동자의 지위에 뿌리를 내리게 된다. 하지만 이 시기도 시장에 대한 국가의 규제가 약했기 때문에 노동자에 대한 자본가계급의 무한착취는 일상생활화 되어 있었고, 질병, 실업, 노령 등의 기본적인 사회적 위험에 노동자들은 쉽게 노출될 수밖에 없었다. 따라서 사회주의 혁명 노선이 노동조합을 휘감기 시작했고, 체제붕괴의 위협을 느낀 통치계급들은 이를 사전에 차단하기 위해 사회보험을 도입하여 노동자들의 문제에 대처하기 시작한 것이다.

③ 재분배 문제시기 즉 중산층문제 시기(20세기 중반)

20세기 중반에 들어서면 사무직 노동자들이 증가하고 그들의 임금 또한 높은 수준에서 책정되게 된다. 따라서 중산층이라는 새로운 계층이 형성되고 과거 저임금 노동자의 빈곤 문제보다는 중산층들의 상대적 빈곤 문제가 더욱 중요한 사회적 아젠다로 부각된다. 이러한 추세에 발맞추어 복지국가의 핵심 사회복지정책도 중산층을 대상으로 한 재분배정책으로 선회하면서 복지국가의 역할이 엄청나게 확장되는 결과를 낳는다. 물론 이처럼 복지국가의 정책과 제도들이 급속히 확대되면서 '복지국가 황금기'라 명명될 수 있었던 데에는 이 시기 자본축적과정이 수요촉진 중심의 케인즈주의와 대량생산·대량소비·완전고용에 기반 했던 포디즘 체제였던 것에 큰 빚을 지고 있다.

④ 신사회 위기와 복지국가 재편의 시기(20세기 후반부터 현재)

1970년대 중반 석유파동이라는 큰 산을 넘으면서 케인즈주의와 포디즘이 종말을 고하고 그 자리를 신자유주의와 자본의 세계화 그리고 유연한 생산체제에 기반한 포스트 - 포디즘이 차지하게 된다. 이러한 새로운 자본축적과정에 조응하여 복지국가도 축소지향의 재편과정에 놓이게 된다. 또한 이 시기를 대표하는 또 하나의 특징은 이른바 '신사회위기'라는 후기산업사회의 문제들이다. 고용을 창출하는 국가의 기반산업이 제조업에서 서비스업으로 이전되면서 다수의 노동자들이 서비스업의 저임금과 불안정한 고용에 놓이게 된다. 또한 여성의 사회진출 증가로 인해 저출산 문제가 대두되고, 의료기술발달로 인해 노인들의 수명이 증가한다. 이러한 서비스업 증대로 인한 부수적 고용·임금문제와 저출산·고령화 문제로 대표되는 '신사회위기'가 축소지향의 복지국가 재편논리와 맞물리면서 현재 서구의 복지국가들은 매우 복잡한 재구조화 과정을 경험하고 있다.

　본 글은 이러한 4가지 시기적 구분에 근거하여 독일, 스웨덴, 영국의 복지국가 발전과정을 세밀히 분석하고자 한다. 그리고 이러한 시기별 발전과정에 대한 분석을 마친 이후 각 국가별로 사회복지제도가 지닌 현재의 '포괄대상', '포괄위험' 그리고 '급여수준'에 대한 진단을 내리고자 한다.

　포괄대상이란 사회보장제도에 의해 급여를 지급받을 수 있는 인구의 범위이다. 보통 노동자 또는 빈민 등으로 한정되기도 하고, 전 국민에게 지급되기도 한다. 그리고 사회보험은 고용관계를 기반으로 보험료를 징수하기 때문에 취업자와 그 가족을 급여대상으로 하면 전국민에게 급여를 지급하는 보편적인 제도로 해석한다.

도식 2. 선진국에서 취업자 분류

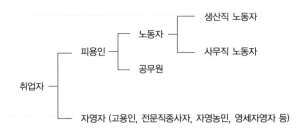

　한국은 취업자 구분을 매우 특이하게 하고 있다. 취업자를 임금근로자와 비임금근로자로 나누고 굳이 고용인(한국에서는 이것도 고용주主라는 해괴망측한 명명을 하고 있다)을 굳이 자영자와 구분하고자 한다. 하지만 선진국에서는 위의 도식 2처럼 취업자를 피용인과 자영자로 나누고 고용인을 자영자에 포함시키고 있다. 본 글에서는 '포괄대상'을 논의함에 있어서 위의 도식 2와 같은 선진국의 기준을 따르기로 한다.

'포괄위험'은 국가의 사회복지제도가 시민이 경험할 수 있는 사회적 위험 중에서 어떤 범위까지 대처해주느냐의 문제이다. 개별 사회적 위험은 작업장 사고, 노령, 실업, 질병, 요양, 유족, 장애, 출산, 최저생계 등으로 분류가능하고, 이러한 '사회적 위험social risk'은 청소년비행, 마약, 알코올 중독 등의 '사회문제social problem'와 개념적으로 구분된다. 즉 사회문제는 '근절'해야 할 사안이고, 사회적 위험은 누구에게나 닥칠 수 있는 문제로서 '대처'해야 할 사안이라는 의미이다.

'급여수준'은 개인이나 그 가족이 사회적 위험에 직면했을 때 국가가 얼마나 지급해주느냐의 문제이다. 사회급여의 수준은 통상 '소득대체율'로 환산되고, 소득대체율은 사회적 위험 발생 이전의 수급자의 소득과 현재 지급받는 사회급여 간의 비율로 표시된다.

선진 유럽복지국가 사회보장제도의 이러한 3가지 요소에 대한 분석 이후 한국 사회복지제도의 현 '포괄대상', '포괄위험' 그리고 '급여수준'을 진단해 보도록 하겠다. 그리고 이러한 과정이 끝난 이후 한국 복지국가의 예상되는 발전방향에 대해 전망해보도록 하겠다.

3. 독일 복지국가의 발전과정

3.1. 빈곤 문제 시기

3.1.1. 경제와 정치 상황

독일은 1850년대부터 본격적인 산업화를 시작하여 자본주의 체제로 이행되어 갔다. 이 당시는 정치적으로 1871년 빌헬름 1세 프로이센

왕이 독일을 통일한 시기이고, 산업화로 인한 빈곤 문제와 노동문제가 사회적으로 심각하게 대두되면서 1869년 독일 공산당이 건설되어 노동세력이 정치적으로 조직화된 시기이기도 하다.

3.1.2. 도입된 사회보장제도

산업화 초반은 여느 나라처럼 독일도 구빈법을 통해 빈곤 문제에 대처했었다. 1870년 '빈민구제법'이라는 전국적으로 통일된 공공구빈법을 확립하여 빈곤한 사람들에게 극소한의 구제를 제공하였다. 또한 1788년에는 '민간구빈사업조직'이 탄생하여 민간적 차원에서도 오늘날의 자원봉사 식으로 빈곤 문제에 대처하고자 하였다.

3.2. 노동문제 시기

3.2.1. 경제와 정치 상황

산업화가 정착되면서 노동자에 대한 처우 문제가 주요한 사회문제화 되었다. 정치적으로 조직화된 노동자들은 자본의 무한착취에 강력한 저항을 하기 시작하였고, 이에 비스마르크 총리는 1787년 '사회주의자 진압법'을 통해 공산당을 거의 무력화시켜 놓는다. 이러한 '채찍' 이후 '당근'으로서 도입된 것이 사회보험이다. 사회보험을 통해 안정적인 소득보조를 제공해줌으로써 노동자들을 체제 내로 포섭하고자 하였다(Deppe, 1995. 334).

1차 세계대전 이후 독일에서는 왕정이 무너지고 1919년 바이마르 공화국이 설립된다. 전쟁보상과 복구 그리고 대공황 등 경제적 어려움 속에서도 연정 파트너로 참여했던 사민당은 대통령직 등 주요 정부 요직을 차지하면서 사회정책 발전에 박차를 가하게 된다(Schmidt, 1998. 47).

15년간의 짧은 공화정 시기 이후 독일은 다시 한번 권위적 전체정치의 시기를 맞게 된다. 1933년 집권한 나치는 민주제를 폐지하고 전체주의적 통치시스템을 건설한다. 군수산업을 중심으로 경제를 부흥시키고, 독재통치의 정당성을 확보하고자 사회복지제도를 일정부분 발전시켰다.

3.2.2. 도입된 사회보장제도

비스마르크에 의해 1883년에 의료보험, 1884년에 산재보험 그리고 1889년 노령 및 장애연금이 차례로 도입되었다. 이 사회보험들은 생산직노동자 대부분과 저소득 사무직노동자를 포괄하였고(Frerich, 1996. 80, 86, 90), 질병보험에서는 의원과 병원에서 제공된 의료서비스에 대한 보상뿐만 아니라 환자에 대해 기존 소득의 일정부분을 보전해주는 상병수당 또한 지급하였다. 특수직역연금인 공무원 연금은 이러한 사회보험들이 도입되기 이전인 1873년에 이미 도입되어 있었다.

1911년에는 사무직노동자의 사회보험 가입을 확장시킨 '사무직노동자 보험법'이 도입되었고, 연금보험 체계 내에 유족급여가 도입되어 노령, 장애, 유족이라는 3가지 사회적 위험을 포괄하게 되었다. 바이마르 공화국 시절인 1923년에는 '제국광부조합법'이 도입되어 광업노동자를 특별관리하게 되었고, 1924년에는 공공부조제도가 도입되어 기존의 빈민통제적 성격의 구빈법을 대체하였다. 또한 1927년에는 실업보험이 도입되어 4대 사회보험의 기틀을 갖추게 된다. 나치정권 시절에는 예술인, 보육인과 같은 몇몇 자영자그룹을 기존 사회보험의 대상자에 포함시켰고, 1938년에는 자영업 수공업자들을 위한 독립적인 연금보험제도 또한 도입되었다(Frerich, 1996. 82).

3.3. 재분배문제 시기(중산층문제 시기)

3.3.1. 경제와 정치 상황

2차 세계대전 이후 독일에는 다시 민주공화정이 설립되어 안정적인 정치체제를 갖추게 된다. 또한 '라인강의 기적'이라 표현되는 급속한 경제발전은 독일을 다시 세계 최고 부국 중의 하나로 자리매김시킨다. 1949년 건국 이후 1969년까지 집권한 정당은 기독민주당(기민당)이었다. 기민당은 친자본 보수주의 세력이었지만, 미국이나 영국의 보수주의 세력과는 차별되는 독특한 성격을 갖고 있다. 영미권 국가의 보수주의가 개신교에 기반하고 있다면, 유럽대륙국가들의 보수주의는 카톨릭을 그 정신적 모태로 삼고 있다. 그리고 로마카톨릭이 선포한 보족성subsidiarity 원칙을 주요한 통치이념으로 삼고 있어서, 가족이 사회적 위험에 처했을 때 국가가 충분히 보조해주는 것이 당연한 것처럼 받아들여지고 있었다(Sachβe, 2003). 이러한 통치이념으로 인해 국가복지가 발전하게 되지만, 전국민을 포괄하는 통일적 체계가 아닌 직종과 직역을 구분하여 상호간에 차별이 존재하는 지위보전적 분절된 사회복지체계를 발전시켰다(Esping-Andersen, 1990. 27).

1969년에는 사민당이 자유당과의 연정 속에 집권에 성공한다. 사회주의 이념에 기반하여 국가복지에 의해 보장되는 포괄위험의 확대뿐만 아니라 포괄대상 또한 전 국민으로 확장하고자 하였다. 대표적인 예가 1972년의 연금보험개혁이다. 개업한지 2년 이내의 자영자는 의무가입자로 연금보험에 가입할 수 있는 가능성을 열어주었고, 임의가입자의 형태이기는 하지만 독일 국민이면 연금보험에 누구나 가입할 수 있는 길을 열어 놓았다(Frerich & Frey, 1996. 53-54). 하지만 이러한 사민당의 노력은 1974년 석유파동을 기점으로 한 경제위기에 부딪혀 무산되고 1982년 기민당이 재집권하기 전까지 비용절약과 축소위주의 정책으로 일관하게 된다.

3.3.2. 도입된 사회보장제도

1954년에 아동수당이 도입되고, 1957년에는 특수 직역연금 중의 하나로서 농민연금제도가 도입된다. 더불어 1950년대부터 자영업의 또 다른 직종 중의 하나인 의사와 변호사와 같은 전문직을 위한 연금제도가 형성되기 시작하였다. 의료보험의 의무가입자 또한 노동자를 넘어 1941년에 연금수령자, 1972년에는 자영농민, 그리고 1975년에는 장애인과 학생으로 확대되었다.

1957년에는 고용인이 지불하고 그에 대한 재정책임까지 부담하는 법정 기업상병급여가 도입되어 의료보험의 상병급여를 보완하게 되었다. 1969년에는 적극적 노동시장정책을 도입하여 현금 급여인 실업급여를 보다 효율적으로 운영하고자 하였고(Schmid, 2002. 106), 1972년에는 병원의 투자비용을 주정부가 책임지도록 함으로써 경상비용을 책임지던 의료보험과 함께 병원의 현대화를 도모하였다.

3.4. 신사회위기와 복지국가 재편의 시기

3.4.1. 경제와 정치 상황

이 시기 경제상황은 저조한 경제성장으로 특징지어질 수 있고, 1989년 독일통일 또한 막대한 재정지출을 필요로 하였기 때문에 국가경제에 큰 짐으로 작용하였다(Pilz, 2004. 230).

1982년부터 집권한 기민당은 긴축정책으로 일관했다(Pilz, 2004. 40). 하지만 이 와중에서도 노령화로 인해 노인부양문제가 심각해지자

1995년 새로운 보험체계로서 요양보험을 도입하였다.

1998년에 사민당이 재집권하지만 다시 돌아온 사민당은 1970년대의 사민당이 아니었다. '신중도' 라는 이름하에 기존정책과의 차별을 주장하면서 신자유주의적-공급측면적 정책을 추구하였고, 이는 비용절약과 축소지향의 복지정책으로 이어졌다(Pilz, 2004. 61). 하지만 이 와중에서도 사민당은 자신들의 정치적 정체성을 일정부분 반영하여 의료보험의 의무가입자를 전 국민으로 확대시키고자 하였다. 하지만 상원에서 다수를 차지하고 있던 기민당의 반대에 부딪혀 이 계획은 무산되고, 공공의료보험에 포괄되지 못하던 사람들을 민간의료보험에 강제가입시키는 어정쩡한 형태로 개혁이 마무리되고 말았다.

2005년부터 2009년까지는 기민당이 하원의 제1당이 되어 사민당과 연정을 했던 기간이고, 2009년 이후로는 기민당이 자유당과의 연정속에서 본격적인 보수주의적 정책을 재강화하고 있다.

3.4.2. 도입된 사회보장제도와 재편의 경향

상술한 것처럼 1995년에 요양보험이 도입되어 의료보험의 피보험자들이 그대로 요양보험의 피보험자가 되었고, 기존에 내던 의료보험료에서 1%를 더 징수하였다.

1998년 이래로 사민당 정권은 기존 공공연금의 급여수준을 축소하고자 하였고, 이를 보완하고자 2001년에 '리스터 연금'을 도입하였다. 이 연금의 내용은 공공연금보험의 의무가입자들이 추가로 기업연금이나 민간개인연금에 가입하면 세제감면 등의 국가적 혜택을 주는 것이었다. 2003년에는 '노인을 위한 기초부조급여'가 도입되었다. 하지만 이 급여는 새로운 급여가 아니라 기존 공공부조 내의 노인을 위한 급여가 독립되어 강화된 형태였다.

2005년에는 실업보험급여와 실업부조급여가 실업급여 I과 실업급여 II로 대체되었다. 노동능력이 있는 사람들이 받던 공공부조급여와 실업부조급여가 합쳐지면서 '실업급여 II'가 되었고, 기존의 실업보험급여는 '실업급여 I'이라는 명칭을 지니게 되었다.

2009년에는 중앙정부에서 관리하는 '건강기금'이 도입되어 직종, 직역별로 나뉘어져 있는 의료보험조합들의 보험료를 한 곳에 모은 이후 다시 각 조합들에 재분배시킴으로써 의료보장을 위한 비용을 철저히 관리하고자 하였다.

독일은 영국이나 스웨덴에 비해 새로운 사회경제적 환경에 대한 적응이 매우 느리게 진행되고 있다. 즉 신사회위기의 대두와 복지국가의 재편 경향 속에서도 독일은 다른 국가에 비해 '현상유지status quo'적 경향을 강하게 보여주고 있다(Esping-Andersen, 1999. 2002; Baek, 2010). 이는 정치적 헤게모니를 쥐고 있는 보수 세력들이 카톨릭에 근거한 강력한 가족주의를 고수함으로써 나타나는 문제이다. 양성부양자 가족모델과 가족이 아닌 개인에 사회권이 부여되는 다른 국가들에 비해 남성부양자 중심의 고용구조와 복지체제를 고수하고자 한다. 즉 덜 가족주의적이고 더욱 개인주의적인 논리를 지닌 국가들에 비해 가장의 고용보호, 높은 가족임금체계, 가족구성원 전체를 고려하는 사회급여제도들을 고수하려는 보수주의자들의 의도에 의해 근본적인 변화를 수행하는데 있어서 여전히 어려움을 겪고 있다(Esping-Andersen, 1999; 백인립, 2010c. 432). 노동시장 구조의 변화나 인구의 고령화와 같은 후기산업사회의 변화된 새로운 사회경제적 환경에 빠른 적응을 못하는 문제를 독일은 안고 있는 것이다.

3.5. 현재의 독일 사회보장제도의 모습

3.5.1. 독일 공공보험제도의 구성

도식 3. 독일 공공보험제도의 구성

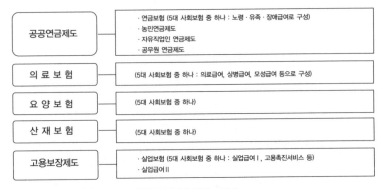

공공연금제도	·연금보험 (5대 사회보험 중 하나 : 노령·유족·장애급여로 구성) ·농민연금제도 ·자유직업인 연금제도 ·공무원 연금제도
의 료 보 험	(5대 사회보험 중 하나 : 의료급여, 상병급여, 모성급여 등으로 구성)
요 양 보 험	(5대 사회보험 중 하나)
산 재 보 험	(5대 사회보험 중 하나)
고용보장제도	·실업보험 (5대 사회보험 중 하나 : 실업급여 I, 고용촉진서비스 등) ·실업급여 II

출처: 남찬섭·백인립, 2011: 11; 일부분 저자에 의해 수정됨.

위의 도식 3은 오늘날 독일 공공보험제도의 구성을 보여주고 있다. 공공연금제도의 종류는 연금보험, 농민연금제도, 자유직업인 연금제도 그리고 공무원 연금제도 이렇게 크게 4가지로 분류된다. 위의 발전사 부분에 설명한 생산직노동자를 위한 연금보험, 사무직노동자를 위한 연금보험, 광업노동자 연금보험, 수공업자 연금보험은 1992년에 사회법 VI으로 통합되면서 연금보험이라는 통일된 명칭을 지니게 되었다. 의료보험에서는 의료서비스에 대한 보상인 의료급여뿐만 아니라 상병급여와 모성급여 등 다양한 현금급여 또한 지급한다. 요양보험은 수발이 필요한 노인, 장애인, 환자 등에게 보험급여로서 수발서비스를 제공하거나, 개인적으로 수발을 드는 사람에게 현금급여를 지급한다. 산재보험에서는 산재를 입은 환자에게 의료급여, 상병급여, 연금 등을 지급하고, 고용보장제도에서는 보험급여인 실업급여 I과 실업급여 I의 수급이 끝난 사람에게 부조급여로서 실업급여 II를 지급하고 적극적 노동시장 프로그램 또한 제공하고 있다.

그림 2. 독일의 의료 서비스 체계

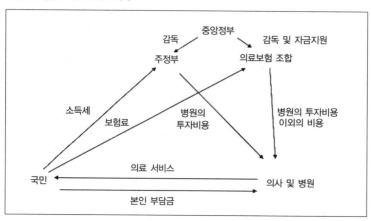

독일에서 의료비용 책임주체는 공공의료보험조합과 주정부이다. 공공의료보험조합들은 외래진료, 치과진료, 의약품에 대한 비용을 위임하고, 병원비용에 대해서는 치료비를 포함한 경상비용을 책임진다. 이에 반해 주정부는 병원의 투자비용을 지불한다(백인립, 2009. 337). 의원은 대부분이 민간의사들로 구성되어 있고, 병원은 공공병원, 비영리병원, 영리병원으로 나뉘어 있지만, 의료보험과 주정부로부터 자금을 받기 위해서는 국가와의 계약관계에 들어와 강력한 통제를 받아야 한다. 전체 병원 중 5.8% 만이 이 계약관계 밖에 존재하고, 이 또한 고급 요양병원이 대부분이기 때문에 병상으로 치면 0.5% 밖에 안 된다(Simon, 2005. 204). 즉 병원의 소유주체가 누구이냐에 상관없이 거의 모든 병원이 국가의 강력한 통제 하에 놓여 있다.

3.5.2. 독일 사회보장제도의 내용

도표 1. 독일 노령, 상병, 실업 급여의 내용

	급여종류	수혜범위	급여수준과 기간	재정방식
노령급여	노령연금	노동자	• 65세부터 지급 • 과세전 소득의 48.3% 과세후 소득의 68.9%	19.9% (노사 반반씩 부담)
상병급여	기업상병급여	노동자	• 6주까지 • 과세전 소득의 100%	고용인 부담
	공공상병급여	노동자	• 7주부터 78주까지 • 과세전 소득의 70%	0.9%(피용인 부담) ※ 의료급여를 위한 보험료: 13.9%(노사 반반씩 부담)

실업급여	실업급여 I	노동자	• 최소 6개월, 최대 24개월
			  (실업자의 연령과 보험료 지
			  급기간에 따라)
			• 가족이 있는 경우:
			  과세후 소득의 67%
			• 독신인 경우:
			  과세후 소득의 60%
				4.2%
				(노사 반반씩 부담)

	실업급여 II	취업자	• 6개월마다 연장
			  (자산조사 전제)
			• 독신인 경우: 월 € 347
			  (가족이 있는 경우 추가됨)
				세금

출처: MISSOC 홈페이지(기준연도: 2006년)의 내용을 토대로 저자에 의해 작성됨.

도표 2. 독일 의료서비스에서 본인부담금

의료급여의 내용	외래진료	입원진료	의약품	치과진료
본인부담금	없음	입원시 14일간의 병상비용만 지급 (1일당 9유로)	약품의 크기에 따라 4유로, 4.5유로 혹은 5유로로 구분됨	의치(義齒) 시에 그 비용의 35%에서 50% 지불. 나머지 치과진료에 대한 본인부담없음

출처: MISSOC 홈페이지(기준연도: 2003년)의 내용을 토대로 저자에 의해 작성됨.

위의 '독일 사회보장제도의 구성'에서 본 것처럼 독일 사회보장제도는 국민들의 다양한 사회적 위험에 대해 포괄적으로 대처하고 있다. 또한 그 급여수준도 상당히 높다. 연금의 경우 과세 후 소득의 70% 가량이 지급되고, 의료서비스 체계에서도 모든 외래진료와 입원진료 시에 실제로 환자가 내는 비용은 거의 없다.

이처럼 독일 복지국가는 서론에서 설명한 기본적인 욕구충족선을 넘어 적절한 삶의 수준에 이르기까지 사회복지의 범위를 상당히 넓혀왔지만, 문제는 그 포괄대상이 여전히 노동자 중심으로 구성되어 있는 한계를 지닌다. 비록 1972년 사민당이 연금보험에 전국민이 가입할 수 있는 길을 열어 놓았지만, 이는 임의가입의 형태였다. 대부분의 사회보험체계에서 의무가입자로 규정된 범위는 오늘날도 여전히 노동자이다. 따라서 독일의 국가 사회보장체계에서 많은 수의 자영자들이 누락되고 있는 문제가 발생한다. 예를 들어 질병보험과 요양보험에 포괄되는 자영자는 전체 자영자의 8.7% 밖에 안 된다. 연금체계에서도 연금보험 이외에 기타 다른 공공연금제도를 모두 합쳐도 전체 자영자 35%만이 공공보험제도에 의해 보호를 받고 있다(백인립, 2005. 36, 39).

3.6. 독일 복지국가 발전과정에 대한 평가

독일의 보수주의자들은 영미권의 보수 세력과는 다르게 카톨릭의 가족주의와 보족성에 의거하여 사회복지를 확장하는 경향이 있었다. 부르주아 계급과의 투쟁에서 양당체제를 이루던 사민당도 사회복지의 확장에 심혈을 기울였는데, 단 두 정당간의 차이는 포괄대상에서 극명하게 나타났다. 사민당이 사회주의 이념에 근거하여 포괄대상을 전 국민으로 확장하고자 하였다면, 보수세력은 직종과 직역을 구분하여 상호간에 차별이 존재하는 지위 보전적 분절된 사회복지체계를 추구하였고, 노동자를 자본주의 체제 내로 포섭하고자 하는 통치의도 또한 지니고 있었다. 사민당은 20세기 초반, 중반, 후반에 한 번씩 짧고 분절되게 집권함으로써 자신들의 의지를 펼칠 수 있는 연속적인 집권에 성공하지 못했고, 게다가 집권 시마다 불어 닥친 경제위기와 보수 세력의 반대로 포괄범위를 전 국민으로 확장하는 데는 실패하고 말았다.

4. 영국 복지국가의 발전과정

4.1. 빈곤 문제 시기

4.1.1. 경제와 정치 상황

18세기 말 산업화를 시작한 영국은 1850년대에 이르면 세계 제일의 자본주의 국가로 격상한다. 하지만 노동에 대한 자본의 무한착취 또한 극에 달하게 되는데 대표적인 예로서 18세 미만의 미성년자에게는 12시간까지만 노동을 시킨다는 것이 1833년에 도입된 '노동법'의 핵심내용이었을 정도였다.

정치적으로는 보수 세력이 통치하고 있었고, 노동세력은 오웬주의 Owenism라는 공상적 사회주의에 오도되어 보통선거권 도입 등 정치투쟁에만 머무는 경향이 있었다. 하지만 1880년대 맑스주의가 영국에 정착되면서 윌리엄 모리스 등이 주도하는 '사회민주연맹'이 창설되고, 1893년 노동세력의 정치적 결집체인 노동당이 창당되면서 경제 층위까지 포괄하는 대자본 투쟁으로까지 발전하게 된다(박지향, 1997. 428-431).

4.1.2. 도입된 사회보장제도

1834년 신구빈법이라는 이름하에 전자본주의 시대에 존재했었던 구빈법 체계를 재정비한다. 신구빈법의 핵심내용은 기존의 저임금 노동자에 대한 임금보조를 폐지하고, 노동능력자에 대한 원외구제를 중지한다는 것이었다. 또한 빈민에 대한 구제는 노동시장에서 지불되는 최저수준의 임금보다 낮은 수준에서 이루어져야 한다는 '열등처우less eligibility의 원칙'을 확립함으로써 빈민에 대한 통제과정에서 자본주의적 규율을 강화하고자 하였다. 즉 신구빈법은 자본주의적 정치경제 질서를 효과적으로 유지하고 자본축적의 효율성을 극대화하기 위한 사회정책적 수단으로서의 의미를 지닌다(김태성·성경륭, 2000. 79).

한편 민간에서도 사회적으로 만연한 빈곤 문제에 대해 개입을 시도하는데 대표적인 것이 1869년의 COS: Charity Organisation Society와 1800년대 말의 인보관 운동Settlement House Movement 등이다.

4.2. 노동문제 시기

4.2.1. 경제와 정치 상황

기존의 자유방임주의Laissez Faire에 비판적인 신자유주의New Liberalism 또는 '개혁적 자유주의'가 19세기말에 대두된다. 이 신자유주의는 같은 자유주의 맥락 하에 있었지만 노동계급의 빈곤 문제가 사회적으로 점차 심각해지는 현실을 목도하고 시장의 자유와 더불어 일정부분 국가가 개입하여 시장의 실패를 보완할 필요가 있음을 역설하였다. 이러한 이데올로기를 바탕으로 한 자유당이 1906년 집권한다. 그리고 이러한 자유당이 집권할 수 있었던 데에는 노동당의 약진 또한 큰 기여를 하였다. 1906년 의회선거에서 29석을 확보할 정도로 성장한 노동당은 1906년 선거에서 자유당과 같은 선거구에서 후보를 내지 않음으로써 자유당의 집권을 물심양면으로 도왔다. 이처럼 노동당의 지원 하에 집권한 자유당은 1908년 영국 최초로 '사회보험법'을 도입하여 본격적으로 노동문제에 대한 국가대책을 내놓게 된다.

4.2.2. 도입된 사회보장제도

1911년 사회보험법이 도입되기 전에 2가지 중요한 사회복지정책이 도입되었었다. 하나는 1897년의 산재보험법이고, 또 다른 하나는

비록 부조급여이기는 하나 구빈법적 전통에서 벗어나 일정 나이 이상
이 되면 연금을 지급하는 노령연금법이 1908년에 도입되었다.

　1911년 사회보험법을 통해서는 의료급여와 상병급여를 지급하는
의료보험과 실업급여를 지급하는 실업보험이 도입되었다. 1925년에
는 '유족 · 노령보험법'이 도입되어 노인과 유족에게 보험급여로서
연금을 지급함으로써 영국은 4대 사회보험의 기틀을 갖추게 된다.
1929년에는 공공부조법이 도입되어 영국을 오랜 시간 지배했던 빈민
통제 중심의 구빈법이 철폐되었고, 1934년에는 실업부조가 도입되어
실업보험급여를 보완하게 된다*. 이처럼 노동 문제 시기에 영국에서는
사회보장제도가 급속도로 발전하지만 독일과 유사하게 주로 저소득
노동자를 그 포괄대상의 중심에 두고 있었기 때문에 자영자와 비경활
인구는 보호를 받지 못하는 한계를 지니고 있었다(Ministerium f..ur
Gesundheitswesen und Soziale Sicherheit, 1972. 164).

4.3. 재분배 문제 시기(중산층 문제 시기)

4.3.1. 경제와 정치 상황

　1942년 영국에서는 영국 복지국가의 성격을 전면적으로 바꾸어
놓게 되는 베버리지 보고서가 나오게 된다. 원래는 보수당의 수상 처
칠이 이곳저곳 복잡하게 흩어져 있는 사회보장 관련법들을 정리하라
고 맡긴 정부용역이었지만, 베버리지는 전국민을 대상으로 사회적
위험에 포괄적으로 대처하는 보편적 복지국가 계획안을 내놓게 된다.

---

*이 실업부조를 담당하던 관청이 '실업부조청'이었는데 2차대전이 발생하면서 실업부조급여 이외에 이러
저런 부조급여들을 취급하게 됨으로써 '부조청'으로 바뀌고, 베버리지 보고서에 의거 전면적 사회보장개
혁이 진행되면서 1948년에는 '사회부조청'으로 바뀌게 된다. 이처럼 사회부조청으로 바뀌는 과정에서 실업
부조급여는 사회부조급여로 흡수통합되어 사라지게 된다(Ogus & Barendt, 1978. 477-479)

처칠은 이 계획안을 거부했지만, 그 당시 야당이었던 노동당이 이를 구현하겠다고 공약함으로써 전쟁 직후 벌어진 1945년 선거에서 노동당이 승리하는 이변이 발생한다. 이렇게 집권한 노동당은 원래의 공약대로 보편적 복지국가의 초석을 놓게 된다. 하지만 전쟁 직후의 경제적 어려움과 노동당 내부의 분열 등으로 인해(Heclo, 1974; Scase 1977; Dunleavy 1989), 집권한 지 6년만인 1951년에 보수당에 정권을 내주게 된다. 그 이후 노동당은 1964년부터 1970년까지 그리고 1974년부터 1979년까지 간헐적으로 집권에 성공했을 뿐, 1979년 보수당의 대처가 장기집권하기 전에 벌써 그 나머지 기간 동안 보수당에 정권을 빼앗긴 상태였다. 보수당은 노동당과 달리 반집합주의적 노선 속에서 자산조사 중심의 잔여적 복지국가를 추구했고(Ginsburg, 1992. 142; Shragge, 1984. 64-67), 이러한 보수당의 정책은 1945년부터 1979년 사이에 노동당이 보편적 복지국가를 건설하는 과정 속에서 커다란 걸림돌로 작용했다.

4.3.2. 도입된 사회보장제도

베버리지 보고서에 근거하여 1945년에 아동수당이 도입된다. 1946년에는 산업재해보험법이 도입되어 기존의 산재보험을 대체하고, 국민보건서비스법이 도입되어 조세로 재정이 마련되며 전국민에게 무상으로 의료서비스를 공급하는 NHS 제도가 건설된다. 또한 같은 해에 국민보험법이 도입되어 전국민을 포괄하는 사회급여체계를 마련한다. 이전까지 사회보험별로 나뉘어져 있던 급여체계를 통합하여 단일의 사회보험체계 안에서 노령급여, 유족급여, 상병급여, 실업급여 등을 정액으로 지급하게 되었다. 더불어 1948년에는 국민부조법이 도입되어 기존의 부조급여들을 통합·체계화하였다.

이처럼 베버리지의 계획안이 어느 정도 정착이 된 이후에 노동당은 소득비례급여의 도입을 추진하였다. 1961년에 누진연금graduated pension이 도입되고, 1965년에는 소득비례로 지급되는 질병급여, 실업급여 그리고 유족급여가 도입되어 기존의 정액급여들을 보완하였다. 1970년에는 가족소득보조 제도가 도입되어 기존의 사회부조를 보완하기도 하였다.

1971년에는 장애급여가 도입되어 산업재해 이외의 장애에 대해서도 국가가 책임지게 되었고, 1978년에는 국가소득비례연금제도SERPS가 도입되어 누진연금을 대체함으로써 좀 더 높은 수준의 소득비례연금을 지급하고자 하였다.

또한 1975년에는 노동당에 의해 자영자를 대상으로 한 '부유세' 가 도입되어 사회보험기금의 안정적 운영을 도모하였다.

4.4. 신사회위기와 복지국가 재편의 시기

4.4.1. 경제와 정치 상황

1974년 석유파동 이후의 영국 또한 경제적 어려움에 처하게 된다. 더구나 영국은 한국이 1998년에 겪었던 이른바 'IMF 체제' 를 1976년에 경험하기도 하였다.

정치적으로는 1979년부터 1997년까지 18년간 대처와 메이요 수상으로 대표되는 보수당의 장기집권이 이어졌다. 친자본 정당인 보수당은 기존의 소득비례급여들을 폐지하고, 정액급여들의 급여수준도 최소한으로 낮추는 것을 통해 '시장의 자유' 를 극대화하고자 하였다.

1997년 블레어 수상으로 대표되는 노동당이 다시 정권에 돌아오게 된다. 하지만 이 노동당은 이미 '제 3의 길' 이라는 표현을 통해 과거의

노동당과는 단절을 선언한 변질된 사민주의를 추구하였다. '복지보다
는 기회' 라는 표어 속에서 기존 사회복지급여들을 축소하고 근로연계
복지 프로그램을 강화하였다. 신노동당이 추구한 경제정책과 사회정
책적 노선은 기본적으로 기존 보수당의 그것과 별반 차이가 없었고
(Deppe, 2005. 12, Fülberth, 2005. 275), 고용촉진정책을 강화한 것 정도가 차
별점으로 부각될 수 있다(Schmid, 2002. 174-175).

이러한 정치적 배경 속에서 1980년대 이후 영국의 복지국가는 축
소와 해체의 길을 걷게 되었다. 2010년부터는 노동당이 실각하고 현재
다시 보수당이 정권을 잡고 있다.

4.4.2. 도입된 사회보장제도와 재편의 경향

1982년 법정 기업상병급여를 도입하여 질병과 관련된 국가의 임무
를 일정부분 민영화하였다. 1983년에는 소득비례 상병급여와 소득비
례 실업급여가 폐지되고, 1990년에는 소득비례 유족급여가 폐지되면
서 소득비례급여로서는 소득비례 노령연금만 남게 되고, 이 급여의 수
준 또한 대처정부 시절 엄청나게 낮아지는 개혁의 대상이 되고 만다(이
와 관련하여 좀 더 자세한 설명은 백인립 2010d. 109-111 참조).

또한 영국의 소득비례연금과 관련해서는 전통적으로 '적용제외
규정contracting-out rule' 이라는 것이 존재하고 있다. 소득비례연금의
의무가입 대상자가 국가가 인정한 민간연금에 가입하면, 그 사람은
소득비례 공공연금으로부터 탈퇴할 수 있는 것이다. 1987년까지는
적용제외규정을 이용하여 국가연금 대신 민간연금 중 확정급여방식
의 기업연금Contracted-Out Salary-Related Scheme에만 가입할 수 있었다.
하지만 대처시절 연금의 민영화를 가속화시키고자 1988년부터는 확
정기여방식의 기업연금Contracted-Out Money Purchase Scheme뿐만 아니

라 국세청으로부터 공인된 상업적 민간개인연금Appropriate Personal Pension에 가입하더라도 공공연금으로부터의 탈퇴가 가능해졌다.

1995년에는 '공공상병급여'와 '장애연금'이 '무능력급여Incapacity Benefit'로 대체되었다. '무능력급여'는 다시 '단기 무능력급여'와 '장기 무능력급여'로 나눠지고, '단기 무능력급여'는 또 다시 '저율의 단기 무능력급여'와 '고율의 단기 무능력급여'로 나눠진다. 이러한 보수당의 개혁 목표는 급여수급기준을 보다 엄격히 함으로써 상병급여와 장애급여의 수급자 수를 줄이고, 그 급여의 지출총액을 절감시키는 것이었다(Ogus & Wikeley, 2002. 524-525).

1996년에는 사회부조 내의 노동능력자에 대한 급여를 독립시켜 '소득에 기반한 구직수당Income-based Jobseeker's Allowance'이라 명하고, 기존 사회보험 내의 실업급여를 '기여에 기반한 구직수당Contribution-based Jobseeker's Allowance'이라 명하면서 실업급여의 급여기간을 절반으로 삭감하였다.

노동당 집권 시기인 1999년에는 부적소득세negative income tax인 근로가족세제감면Working Families Tax Credit을 도입하면서 사회부조에 대한 기존의 추가급여였던 가족소득보조 제도를 폐지하였다.

2001년에는 신탁연금stakeholder pension이라는 새로운 민간연금을 도입하여 연금 민영화의 길을 보다 확장하였고, 2002년에는 제2국가연금State Second Pension을 도입하여 기존의 국가소득비례연금제도 SERPS를 대체하였다. 제2국가연금의 도입은 2단계로 나누어 지는데 2002년 단계에서는 고소득자를 반강제적으로 국가연금으로부터 내보내려는 조치를 취했고, 장기적으로 이어질 2단계 개혁에서는 제2국가연금을 정액급여로 바꾸어서 중위소득자 이상을 반강제적으로 민영보험으로 내보냄으로써 국가연금에는 저소득자들만 남기려는 의도를 지니고 있다(이와 관련하여 좀 더 자세한 설명은 백인립 2010d. 107-109 참조).

2003년에는 연금크레딧Pension Credit이라는 부조급여가 도입되는데 이는 기존의 사회부조 내에 존재하던 노령자를 위한 급여가 독립하여 새롭게 명명된 것이다. 2012년에는 '국가연금저축제도' 라는 또 다른 새로운 연금제도가 도입되어 국가가 아닌 시장을 더욱 활용하고자 하는 목표를 더욱 구체화하였다.

이처럼 복지국가의 재편의 시기에 영국에서는 국가의 책임성이 축소되고, 시장의 책임성과 개인의 자기책임성이 확장되는 해체경향의 재구조화가 일어났다(Baek, 2010)

4.5. 현재의 영국 사회보장제도의 모습

4.5.1. 영국 사회보험제도의 구성

영국의 사회보험제도는 피용인과 자영자 전체를 대상으로 다음과 같은 급여들을 제공한다. 사회보험 제도들이 따로 구분되어 있지 않음으로 해서 통합된 사회보험을 위해 단일의 사회보험료를 징수하고 있고, 시민이 일상생활에서 접할 수 있는 거의 모든 사회적 위험들에 대해 정액급여를 제공하며, 노령연금의 경우에만 소득비례연금을 지급한다. 이러한 사회보험체계를 사회부조, 연금크레딧, 소득에 기반한 구직수당, 근로가족세제감면 등 그 어느 나라보다도 다양한 부조급여들이 보완하고 있다.

도식 4. 영국 사회보험제도의 구성

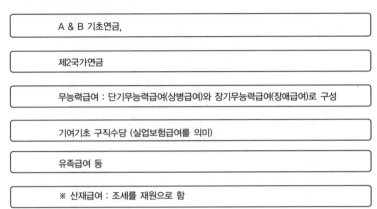

A & B 기초연금,

제2국가연금

무능력급여 : 단기무능력급여(상병급여)와 장기무능력급여(장애급여)로 구성

기여기초 구직수당 (실업보험급여를 의미)

유족급여 등

※ 산재급여 : 조세를 재원으로 함

출처: 남찬섭 · 백인립, 2011: 15.

그림 3. 영국의 의료 서비스 체계

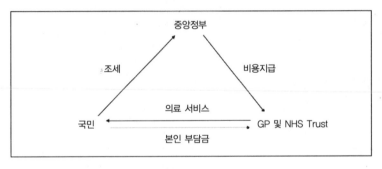

중앙정부

조세

비용지급

의료 서비스

국민

GP 및 NHS Trust

본인 부담금

영국 의료서비스 전체에 대한 재정책임은 중앙정부에 있다. 중앙정부는 일년 국가예산을 확정하는 과정에서 총액예산제global budget방식에 근거하여 NHS에 들어가는 비용을 결정한다. 의원의 의사들은 기본적으로 민간의사들이지만, 인두제 방식의 주치의 제도General Practitioner로 운영되기 때문에 국가에 고용된 의사와 별반 차이가 없다. 병원은 원래 국유화되어 있었지만, 1990년 대처시절 '내부시장제'라는 제도를 도입하여 NHS Trust라는 이름하에 공단화시켜 병원 사이에 경쟁구도를 만들어 놓았다.

도표 3. 영국 노령, 상병, 실업 급여의 내용

	급여종류	수혜범위	급여수준과 기간	재정방식
노령급여	A형 기초연금	취업자	• 남: 65세 / 여: 60세부터 • 주에 £ 84.25 (과세전 소득의 15%)	사회보험료
	B형 기초연금	취업자의 부인	• 60세부터 • A형 기초연금의 60%	사회보험료
	D형 기초연금	80세 이상 노인	• 80세부터 • A형 기초연금의 60%	세금
	제 2 국가연금	피용인	• 남: 65세 / 여: 60세부터 • 과세전 소득의 20% 정도	사회보험료
상병급여	기업상병급여	피용인	• 28주까지 £ 70.05	고용인 부담
	저율의 단기무 능력 급여	자영자	• 28주까지 £ 59.20	사회보험료
	고율의 단기무 능력 급여	취업자	• 29주부터 52주까지 £ 70.05	사회보험료
실업급여	기여에 기초한 구직수당	피용인	• 6개월 • 16-17세: £ 34.60 18-24세: £ 45.50 25세 이상: £ 57.45	사회보험료
	소득에 기초한 구직수당	취업자	• 원척상 무제한 (자산조사전제) • 미혼자의 급여율은 '기여에 기초한 구직수당'과 같으며, 부부인 경우 일정액이 추가 됨	세금

출처: MISSOC 홈페이지(기준연도: 2006년)의 내용을 토대로 저자에 의해 작성됨.

도표 4. 영국 의료서비스에서 본인부담금

의료급여의 내용	외래진료	입원진료	의약품	치과진료
본인부담금	없음	없음	처방전에 의거 지급되는 약품 에 6.10 파운드 지불	360 파운드까 지의 치료비에 서 20%를 환자 가 지불. 그 이 상의 치료비에 대해서는 환자 책임

출처: MISSOC 홈페이지(기준연도: 2003년)의 내용을 토대로 저자에 의해 작성됨.

4.5.2. 영국 사회보장제도의 내용

영국사회보장제도는 포괄범위도 전 국민이고, 포괄위험의 종류도
폭넓지만 문제는 급여수준이 너무 낮다는 것이다. A형 기초연금과 소

득비례연금을 함께 받아도 소득대체율이 35% 정도 밖에 안 되고, 기업 상병급여의 소득대체율도 30% 정도 밖에 안 된다. 대처 정부는 다양한 소득비례급여를 폐지하였을 뿐만 아니라 정액급여들의 연동방식도 개혁하여 그 급여수준을 형편없이 저하시켜 놓았다(이와 관련하여 좀 더 자세한 설명은 백인립 2010d. 109-110 참조). 이처럼 보험급여들의 급여수준이 낮기 때문에 부조급여가 발전할 수밖에 없었다. 영국 국민의 12% 가량이 부조급여를 받고 있고, 이 12%의 수급자 중 84% 정도가 보험급여를 함께 받고 있을 정도로 보험급여의 수준이 낮게 책정되어 있다 (Baek, 2010. 136).

영국에서 NHS가 도입될 당시에는 모든 급여를 무상으로 제공하는 것이 기본원칙이었다. 하지만 점차 본인부담금이 생겨나기 시작했고, 대처시절에는 그 본인부담금의 비율을 8배나 증가시켰고, 약품 600가지 정도를 보험급여 리스트에서 삭제하기도 하였다(Fattore, 2001. 742). 또한 민간의료보험을 촉진하여 영국국민의 11%가 현재 민영보험에 가입해 있다.

4.6. 영국 복지국가 발전과정에 대한 평가

1945년 선거로 노동당은 영국 정치무대에서 보수당과 함께 양당체제를 확립하였을 뿐만 아니라 집권에도 성공하였다. 베버리지 보고서에 의거하여 전국민을 포괄하는 보편주의 복지국가를 건설하였고, 국가복지에 의해 포괄되는 사회적 위험도 폭넓게 확장하였다. 하지만 이러저런 이유로 장기적 집권에 실패하면서 급여수준을 상승시키는 데에는 실패하였다.

1979년부터 장기 집권한 친자본 세력인 보수당에 의해 영국 복지국가는 해체와 축소의 길을 걸어 왔고, '제 3의 길' 이라는 변질된 사민주의에 근거한 노동당은 그러한 재편구도를 더욱 가속화시켜 놓았다.

5. 스웨덴 복지국가의 발전과정

5.1. 빈곤 문제 시기

5.1.1. 경제와 정치 상황

스웨덴에서는 영국이나 독일보다 늦은 1870년대부터 본격적인 산업화가 시작되었다. 정치적으로는 1866년에 양원제가 도입되었고, 1872년 즉위한 오스카 2세(Oskar II) 시대에 정당정치가 개화하기 시작한다(변광수 외, 1993. 93). 하지만 흥미로운 사실은 친자본 보수 세력들이 자본제 하에서의 새로운 정치방식 속에서 우왕좌왕하고 있을 때 1889년 노동세력이 제일 먼저 '사회민주당'을 창당한다는 것이다. 유럽 여느 나라들과는 다른 이러한 특이한 현상이 스웨덴에서 발생한 이유는 늦은 산업화로 인해 자본주의가 성숙되기전 노동계급의 이데올로기였던 맑스주의가 먼저 유입된 것에 기인했다고 사료된다. 독일은 산업화와 동시에 맑스주의 운동이 전개되어 나갔고, 영국은 자본주의가 한참 성숙된 뒤인 1880년대에 맑스주의 운동이 일어났지만, 스웨덴은 오히려 산업화가 무르익기도 전에 맑스주의 운동이 전개되면서 노동계급이 제일 먼저 정치정당을 건설하는 이변이 발생한 것이다. 이러한 스웨덴 사민당은 어느 세력보다도 먼저 정치무대를 선점했지만, 보통선거권이 도입(남성 1907년, 여성 1919년)된 이후에나 정권을 잡을 수 있었다.

5.1.2. 도입된 사회보장제도

스웨덴도 영국처럼 산업화와 동시에 기존의 구빈법 체계를 정비하여 1871년 신구빈법Ny fattigvôrdsförordning을 도입한다. 이 법 또한 국가구제 대상자 축소를 위해 법규정이 엄격했고, 의무적인 국가구제 제공은 15세 이하의 아동이나 병자들에게만 주어지도록 그 대상을 크게 제한하였다(한국복지연구회, 1990. 181).

5.2. 노동문제 시기

5.2.1. 경제와 정치 상황

20세기에 접어들면서 사민당에 이어 우파정당들이 창당되기 시작한다. 1902년에 자유당, 1904년에 보수당, 1913년에 농민당이 건설된다. 그리고 1932년 사민당의 장기집권이 시작되기 이전까지는 이러한 우파정당들이 번갈아 가면서 집권하는 정치적 혼란기였다. 하지만 이 와중에서도 1911년에 집권한 자유당은 영국의 개혁적 자유주의에 영향을 받아 사회복지제도들을 도입하기 시작한다.

1932년은 사민당의 70년 장기집권이 시작된 해이다. 하지만 2차대전 전까지는 상원을 보수세력이 장악하고 있었기 때문에 사민당이 자신들의 의지를 펼치는 데에는 한계가 있었다(Korpi, 1983). 그러나 2차대전 이후에는 상원마저 장악하고 1971년에는 상원을 아예 폐지시킴으로써 보편적 복지국가 건설에 박차를 가하게 된다.

5.2.2. 도입된 사회보장제도

1891년 오늘날 스웨덴 의료보험의 시초로 여겨지는, 겐트시스템(겐트 시스템은 민간보험조합에 대해 막대한 국고보조를 하는 사회보장제도의 한 형태로서 벨기에에 소재한 겐트라는 도시에서 이러한 제도가 최초로 시작되어 붙여진 이름이다)에 의거한 민간질병금고에 대한 국고보조가 시작되었다. 1901년에는 산재보험이 도입되었고, 1913년에는 노령과 장애연금보험이 도입되었다. 1918년에는 그동안의 구빈법적 빈민통제방식에서 벗어나 빈민에 대한 구제를 법적 권리로서 인정하였다.

1934년에는 겐트시스템에 근거한 실업보험이 도입되고, 1937년 연금개혁을 통해서는 기존의 연금을 보험방식의 기초연금과 부조방식의 추가연금으로 나누어 연금수준을 상승시키고자 하였다(Schüler, 1970.15).

5.3. 재분배문제 시기(중산층문제 시기)

5.3.1. 경제와 정치 상황

2차 대전의 화마로부터 열외되었던 스웨덴은 그 어떤 나라보다도 안정적이고 급속한 경제성장을 이 시기에 달성할 수 있었다. 이러한 경제적 풍요 속에서 사민당은 케인즈주의에 의거하여 사회복지정책을 매우 확장시키게 된다. 포괄대상은 전 국민으로 확장되고, 포괄위험은 매우 폭넓어졌으며 급여수준 또한 상당히 상승하게 된다.

5.3.2. 도입된 사회보장제도

1946년에 유족연금이 도입되어 연금보험은 노령, 장애, 유족이라는 3가지 사회적 위험을 포괄하게 되고, 보험급여와 부조급여로 구성되어 있던 연금제도를 수당급여로 전환하여 전국민에게 동일한 급여를 제공하게 된다.

1947년에는 아동수당이 도입되고, 1957년에는 구빈법을 폐지하고 사회부조법으로 대체하였다. 1955년에는 겐트시스템에 근거한 질병보험이 강제가입의 공공보험으로 대체된다. 공공질병보험은 전국민을 포괄하였고, 의료급여와 상병수당을 지급하였다. 사민당은 또한 영국과 같은 국가보건서비스 체계를 건설하기 위해 광역지자체들 landsting의 의료서비스에 대한 책임성을 점차 확대하였고, 1980년대에 이르면 광역지자체들이 국가보건서비스 체계의 재정과 운영 면에서 실질적인 책임자가 된다. 또한 외래진료가 이루어지는 의원에 대한 국유화도 이루어져 민간의원에 속한 의사의 수가 전체 의사의 10% 미만으로 축소되었고(Smedby, 1978. 248), 대부분의 병원 또한 광역지자체의 소유여서 스웨덴 전체 병상 중 오직 6.4%만이 민간에 속해 있었다(Socialstyrelsen, 1972. 247).

1958년에는 적극적 노동시장정책이 도입되고, 피용인을 넘어 자영자들도 실업금고를 만들어 국가지원을 받게 된다. 1959년에는 모든 취업자를 포괄하는 소득비례연금을 도입하여 수당급여인 기초연금과 함께 2층 연금체계를 갖추게 된다.

1974년에는 '노동시장 현금지원'(kontant arbetsmarknadsstöd, 이하 KAS)이라는 새로운 실업급여가 도입된다. 실업보험급여는 실업금고에 자발적으로 가입한 사람들에게만 지급되는 급여였기 때문에 실업금고의 회원이 아닌 실업자들에게 수당급여인 KAS가 지급되었다. 같은 해에 스웨덴 사회보험의 또 다른 한축을 구성하는 부모보험이 도입되어 산전후 육아휴가 시기에 소득을 보전해주게 되었다.

1970년대에는 피용인의 사회보험료가 폐지되고 그만큼 고용인의 보험료 부담이 증대한다. 이는 노동자의 부담을 줄이고 그 몫을 고용인의 부담으로 돌리고자 열망했던 노동조합의 투쟁에 의해 달성된 것이었다(Wilson, 1979. 54).

5.4. 신사회위기와 복지국가 재편의 시기

5.4.1. 경제와 정치 상황

석유파동 이후 어려운 경제상황 동안 사민당은 잠시 정권에서 물러나게 된다. 1876년부터1982년까지 여러 친자본 보수정당들의 연합인 보수 세력연합이 집권하지만, 1982년에 사민당이 다시 집권에 성공한다. 1990년대 스칸디나비아 반도를 휩쓸었던 경제위기 시기에도 집권세력은 보수 세력연합이었다. 이 보수 세력연합은 1991년에 집권하지만 1994년 사민당에 다시 그 자리를 내주게 되고, 그 이후 사민당은 2006년까지 다시금 장기집권하게 된다.

여느 다른 나라들처럼 사민당도 변화된 사회경제적 상황에 맞추어 복지국가의 제도들을 재편하고자 하였다. 하지만 영국의 신노동당과는 달리 국가 중심의 재구조화(Baek, 2010)를 추구하여 국민의 복지 분야에서 공공성을 고수하고자 하였다.

2006년부터 현재까지 스웨덴의 집권세력은 라인펠트가 이끄는 보수 세력연합이다.

5.4.2. 도입된 사회보장제도와 재편의 경향

1992년에는 법정 기업상병급여가 도입되어 공공의료보험에서 지급되는 상병급여의 부담을 일정부분 덜게 되었다.

1998년에는 노령연금분야에서 기존의 기초연금과 소득비례연금이 소득연금과 프리미엄연금으로 구성된 소득연계연금과 보장연금으로 대체되었다. 소득연계연금의 수준이 일정선 이하인 사람들에게 지급되는 보장연금(부조급여)이 도입되면서 수당급여였던 기초연금이 폐지되었다. 확정급여·부과방식의 소득비례연금은 명목확정기여방식

NDC과 부과방식으로 운영되는 소득연금과 개인투자계정방식FDC과 적립방식으로 운영되는 프리미엄연금으로 대체되었다. 이러한 공공 연금의 개혁을 통해 동일한 보험료 조건에서 더욱 많은 연금급여를 확 보하고자 하였다(백인립, 2010a. 106). 또한 이와 같은 노령연금 개혁으로 인해 연금보험 내에 존재하던 유족연금은 독립하여 독자적인 사회보 험이 되었고, 장애연금은 의료보험에 포괄되었다.

1998년에 또한 실업보험급여가 '소득비례급여inkomstrelaterad ersättning'로 대체되고, KAS는 '기초급여grundbelopp'로 대체되었다. 소 득비례급여의 도입을 통해 더욱 많은 노동자들을 실업보험체계로 편 입시켜 실업보장제도의 비용증가를 완화시키고자 하였다(이와 관련하 여 좀 더 자세한 설명은 남찬섭 & 백인립 2011: 20 참조).

사민당의 공공성 유지전략은 복지국가를 재편시키는 과정 속에서 대부분 공공 내부에서 변화시키는 것으로 표현되었다. 이러한 '공공 중심의 재구조화'로 인해 스웨덴은 복지국가를 새로운 사회경제적 환 경에 적응시키면서도 재편 이후에도 복지생산에서 여전히 국가중심 성을 유지시킬 수 있었다(Baek, 2010).

5.5. 현재의 스웨덴 사회보장제도의 모습

5.5.1. 스웨덴 사회보험제도의 구성

스웨덴의 사회보험은 아래 도식에서 보는 것처럼 총 6개로 구분해 볼 수 있지만, 실업보험은 겐트 시스템으로 운영되는 임의가입제도이 기 때문에 공식적으로는 사회보험에 포함되지 않는다. 따라서 공공사 회보험은 노령보험, 의료보험, 부모보험, 산재보험 그리고 유족보험이

도식 5. 스웨덴 사회보험제도의 구성

노령연금보험 : 소득연금, 프리미엄연금, 보장연금으로 구성

유족연금보험

의 료 보 험 : 상병급여, 재활급여, 요양급여, 장애급여 등으로 구성

부 모 보 험

산 재 보 험

※ 실업보험 : 겐트시스템에 근거한 임의가입방식, 기초급여와 소득비례급여로 구성

출처: 남찬섭·백인립, 2011: 20; 저자에 의해 일정부분 수정됨.

그림 4. 스웨덴의 의료서비스 체계

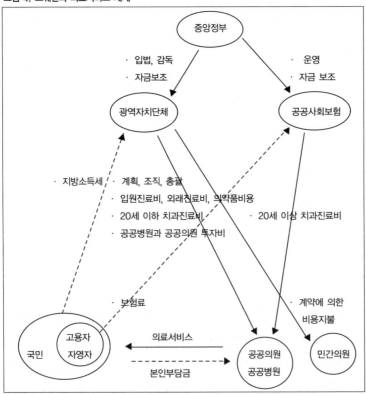

출처: 백인립, 2010b: 188; 저자에 의해 일정 부분 수정됨.

라 볼 수 있다. 하지만 스웨덴에서 공공사회보험이던 겐트시스템에 근거한 제도이던 간에 모든 사회보장제도들이 전 국민을 그 대상으로 삼고 있고, 포괄위험도 폭넓은 특징을 보이고 있다.

스웨덴 의료서비스 체계의 운영 및 재정책임성은 본질적으로 광역지자체에 속한다. 의료서비스 모든 '공급책임'과 대부분의 '지불책임'이 광역지자체에 속해 있고(국민들이 받은 외래진료, 입원진료, 치과진료 그리고 의약품 등에 대한 비용을 누가 지불하는가 즉 의료비용에 대한 책임을 '지불책임'이라 하고, 의료서비스 제공자들에 대한 관리와 운영의 책임을 '공급책임'이라 한다) 오직 20세 이상인 자의 치과진료에 대한 지불책임을 의료보험이 맡고 있다. 영국의 중앙정부와 유사하게 스웨덴의 광역지자체들은 총액예산제를 통해 의료서비스 관련 예산을 관리하고, 민간의원에서 이루어진 진료에 대해서도 독일과 같이 계약에 의해 그 비용을 지불한다. 하지만 스웨덴에 존재하는 대부분의 의원과 병원이 국가에 속한 공공의원과 공공병원이고, 여기에 속한 의사들은 국가로부터 월급을 받는다.

5.5.2. 스웨덴 사회보장제도의 내용

아래 도표들에서 보는 것처럼 현금 급여들 대부분이 80%의 소득대체율을 보여주고 있고, 의료서비스에서도 일정 부분 본인부담금을 제외하고 모든 치료영역에서 국가가 그 비용을 책임지고 있다. 즉 스웨덴 사회보장제도의 급여수준은 매우 높다고 평가할 수 있다.

5.6. 스웨덴 복지국가의 발전과정에 대한 평가

스웨덴의 사민당은 1932년부터 2006년까지 70년의 기간 동안 아주 간헐적인 시기를 제외하고는 지속적인 장기집권을 이어 왔다. 즉 정치 무대에서 정치세력화된 노동계급이 부르주아 계급과의 투쟁에서 승리한 세계사에서 매우 예외적인 경우라 할 수 있을 것이다. 이러한 정치적 배경 속에서 스웨덴 복지국가는 포괄범위를 전 국민으로 확장하였고, 시민이 일상생활에서 처할 수 있는 대부분의 사회적 위험을 포괄하였으며, 그 급여수준도 매우 높게 유지시킬 수 있었다.

도표 5. 스웨덴 노령, 상병, 실업 급여의 내용

	급여종류	수혜범위	급여수준과 기간	재정방식
노령급여	소득연금	취업자	• 61세부터 • 과세 후 소득의 53% ※ 기업연금: 과세후 소득의 15%	고용인: 10.21% 피용인: 7% 자영자: 17.21%
	프리미엄연금			
	보장연금	국민	• 65세부터 • 소득연금과 프리미엄연금액 이 적은 경우 지급 (최대 연 SEK 85,839)	노령연금보험료와 세금으로 절반씩
상병급여	기업상병급여	피용인	• 14일까지 • 과세전 소득의 80%	고용인 부담
	공공상병급여	취업자	• 15일째부터 제한없음 • 과세전 소득의 80%	고용인: 8.78% 자영자: 9.61%
실업급여	소득비례급여	취업자	• 300일 (300일 더 연장가능) • 과세전 소득의 80%	고용인: 4.45% 자영자: 1.91%
	기초급여	취업자 (실업금고 미가 입자)	• 300일 (300일 더 연장가능) • 하루에 SEK 320	실업금고회비(총비용의 12% 부담)

출처: MISSOC 홈페이지(기준연도: 2006년)의 내용을 토대로 저자에 의해 작성됨.

도표 6. 스웨덴 의료서비스에서 본인부담금

의료급여의 내용	외래진료	입원진료	의약품	치과진료
본인부담금	주마다 다름, 일반의 방문시 100크 로나에서 150 크로나, 전문의 방문시 150 크 로나에서 300 크로나	주마다 다름, 가장 높은 경우가 일일 80 크로나	1년간 900 크로나까지 비용에 대해서 전액 본인부담, 900부터 1,700까지 비용에 대해 50%의 본인부담, 1,701부터 3,300까지 비용에 대해 25% 본인부담, 3,301부터 4,300까지 비용에 대해 10% 본인부담, 4,300 크로나 이상 연간 비용에 대해서는 본인부담 없음	20세 이하의 미성년자에 대해서 본인부담 없음, 20세 이상인 자에 대해서는 각 치료항목마다 본인부담금이 다름, 예를 들어 충치 인레이의 경우 일률적으로 197 크로나의 본인부담금이 적용됨

출처: MISSOC 홈페이지(기준연도: 2003년)의 내용을 토대로 저자에 의해 작성됨.

6. 한국 복지국가에 대한 진단과 전망

6.1. 한국 사회보장제도 발전 개괄

1960년 공무원연금제도가 최초의 특수직역연금으로서 출발하였다. 1961년에는 공공부조인 생활보호법이 도입되었고, 2년 뒤에 공무원 연금제도에서 군인연금법이 분리·독립되었다. 1963년에는 산업재해보상법이 도입되어 산재를 입은 노동자에 대한 보상이 이루어졌고, 1975년에는 또 다른 특수직역연금인 사립학교 교원법이 제정·공포되었다. 1977년에는 의료보험법, 그리고 1988년에 국민연금법이 차례로 도입되었다.

이러한 초기의 발전과정을 거친 이후 의료보험의 경우 1989년에 그 포괄대상을 전 국민으로 확대하여 의무가입방식의 제도를 도입한 지 12년 만에 전 국민 건강보장시대를 열었다. 또한 수백 개의 지역조합과 직장조합뿐만 아니라 공교의보(특수직역종사자 대상)로 나뉘어져 있던 제도를 2000년에 통합하고 관리운영기구도 국민건강보험공단의 단일보험자로 통합하였다. 나아가 2003년에는 지역과 직장의 건강보험 재정까지 통합함으로써 거의 완전한 제도적 통합을 이루었다. 국민연금 또한 도입 당시에는 10인 이상 사업자의 노동자만을 대상으로 하였었지만 점차 그 포괄대상을 확대하여 1995년에 농어민을 포함하였고 1999년에 도시지역자영자를 포함함으로써 전 국민을 포괄하게 되었다.

1995년에는 4대 사회보험의 마지막 축인 고용보험이 도입되었다. 그리고 이 고용보험은 초기에 30인 이상의 사업장으로 제한되어 있었지만 1998년에 모든 노동자로 확대하였고, 2000년에는 산재보험의 대상자 또한 모든 노동자로 확대되었다. 또한 동년에 국민기초생활보장법이 도입되어 생활보호법을 대체함으로써 최저생계에 대한 구제가 권리로서 인정받는 계기를 마련하게 되었다.

2007년에는 기초노령연금이 도입되었고, 2008년에는 노인장기요양보험이 도입되었다. 이 두 가지 제도 모두 전 국민을 포괄하는 제도로서 노령시기에 필요한 재화와 서비스를 모든 노인들에게 제공하고자 하였다.

한국은 50년이라는 짧은 기간 동안 거의 모든 핵심적인 제도들이 도입됨으로써, 이를 위해 100년 이상의 시간이 필요했던 서구 자본주의 국가들에 비해 매우 급속한 성장의 전형을 보여주었다. 이러한 급속한 복지국가 발전과정은 1970년대부터 시작된 압축 경제성장에서 그 원인을 찾을 수 있고, 이로 인해 서구가 장기간 단계적으로 경험했던 빈곤 문제 시기, 노동문제 시기, 중산층문제 시기 그리고 신사회위기와 복지국가 재편의 시기가 모두 혼재되어 있는 양상을 보여준다. 1960년대가 빈곤 문제 시기였다면, 1970년대 개발독재가 시작된 이후를 노동문제의 시기로 규정해 볼 수 있을 것이고, 1980년대 이후는 중산층문제의 시기 그리고 1990년대 경제위기 이후는 신사회위기와 복지국가 재편의 시기로 규정해 볼 수 있을 것이다.

하지만 소위 IMF 사태 이후 신사회위기 뿐만 아니라 비정규직 증가와 저임금정책 등으로 인해 전통적인 빈곤 문제와 노동자문제 또한 다시 부각되었다. 그리고 중산층의 다수가 저소득자로 떨어지면서 중산층의 문제 또한 다시금 심각하게 대두되고 있다. 더불어 아직 복지국가가 미처 성숙되기도 전에 신자유주의와 자본의 세계화의 영향을 받게 됨으로써, 복지국가를 새롭게 건설하는 과정 속에서 공급위주의 방식으로 재편시켜야 하는 매우 복잡하고 어려운 처지에 한국은 놓여있다고 볼 수 있다.

6.2. 선진복지국가와 한국 비교

도표 7. 선진복지국가와 한국 비교

	미국	독일	스웨덴	영국	한국
포괄대상	빈민 중심	노동자 중심	전국민	전국민	전국민
포괄위험	협소	넓음	넓음	넓음	협소
급여수준	낮음	높음	높음	낮음	낮음

앞서 살펴보았던 것처럼 스웨덴의 사회보장제도는 전 국민을 포괄하고 있고, 포괄위험도 매우 넓을 뿐만 아니라 급여수준도 그 어느 나라보다 높다. 반면 영국은 포괄대상과 포괄위험 측면에서는 스웨덴과 유사하나 급여수준이 낮은 문제가 있다. 이에 반해 독일은 포괄위험과 급여수준은 스웨덴과 유사하나 포괄대상을 전 국민으로 확대하는 과정에서 실패한 경우라 할 수 있을 것이다. 비록 본문에서 분석을 하지는 않았지만 세계 제일의 부국인 미국 복지국가를 살펴보면 그 대상이 여전히 오늘날에도 빈민을 중심으로 이루어져 있고, 포괄위험은 협소하며 그 급여수준이 매우 낮다. 사회보험 자체가 제대로 발달되어 있지 못함으로써 TANF와 Medicaid와 같은 부조 급여가 발달되어 있는데 이나마도 현재 급속한 축소 드라이브에 걸려 있다.

한국을 살펴보면 직역연금인 공무원연금, 군인연금, 사립학교연금에 해당되지 않는 나머지 모든 국민을 국민연금이 포괄하고 있고, 기초노령연금이 그 밑을 바치고 있다. 국민건강보험과 요양보험의 경우도 전 국민을 포괄하고 있다. 비록 산재보험과 고용보험은 노동자만을 그 대상자로 하고 있지만, 세계 대부분의 나라들에서 산재보험과 고용보험이 전국민을 포괄하고 있는 경우는 매우 드물다. 따라서 이러한 여건들을 고려해 볼 때 한국의 사회보장제도 또한 독일이나 미국과 달리 전 국민을 포괄하고 있다고 간주해도 무리가 없을 것이다.

하지만 한국 복지국가의 사회복지제도들은 그 급여수준이 낮은 한계를 지지고 있다. 실업급여의 경우 최장 6개월을 기준으로 최대 50% 정도만이 보장되고 있고, 국민연금의 경우도 40%로 그 급여수준을 축소하고 있기 때문에 독일과 스웨덴에 비한다면 급여수준은 낮다고 할 수 있을 것이다. 또한 의료서비스를 받을 경우 의료보험에 의해 보장되는 비율이 평균 60% 정도로 낮아서 나머지 40%는 환자가 직접내야 하는 고충이 있다.

포괄위험도 한국이 미국보다는 낮지만 영국, 스웨덴, 독일과 비교해볼 때 의료보험을 통해 의료서비스와 함께 지급되는 소득대체 현금 급여인 상병수당이 없고, 실업부조가 없음으로 인해서 실업보험급여가 종료되었을 때 공공부조인 국민기초생활제도로 빠질 수밖에 없다. 더불어 기초적인 수당급여인 아동수당 등이 부재하다. 즉 한국 복지국가에는 아직 포괄해야 될 사회적 위험이 도처에 남아 있음을 의미한다.

6.3. 한국 복지국가의 예상되는 발전경향

본 글의 분석대상이었던 영국, 스웨덴, 독일 모델을 중심으로 앞으로 전개될 한국 복지국가의 발전 방향에 대해 논해보면 다음과 같다.

포괄대상이 전 국민으로 확대된 모델인 스웨덴과 영국을 살펴보면, 포괄범위를 노동자 중심에서 전 국민으로 확대하는 과정에서 정치세력화된 노동계급 다시 말해 좌파세력이 핵심 견인체 역할을 수행하였었다. 시장의 최대한의 자율성을 추구했던 보수 세력은 사회복지의 대상을 국민 중 취약자로 한정하고자 하였으나, 과거 사회주의 이념에 기반을 두었던 좌파세력들은 전 국민으로 복지의 수혜자를 확장하는 경향이 있었다. 하지만 한국에는 그동안 정치적 좌파세력이 부재했거나 매우 미약한 형태로 남아 있었다. 비록 노동운동은 급진적 형태를 띄었지만 선거 때만 되면 그 노동자들은 자신의 출신지를 중심으로 기존 기성정당인 새누리당이나 민주당을 선택하여 왔다.

그렇다면 한국의 복지국가는 어떻게 포괄대상이 전 국민으로 확대될 수 있었겠는가? 한국에서 이것이 가능할 수 있었던 데에는 방어적 민족주의와 우파정당들의 통치전략이 적당히 결합되면서 국민들을 설득할 수 있었기 때문이라 사료된다. 이른바 5천년 역사동안 늘상 타 민족의 침략을 받아 왔다는 스토리는 국민들의 가슴 속에 강력한 민족주의와 열등감이 동시에 내재하도록 만들기에 충분했고, 이러한 내면의식은 타 민족에 대해 상당히 배타적인 수구적 이데올로기로 생성되어왔다(Shin, 2006).

그리고 이러한 방어적 민족주의는 군부독재와 그 잔존세력들이 자신들 통치의 정당성을 위해 이용하기에 충분하였다. 1차와 2차에 걸친 군부독재세력과 20세기 말까지 정치무대를 선점했던 그 잔존세력들은 자신들의 비합법적 통치의 정당화를 목적으로 국민들의 복지향상이라는 미명하에 사회보장제도를 확대하는 경향이 있었고, 그 발전전략 중의 하나가 전국민을 포괄하는 것이었다(이규식, 2012. 415 참조).

국민 전체를 포괄함으로써 온정주의적 통치의 전형을 보여주었고, 경제발전은 시장중심의 자유주의적 경향 속에서 이루어지고 있었음에도 불구하고 국민들이 보편주의적 제도를 받아들일 수 있었던 데에는 방어적 민족주의가 각각의 내면 속에 흐르고 있었기 때문이다. 이처럼 한국의 정치무대에는 좌파세력이 부재했음에도 불구하고 군부독재세력들이 자신들 통치의 정당성을 확보하는 과정에서 방어적 민족주의를 활용하여 사회보장제도의 포괄대상이 전 국민으로 확대될 수 있었다고 판단된다. 그 이유가 무엇이든가에 한국의 복지국가는 전 국민을 포괄대상으로 삼게 되었고, 따라서 노동자를 중심으로 한 독일식 발전은 한국에서는 불가능하리라 판단된다.

도표 8. 해당 1인당 GDP 달성 연도와 당해의 GDP 대비 사회복지지출 비율

		미국	영국	스웨덴	덴마크	독일	프랑스	스페인	그리스	한국	일본
5천불	달성연도	1971	1978	1972	1973	1974	1974	1979	1979	1989	1977
	복지비 비율							15.5	10.2	2.9	
1만불	달성연도	1978	1986	1976	1978	1979	1979	1989	1992	1995	1981
	복지비 비율		19.8			22.7	20.8	18.1	16.1	3.3	11
1.5만불	달성연도	1983	1989	1980	1986	1988	1987	1992	2003	2004	1986
	복지비 비율	14.0	17.2	27.1	23.1	23.5	25.9	21.8	19.9	6.3	11.8
2만불	달성연도	1988	1996	1987	1987	1990	1990	2003	2004	2007	1987
	복지비 비율	13.0	19.9	29.4	25.1	22.3	25.1	21	19.9	7	11.8
2.3만불	달성연도	1990	1997	1989		1991	1992		2006		1990
	복지비 비율	13.4	19.0	29.3		23.4	26.6		20.5		11.4
2.5만불	달성연도	1993	1999	1990	1990	1992	1995	2005	2007		1991
	복지비 비율	15.3	19.1	30.2	25.1	25.3	28.6	21.2			11.6
3만불	달성연도	1997	2003	1992	1995	1995	2004	2007	2008		1992
	복지비 비율	14.9	20.5	34.7	28.9	26.5	29.1				12.2
3.5만불	달성연도	2000	2004	2003	1996	2006	2005	2008			1994
	복지비 비율	14.5	21.1	30.4	28.2	26.7	29.2				13.5
4만불	달성연도	2004	2006	2005	2003	2007	2007				1995
	복지비 비율	16.1		29.4	27.8						14.3
4.5만불	달성연도	2007	2007	2007	2004	2008	2008				
	복지비 비율				27.7						

출처: 1인당 GDP 달성연도의 출처는 IMF와 OECD 홈페이지이고(이탤릭체로 표시된 연도의 출처가 OECD), GDP 대비 사회복지지출 비율의 출처는 OECD 홈페이지임.

위의 표는 선진 자본주의 국가들이 해당 일인당 GDP를 달성한 연도와 그 당시의 GDP 대비 사회복지지출 비율을 보여주고 있다. 유사한 일인당 GDP 수준에도 불구하고 국가들의 복지비율은 천차만별로

나타나고 있다. 좌파세력이 70년 이상 집권했던 스웨덴의 경우 1987년 2만불 시대부터 복지비율이 30% 선에 육박하였다. 유럽대륙국가들의 경우는 비록 좌파세력이 스칸디나비아 국가들처럼 장기간 집권하지는 못하였지만, 보수당과 함께 좌파세력이 꾸준히 양당체제를 형성해 오면서 1만5천불 시대부터 복지비율을 20% 선 이상으로 끌어올릴 수 있었다. 이에 반해 세계 제일의 부국들인 미국과 일본은 4만불 시대에도 여전히 15%선에 머물고 있고, 이 두 국가의 공통점은 정치세력화된 노동세력 즉 좌파세력이 부재하거나 매우 미약하다는 것이다. 한국의 경우는 2만불 시대에 겨우 7% 선에 턱걸이함으로써 선진 제국들과 비교해 볼 때 매우 예외적인 사례임을 알 수 있다.

그림 5. 사회복지지출의 발전 요인: 경제성장과 좌파세력의 변증법적 관계

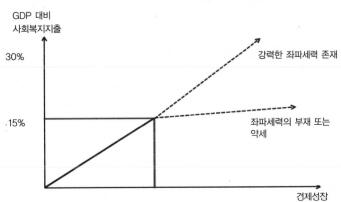

위의 그림은 바로 전에 기술한 내용을 종합하여 복지발전의 원인을 도식화해본 것이다. GDP 대비 사회복지지출의 최고치인 30%는 현존 복지국가들이 보여준 최고수준이 30%정도라는 사실로부터 나온 경험적 수치이다. 산업화이론(Wilensky & Lebeaux, 1965)은 경제가 발전하면 사회복지가 발달한다는 수렴이론을 내놓은 바 있다. 이 산업화이론

의 논리는 정치경제학적 시각에서도 어느 정도 타당성이 있다. 왜냐하면 서론에서 말했듯이 자본주의 체제가 성숙하면 성숙할수록 노동력의 재생산을 보장하고 비노동인구를 부양하는 기본적인 사회복지적 역할을 국가가 수행해 주어야지만 그 사회가 유지되고 자본축적이 원활히 이루어질 수 있기 때문이다.

하지만 위의 그림에서 보듯이 자본주의 체제를 위해 다시 말해 '구조'의 요구를 위해 필요한 복지비용은 GDP 대비 15% 선 정도까지로 한정되는 듯하다. 즉 산업화이론의 논리는 GDP 대비 15% 선까지만 적용될 수 있음을 의미한다. 그리고 그 이상의 사회복지비용의 증가를 위해서는 그 사회 내에 강력한 좌파세력 즉 정치적으로 조직화된 노동세력의 존재가 필요함을 역사적·경험적으로 설명해 주고 있다. 단적인 예로서 세계 제일의 부국들인 미국과 일본이 4만불 시대에도 여전히 15%선에 머물고 있음을 지적할 수 있다. 이 두 국가의 공통점은 좌파세력이 부재하거나 매우 미약하다는 것이고, 정치적으로 조직화된 노동세력이 장기간 집권하거나 최소한 양당체제를 이루면서 부르주아 정당들과 투쟁해 온 나라들은 15%를 넘어 20%, 30%선까지 사회복지비용을 증가시킬 수 있었다.

결론적으로 '구조'의 필요에 의해 증가할 수 있는 선이 15%라면 그 이상 넘어 30%선까지 복지비용을 증가시킬 수 있느냐 없느냐를 결정하는 몫은 사회세력간의 관계 즉 '계급실천'의 손에 달려 있다는 것이다.

단 여기서 한가지 짚고 넘어갈 점은 '구조'의 요구에 의해 사회복지가 15%선까지 발전하는 동안 '계급실천'은 아무 역할도 없이 허수로서만 기능하고 있느냐이다. 답은 '그렇지 않다'이다. 이러한 복잡한 현실적 관계를 풀기위해서는 변증법적 사고가 필요하다. 구조와 계급

실천 즉 경제발전과 사회세력간의 투쟁은 상호대립적이고 의존적인 관계 하에 놓여 있다. 어떠한 시기에 있든 복지국가의 발전과정 속에는 이 두 요소 모두 내재해 있다는 의미이다. 복지국가 내에 존재하는 이러한 두 요소간의 대립과 투쟁 속에서 복지국가가 발전해 가고 있는 것이다. 단 복지국가의 실제 발전양상을 면밀히 분석해 본다면 GDP 15%선까지는 계급투쟁에 비해 경제발전이 모순적 과정 속에서 경향적으로 우위에 있는, 즉 주요 측면으로 존재하고 있는 듯하다. 이러한 경향성은 좌파세력의 강세나 약세에 상관없이 어느 나라나 우선적으로 구조의 요구에 의해 15%선까지 복지가 발전했던 현실에서 반증해 볼 수 있다.

하지만 구조의 요구가 어느 정도 만족된 15%선에서 경제발전 측면과 사회세력 측면간의 갈등상태가 심화되고, 두 측면간의 투쟁이 극에 달하게 된다. 즉 GDP 대비 15% 선을 넘어가는 이른바 '성숙된' 복지국가로 비약하기 위해서는 두 측면 간의 전치가 일어나야 하는데 강력한 좌파세력이 존재하는 국가들에서는 측면간의 전치가 일어나 경제발전에 비해 계급투쟁이 경향적으로 우위에 서게 된다. 즉 15% 이후의 복지국가의 발전과정 속에서는 사회세력 측면이 주요측면으로 존재하면서 경제발전 측면과의 지속적인 투쟁과정 속에서 20%, 30% 선을 향해 복지국가를 발전시켜 나갈 수 있는 것이다.

이에 반해 미국과 일본과 같은 나라들에서는 좌파세력이 부재하거나 미약함으로 인해 두 측면 간의 전치가 일어나지 않고 계급실천이 지속적으로 부차적 측면으로 남게 됨으로써 경제가 꾸준히 성장해도 복지수준이 15% 선에 머무는 형국이 발생하게 된다. 즉 산업이 발전하고 GDP가 증가해도 사회세력 측면 보다 경제성장 측면, 즉 '구조의 필요'가 주요 측면으로 존재하게 되는 경향성을 보이게 됨으로서 15%선을 넘고자 하는 계급투쟁의 요구가 현실에 반영되지 않는 것이다.

이러한 논리로 볼 때 한국의 복지국가도 최소한 GDP 15% 선까지는 지속적으로 발전할 것으로 예상해 볼 수 있다. 현재 한국 사회보장제도의 포괄범위는 전국민이라고 볼 수 있다. 따라서 15%선까지 가는 동안 '포괄위험' 과 '급여수준' 중 어느 쪽이 더욱 발전할 것인가 라는 의문이 들게 된다. 본 저자는 급여수준보다는 포괄위험 쪽에 좀 더 무게를 두고 싶다.

물론 노인인구의 증가로 인한 노령연금비용 상승 또한 일정부분 복지비용의 증가를 견인할 것이다. 하지만 이와 더불어 현재 한국 국민들이 자신의 삶에 필요하다고 느끼는 국가복지에 대한 다양한 욕구분출은 지금의 틀을 넘어 좀 더 다차원적인 사회복지제도들의 도입으로 이어질 공산이 크다. 서두에서 밝혔던 것처럼 현재 한국의 사회문제차원은 빈곤 문제, 노동문제, 중산층문제 그리고 신사회위기 문제 등 4개의 시기적 문제들이 복잡하게 중첩되어 있고, 이러한 다차원적 문제구조는 의료, 교육, 보육, 고용제도 등 국가복지의 전면적 차원에서 국민들의 다양한 요구로 이어지고 있다. 그리고 이러한 다면적 국민의 욕구증대는 정치세력의 아젠다에도 반영됨으로써 좌파나 중도뿐만 아니라 보수 세력에서도 이명박의 맞춤형 복지, 박근혜의 행복한 복지국가 등으로 표현되어 새로운 사회복지제도들의 도입으로 이어지고 있다.

이러한 추세를 고려볼 때 사회보장제도 차원에서도 서구 선진복지국가들처럼 더욱 다양한 사회적 위험에 대처하는 새로운 제도들의 도입으로 이어질 것이다. 예를 들어 이미 한국에서 진지하게 논의되고 있는 아동수당과 실업부조 등이 도입될 수 있고, 의료보험체계의 상병급여 그리고 수당급여로서 장애수당 등의 도입이 이루어 질 수 있다.

또한 신사회위기 증가로 인한 더욱 다양한 종류의 노동서비스와 보육서비스 등이 도입되어 복지비용 증가를 견인하게 될 것이다.

하지만 한국의 정치적 지형에서는 정치적으로 조직화된 노동세력 즉 좌파정당이 여전히 약세를 벗어나지 못하고 있고 이러한 추세는 당분간 지속될 것으로 보인다. 따라서 한국의 복지국가는 자신의 볼륨을 GDP 15% 선 이상으로 끌어올리기에는 힘들 것으로 예상된다. 그러므로 전 국민을 포괄하고 상당히 많은 사회적 위험을 포괄하고 있지만, 급여수준이 낮고 민영화를 통해 국가 역할의 상당 부분을 시장에 전이시키는 영국식의 발전이 한국에서도 당분간 지속될 것이라 예상해 볼 수 있다.

7. 결론

보건사회연구원의 한 보고서에 따르면 한국의 사회복지제도를 통해 빈곤이 개선되는 정도가 OECD회원국 평균의 10분의 1에 불과한 것으로 평가되었다(연합뉴스, 2011). 사회복지를 통한 빈곤개선율이 스웨덴과 프랑스의 경우 각각 403%, 332%로서 상당히 높고, OECD국가의 평균 또한 149%인 반면, 한국의 경우 13.9%에 머물고 있다. 이는 한국의 사회복지제도의 포괄위험과 급여수준 차원이 여전히 미성숙되어 있기 때문에 발생한 문제라 여겨진다. 우리가 흔히 생각하듯이 저소득자를 위한 공공부조 제도만의 발전을 통해 국민 전체의 빈곤 문제를 해결할 수는 없다. 선진 복지국가들처럼 사회보험, 사회수당 등의 사회보장 정책 뿐만 아니라 노동, 가족, 교육, 주택 정책 등 복지국가가 지닌 제도들 전방위 차원에서 사회적 위험에 대한 그물망을 촘촘히 하고 급여수준을 끌어올렸을 때 가능한 것이다. 하지만 이러한 성숙된 제도 건설을 위해서는 그 사회 내에 조직화된 노동세력 다시 말해 좌파정당이 정치적으로 강력하게 존재했을 때 가능했음을 기존 선진국의 역사가 우리에게 가르쳐주고 있다.

참고문헌

김태성, 성경륭, 《복지국가론》, 나남출판사, 2000

남찬섭, 백인립, "선진국 사회보험에서 적용·징수·급여업무의 통합 사례에 관한 연구, 제도통합과 조직통합에 대한 역사적 고찰을 중심으로", 《한국사회복지학》, 63(2). 5-29. 2011

박지향, 《영국사 - 보수와 개혁의 드라마》, 까치글방. 1997

백인립, 〈복지국가의 모순에 관한 연구 - 1970년대 석유파동 이후 서구 자본주의 국가들의 사회보장지출에 있어서 축적 기능과 정당화 기능의 변화 양상〉. 연세대학교 사회복지대학원 석사학위 논문. 2000

―――, "자영자에 대한 사회보장제도 : 독일", 《국제노동브리프》, 3(4), 30-40. 2005

―――, "유럽 사회보장제도 변화의 담론적 함의 - 영국, 스웨덴, 독일의 사회보장제 도를 중심으로", 《사회과학연구》, 17(2). 286-328. 2009

―――, "복지국가 재편 분석을 위한 연구방법에 관한 고찰", 《사회복지연구》, 41(1). 85-118. 2010a.

―――, "스웨덴 의료서비스체계의 탈집중화와 비용억제에 관한 연구", 《사회복지정책》, 37(1). 181-207. 2010b.

―――, "후기산업사회에서 유럽복지국가의 사회정책 전략과 실업 및 빈곤의 양상에 관한 연구", 《사회복지연구》, 41(3). 403-442. 2010c.

―――, "유럽 노령연금제도 변화의 차이점과 공통점에 관한 연구 - 영국, 스웨덴, 독일의 개혁을 중심으로", 《사회보장연구》, 26(3). 99-138. 2010d.

변광수, 구래복, 김현옥, 《복지의 나라 스웨덴》, 한국외국어대학교 출판부. 1993

연합뉴스, 〈빈곤층 소득 늘릴 복지정책이 절실하다〉, 연합뉴스 인터넷판. 2011.07.10.

이규식, 《의료보장과 의료체계》, 제 3판. 계축문화사, 2012

한국복지연구회, 《사회복지의 역사》, 이론과 실천, 1990

Baek, I. R., *Restrukturierung der Sozialen Sicherungssysteme in den Postfordistischen Gesellschaftsformationen - Eine vergleichende Analyse von Groβbritannien*, Schweden und Deutschland. Ph.D.Diss. Marburg-Uni. Wiesbaden: VS-Verlag. 2010

Brundhoff, Suzanne de, *The State, Capital and Economic Policy*, PlutoPress. 1978

Deppe, Frank, *Arbeitslosigkeit, Wohlfahrtsstaat und Gewerkschaften in der Europ - ischen Union,* in: Bieling, Hans-J - gen (Hg.): Arbeitslosigkeit und Wohlfahrtsstaat in Westeuropa - Neun L?nder im Vergleich, Marburg: FEG, pp. 341-368. 1995

Deppe, Frank, Arbeiterbewegung(en), in: ders. u.a.: *Nichts bleibt wie es war ? Ein Vierteljahrhundert im Überblick 1980 bis 2005*, Distel Verlag, pp. 7-18. 2005

Dunleavy, Patrick, *The United Kingdom: Paradoxes of an ungrounded statism,* in: Castles, Francis (Hg.): The Comparative History of Public Policy, Polity Press, pp. 241-291. 1989

Esping-Andersen, G ø sta, *The Three Worlds of Welfare Capitalism,* Polity Press. 1990

Esping-Andersen, G ø sta, Social Foundations of postindustrial Economies, Oxford University Press. 1999

Esping-Andersen, G ø sta, Towards the Good Society, Once Again?, in:

ders. / Gallie, Duncan/ Hemerijck, Anton / Myles John: Why We Need a New Welfare State, Oxford University Press, pp. 1-25. 2002

Fattore, Giovanni, Cost containment and health care reforms in the British NHS, in: Mossialos, Elias / Le Grand, Julian (Hg.): Health care and cost containment in the European Union, Aldershot: Ashgate, pp. 733-781. 2001

Frerich, Jahannes, *Sozialpolitik - das Sozialleistungssystem der Bundesrepublik Deutschland*, 3. Aufl., Oldenbourg. 1996

Frerich, Jahannes / Frey, Martin, *Handbuch der Geschichte der Sozialpolitik in Deutschland*, 2. Aufl., Bd. 3, Oldenbourg. 1996

Fülberth, Georg, *G Strich - Kleine Geschichte des Kapitalismus*, Papyrosa. 2005

Ginsburg, Norman, *Divisions of Welfare. A Critical Introduction to Comparative Social Policy*, Sage Publications. 1992

Gough, Ian, *The Political Economy of the Welfare State*, Macmillan Press. 1979

Heclo, Hugh, *Modern Social Politics in Britain and Sweden*, Yale University Press. 1974

Kaufmann, Franz-Xaver, *Sozialpolitik und Sozialstaat - Soziologische Analysen*, 2. Aufl., VS Verlag für Sozialwissenschaften. 2005

Korpi, Walter, *The Democratic Class Struggle*, Routledge and Kegan Paul. 1983

Marschall, Tom H., *Social Policy in the Twentieth Century*, 4. Aufl. Hutchinson. 1975

Marx, Karl, *Das Kapital* Bd. III, in: MEW, Bd. 25, Dietz Verlag. 1975

Ministerium für Gesundheitswesen und Soziale Sicherheit, *Die Soziale Sicherheit in Groβbritannien*, in: Internationale Revue f?r soziale Sicherheit, 25, 3, pp. 163-195. 1972

Müller, Wolfgang & Neus?ss, Christel, 'Die Sozialstaatsillusion und der Widerspruch von Lohnarbeit und Kapital' , *Sozialistische Politik*, 6/7, pp. 4-67. 1970

O' Connor, James, *The Fiscal Crisis of the State*, St. Martin' s Press. 1973

Ogus, Anthony / Barendt, Eric, *The Law of Social Security*, Butterworths. 1978

Ogus, Anthony / Wikeley, Nick, *The Law of Social Security*, 5. Aufl., London: Butterworths. 2002

Pierson, Christopher, *Beyond the Welfare State?*, 2. Aufl., Polity Press. 1998

Pilz, Frank, *Der Sozialstaat, Ausbau-Kontroversen-Umbau*, Bundeszentrale für politische Bildung. 2004

Poulantzas, Nicos, *Politische Macht und gesellschaftliche Klassen*, Athenä um Fischer Taschenbuch Verlag. 1975

Sachβe, Christoph, *Leitmaxime deutscher Wohlfahrtsstaatlichkeit*, in: Lessenich Stephan (Hg.): Wohlfahrtstaatliche Grundbegriffe, Frankfurt: Campus Verlag, pp. 191-212. 2003

Scase, Richard, *Social Democracy in Capitalist Society - Working-class Politics in Britain and Sweden*, Croom Helm Ltd. 1977

Schmid, Josef, *Wohlfahrtsstaaten im Vergleich - soziale Sicherungssysteme in Europa: Organisation, Finanzierung, Leistungen und Probleme*, 2. Aufl., Opladen: Leske + Budrich. 2002

Schmidt, Manfred, G., *Sozialpolitik in Deutschland - Historische Entwicklung und internationaler Vergleich*, 2. Aufl., Opladen: Leske + Budrich. 1998

Schüler, Jürgen, *Ökonomische Aspekte der Volkpensionierung in Schweden*, J. C. B. Mohr (Paul Siebeck).1970

Shin, Gi-Wook, *Ethinic Nationalism in Korea - Genealogy, Politics, and Legacy*. Stanford University Press. 2006

Shragge, Eric, *Pensions Policy in Britain - A Socialist Analysis*, Routledge & kegan Paul. 1984

Simon, Michael, *Das Gesundheitssystem in Deutschland - Eine Einführung in Struktur und Funktionsweise*, Verlag Hans Huber. 2005

Smedby, björn, *Primary Care Financing in Sweden*, in: Burrell, Craig / Sheps, Cecil (Hg.): *Primary Health Care in industrialized Nations*, the New York Academy of Sciences, pp. 247-256. 1978

Socialstyrelsen, *Allmän Hälso- och Sjukvard 1970*, Socialstyrelsen. 1972

Wilensky, H.L. & Lebeaux, C. N., *Industrial Society & Social Welfare*, The Free Press. 1965

Wilson, Dorothy, *The Welfare State in Sweden*, Heinemann. 1979

OECD 홈페이지: www.oecd.org

IMF 홈페이지: www.imf.org

MISSOC 홈피: http://ec.europa.eu/social/main.jsp?catId=815&langId=en